RECHERCHE SUR L'EVALUATION

EN EDUCATION

Problématiques, méthodologies et épistémologie

www.librairieharmattan.com
diffusion.harmattan@wanadoo.fr
harmattan1@wanadoo.fr

© L'Harmattan, 2006
ISBN : 2-296-01439-9
EAN : 9782296014398

Gérard Figari et Lucie Mottier Lopez
(Eds)

RECHERCHE SUR L'EVALUATION

EN EDUCATION

Problématiques, méthodologies et épistémologie

(20 ans de travaux autour de l'ADMEE-Europe)

L'Harmattan
5-7, rue de l'École-Polytechnique ; 75005 Paris
FRANCE

L'Harmattan Hongrie	**Espace L'Harmattan Kinshasa**	**L'Harmattan Italia**	**L'Harmattan Burkina Faso**
Könyvesbolt	Fac..des Sc. Sociales, Pol. et	Via Degli Artisti, 15	1200 logements villa 96
Kossuth L. u. 14-16	Adm. ; BP243, KIN XI	10124 Torino	12B2260
1053 Budapest	Université de Kinshasa – RDC	ITALIE	Ouagadougou 12

Collection EVALUER

Dirigée par Jean Aubégny et Loïc Clavier

Cette collection, pionnière dans un champ dont l'importance s'affirme dans des domaines sans cesse plus nombreux, vise à la diffusion et à la confrontation de la variété des recherches et des pratiques en évaluation.
Elle postule l'acceptation de la complexité comme clé à l'élucidation du vivant social et celle de son corollaire, la multiréférentialité. L'évaluation y sera donc envisagée comme une régulation complexe tant au niveau micro (l'acte de formation et d'éducation) qu'au niveau macro (organisation des systèmes de formation).
Elle s'adresse tout autant aux chercheurs qu'aux concepteurs de projets, aux formateurs qu'aux enseignants et étudiants.

Déjà parus

Jean AUBEGNY et Loïc CLAVIER (sous la direction de), *L'évaluation en IUFM*, 2004.
Jean-Pol ROCQUET, *L'inspection pédagogique aux risques de l'évaluation*, 2005.

AVANT-PROPOS

Avec **Recherche sur l'évaluation en éducation**, la collection Evaluer publie son quatrième ouvrage. Le premier traite de l'évaluation en IUFM, le deuxième de l'inspection pédagogique et le troisième de la permanence et du changement dans les réflexions, les recherches et les pratiques évaluatives. Le présent volume élargit le champ à l'ensemble de la recherche évaluative en éducation au cours des vingt dernières années, en liaison avec les travaux de l'ADMEE (Association pour le développement des méthodologies d'évaluation en éducation).

Construit principalement autour de contributions de chercheurs de langue française, cet ouvrage témoigne d'abord de la variété et de la rigueur de travaux qui, en vingt ans, ont fait de l'évaluation un domaine à part entière de la recherche en éducation. Il montre aussi comment l'évaluation est traversée par l'ensemble des sciences sociales, comment elle les sollicite, les interroge et les accompagne. Il constitue enfin un véritable analyseur de la manière dont les sciences de l'éducation appréhendent et donnent à lire le vivant social.

Un ouvrage de référence pour les étudiants, praticiens et chercheurs en éducation.

ADMEE-EUROPE

L'Association francophone pour le développement des méthodologies d'évaluation en éducation en Europe a été fondée en 1986. Tout comme son association sœur l'ADMEE-Canada, elle réunit des chercheurs, enseignants, formateurs, cadres et responsables éducatifs... intéressés par des questions d'évaluation en éducation et en formation.

Ces questions ont trait à des objets très variés dans les champs de l'enseignement, de la formation et de l'intervention sociale :
- l'évaluation des apprentissages et des conditions d'apprentissage,
- l'évaluation des programmes, des dispositifs, du matériel éducatif,
- l'évaluation des établissements, des organisations et des acteurs,
- l'évaluation au service du pilotage des systèmes, etc.

Les questions abordées sont tantôt centrées sur les pratiques, les instruments, les méthodes, les procédures, les utilisations, les politiques, les effets, le vécu des acteurs de terrain, les enjeux psychologiques, sociaux, éthiques... elles sont d'ordres divers : pratique, conceptuel, théorique, pragmatique, méthodologique, épistémologique, éthique... Nécessairement, les approches sont pluridisciplinaires.

L'ADMEE-Europe est actuellement structurée en 5 sections : belge, française, luxembourgeoise, portugaise et suisse. Elle est un lieu privilégié de rencontres, de débats, de projets de recherche et de tissage de réseaux. Elle organise annuellement un colloque pour approfondir des questions spécifiques. Elle publie en collaboration avec l'ADMEE-Canada la revue scientifique internationale *Mesure et évaluation en éducation* ; elle diffuse des actualités dans son *Bulletin* trimestriel et sur son site : http://www.admee-europe.org/. C'est sur ce site qu'on trouvera les modalités pour devenir membre. Cet ouvrage marque l'anniversaire des vingt ans de l'ADMEE-Europe.

INTRODUCTION

Une revue de question de la recherche : des outils pour réfléchir sur les pratiques d'évaluation en éducation

Gérard Figari et Lucie Mottier Lopez

L'évaluation : plus que jamais à repenser

L'évaluation est aujourd'hui, plus que jamais, présente dans le champ social

Elle prépare, accompagne et clôt la plupart des activités des grandes organisations, publiques comme privées, scolaires comme socio-professionnelles. Elle intéresse tous les niveaux des systèmes éducatifs et prend également la forme d'enquêtes et de comparaisons internationales.

Mais l'évaluation est plus que jamais à repenser

Malgré (ou à cause de) la multiplication de ses activités, elle est souvent jugée inefficace, chronophage et peu exploitée ; enfin, et ce n'est pas la moindre des critiques et des déceptions dont elle est l'objet : elle paraît insuffisamment intégrée aux pratiques d'enseignement-apprentissage, de formation et de pilotage. Certes, elle est à repenser, sans cesse, d'un point de vue politique, ce qui ne sera pas traité ici. Mais elle nécessite également, sans cesse, d'être questionnée par la recherche.

L'évaluation a besoin, en effet, plus que jamais d'être ouverte à la recherche

Face aux nouvelles demandes sociales qui la sollicitent de toutes parts, elle est invitée à susciter et à développer de nouvelles conceptions qui tiennent compte, à la fois, de l'évolution du contexte et de l'apparition de nouveaux savoirs qui en modifient la compréhension. Ainsi, on peut attendre de la recherche des éclairages sur les effets de l'évaluation sur l'apprentissage et l'enseignement ainsi que sur la régulation et le pilotage des systèmes. Et, de manière plus spécifique, encore, les praticiens comme les chercheurs ont besoin d'accéder à une réflexion dialectique entre recherche et pratique : la recherche se nourrissant des nouvelles problématiques issues de la pratique et cette dernière validant ses protocoles à la lumière des conceptualisations de la recherche.

Les intentions de l'ouvrage

Dans le cadre de ce raisonnement, l'objectif est d'éclairer l'objet « évaluation » à partir de regards construits par la recherche, à la fois pluriels (les plus variés possible) et synthétiques (aussi brefs que possible). Cela donne lieu à une sorte de kaléidoscope en même temps qu'à un mémento, certes encore incomplet mais largement fourni, de références à des disciplines et à des courants de pensée qui contribuent à structurer, lorsqu'ils sont rassemblés, les contours d'un champ scientifique de recherche sur l'évaluation.

Les apports de l'ADMEE (lieu de mémoire de ce qui se fait, se dit et s'écrit en matière d'évaluation en éducation) à l'élaboration de cette revue de question sont essentiels : l'opération n'a été rendue possible que par l'exploitation de la richesse et de la diversité du réseau de cette association. Celle-ci réunissant chercheurs et praticiens présente, en effet, un miroir précieux des processus de conception de méthodes en relation avec la création de savoirs. En constituant un lieu de confrontation, d'échanges et de diffusion de travaux et d'expériences (par ses colloques, ses publications, ses séminaires et symposiums...), elle a créé, non seulement un lieu de références, mais aussi la source dynamique de cet ouvrage.

Une revue de question comme mémento des références disponibles pour réfléchir sur l'évaluation

Eléments d'une culture de l'évaluation ?

Il ne s'agit pas, ici, de procéder à un état des lieux de la recherche sur l'évaluation sous forme d'une revue exhaustive de la littérature, ni de proposer une histoire qui aurait pu rendre compte d'une succession datée d'écoles de pensée ayant marqué l'étude de cet objet. Mais c'est plutôt l'opportunité d'exprimer, à travers une succession de textes sollicités pour la circonstance, une « culture de l'évaluation », plus exactement « des » cultures de l'évaluation, sans cesse en évolution et en recherche d'identité et qui se nourrissent par « confrontation » et « assimilation » des courants diversifiés qui s'y intéressent.

Répertoire de concepts, de problématiques et d'options méthodologiques

Cette rencontre de textes constitue également l'occasion de repérer l'émergence d'objets conceptualisés, de problématiques et de méthodologies : autant d'éléments offerts au questionnement de la recherche et qui nous reviennent, restitués et transformés par son regard. Le répertoire ainsi constitué de concepts permettant de « nommer » les objets, les processus et les enjeux de l'évaluation peut être utilisé comme un outil d'incitation à la réflexion sur les pratiques.

La mise en valeur d'une préoccupation épistémologique constante

Les réflexions sur l'épistémologie de l'évaluation ont toujours accompagné les travaux importants sur cet objet. Mais elles ont parfois été effacées dans des périodes où les réformes et les innovations, donnant la priorité aux dispositifs institutionnels et techniques, ont repoussé au second plan le questionnement sur la connaissance produite par l'évaluation. On a voulu, ici, donner une place à l'épistémologie en rappelant les apports des disciplines et la construction, toujours inachevée, des paradigmes qui sont à la recherche du « sens » de l'évaluation.

Le recours indifférencié aux grandes sources de l'information bibliographique

Les thèmes traités ainsi que les références utilisées par les auteurs témoignent d'une intégration accrue des influences anglophones et francophones, notamment, qui contribuent à l'élaboration d'un corps de connaissances de plus en plus décloisonné sur l'évaluation. Le constat est fait qu'il ne s'agit plus d'une addition ni d'une alternative de références aux deux types de littérature mais de la construction progressive d'une culture scientifique de l'évaluation, précédemment évoquée, qui intègre plusieurs sources de production de connaissances sur cet objet et son utilisation.

Comment lire cet ouvrage en trois dimensions ?

Une revue de question est toujours orientée : les éditeurs ont voulu organiser la présentation des textes qui suivent autour d'un raisonnement issu des considérations précédentes. Il s'agit donc de faire le point sur les recherches qui pourraient constituer un système de références théoriques et méthodologiques pour concevoir l'évaluation en éducation. Dans ce but, il a été demandé aux contributeurs de présenter leurs synthèses autour de trois axes qui ont semblé émerger d'une relecture des actes de colloques et de publications sous l'égide de l'ADMEE : (1) la diversification des problématiques, (2) l'approfondissement des méthodologies et (3) l'évolution du statut épistémologique de l'évaluation.

1- La diversification des problématiques d'évaluation

Cette première partie présente des « grandes questions » qui traversent la recherche sur les objets de l'évaluation, les activités évaluatives des enseignants, les phénomènes et processus de l'évaluation.

Les objets traités ici témoignent des tensions entre différents niveaux du système éducatif (l'école : Grisay ; le système d'éducation : Solaux) et dans l'articulation entre le monde scolaire et le monde du travail (la compétence : De Ketele ; l'expérience : Mayen).

L'activité enseignante est questionnée sous deux angles principaux : ses caractéristiques et conditions de réalisation (Paquay), ses effets (Bressoux).

Les phénomènes et processus caractérisant le fonctionnement de l'évaluation sont abordés à travers des conceptualisations particulières comme celles qui expliquent le lien entre postures et imaginaires éducatifs (Jorro), celles qui explicitent les processus métacognitifs rattachés à l'autoévaluation (Noël) et celles qui soulignent le rôle des différentes formes de médiation sociale dans toute pratique d'évaluation (Mottier Lopez).

2- L'approfondissement des méthodologies de l'évaluation

Les résultats de l'évaluation étant toujours jugés à l'aune de la validité de ses méthodes et de ses outils, la question méthodologique demeure une préoccupation majeure dans les travaux sur l'évaluation. C'est pourquoi la partie centrale de l'ouvrage lui est consacrée. Ce travail passe nécessairement par des conceptualisations que seule la recherche peut fonder.

Les standards et les référentiels. Ils apparaissent comme jouant un rôle de plus en plus déterminant dans les pratiques d'évaluation. La notion de standard, issue du monde anglophone, s'impose de plus en plus en lien avec les grandes enquêtes internationales, pour définir et constituer des outils communs d'évaluation des compétences et des systèmes et constitue peu à peu un élément de langage commun universel (Behrens). Quant à la notion de référentiel, passée dorénavant dans le langage courant, elle est devenue un outil majeur de liaison entre les mondes scolaire et socioprofessionnel : elle appelle des modélisations théoriques accrues (Figari).

La centration sur les indicateurs. Les indicateurs sont devenus les outils les plus reconnus pour décoder les informations fournies par le système éducatif : leurs fondements, leur utilisation politique et leur construction sont à interroger (Demeuse).

La docimologie et les techniques de mesure. Il fallait opérer un retour en arrière sur la docimologie, « science des examens », qui fut à l'origine de nombreuses interrogations sur les notes et sur le jugement évaluatif, tout particulièrement dans son rapport avec les nombres (Dauvisis). La mesure est, en effet, omniprésente dans les pratiques d'évaluation et suppose un développement, un affinement et une critique des techniques qu'elle utilise (Blais). Mais la mesure doit assumer le fait qu'elle ne constitue seulement qu'une dimension d'un processus plus large de construction de sens : il convient donc de réconcilier le jugement subjectif des praticiens et la mesure des performances (Crahay).

Le développement de la réflexion sur les outils. C'est dans l'esprit de cette relation entre les outils et le jugement évaluatif que se sont développés différents types d'instrumentation dont on trouve ici trois illustrations critiques portant sur les outils de sélection comme les QCM (Leclercq), les outils de production comme les portfolios (Gerard) et les outils technologiques comme le testing adaptatif par ordinateur (Burton & Martin).

3- Evolution du statut épistémologique de l'évaluation

Même si, en Europe francophone, on hésite beaucoup à attribuer aux investigations sur l'évaluation le statut de « recherche » et encore plus à introduire ce champ dans ce qui serait une discipline ou une sous-discipline (comme cela s'envisage en Amérique du Nord, à travers « l'évaluation de programme »), il paraît désormais inconcevable de conduire des travaux sur les pratiques évaluatives sans questionner les connaissances spécifiques qu'ils produisent, en particulier en matière de connaissances situées dans l'action. Autrement dit, la dimension épistémologique des recherches sur l'évaluation devait être traitée dans cet ouvrage. Elle se présente sous trois formes :
- *le rôle des disciplines de référence* comme la psychologie cognitive (Vergnaud), la psychologie sociale (Dubois) et la sociologie (Duru-Bellat), dans la construction de savoirs qui permettent de requestionner l'évaluation,
- *l'essai de formulation de paradigmes* spécifiques à la recherche scientifique sur l'évaluation (Rodrigues),
- *la mise en discussion des évaluations elles-mêmes* par le recours à une méta-évaluation (Demailly).

En conclusion : la recherche sur l'évaluation en éducation au confluent de deux cultures

C'est encore à l'ADMEE (Europe et Canada) que revient le mérite d'avoir favorisé une circulation puis une interpénétration progressive des cultures nord-américaines et francophones sur l'évaluation en éducation. En effet, les colloques internationaux (et intercontinentaux) organisés des deux côtés de l'Atlantique ont constitué pour les chercheurs et praticiens de ce réseau des lieux de confrontation de points de vue ayant contribué à l'émergence de connaissances et de questionnements communs. Quant à la revue *Mesure et évaluation en éducation*, elle permet le partage des connaissances sur les méthodologies, les champs théoriques et les sources de références propres aux deux cultures (Laveault). Enfin, l'exemple de l'apport spécifique des travaux de l'Europe francophone sur la place du concept de régulation dans les constructions conceptuelles liées à l'évaluation (Allal) constituera la clôture en boucle de cette revue de question.

PARTIE I

DIVERSIFICATION DES PROBLEMATIQUES DE L'EVALUATION

1. INTERROGER LES « OBJETS »

1.1 LA COMPETENCE

La notion émergente de compétence dans la construction des apprentissages

Jean-Marie De Ketele

A travers les siècles, le statut de la connaissance a évolué sous la pression de différents facteurs, ce qui a entraîné des effets sur la façon d'organiser les systèmes de formation et d'enseignement, et donc de concevoir l'apprentissage et son évaluation. Une lecture de cette évolution nous permet de distinguer quatre grands mouvements.

Connaître, c'est prendre connaissance des textes fondateurs et les commenter

Dans l'Antiquité, de façon plus mitigée au Moyen-Age - du moins en Europe - puis à la Renaissance, l'intellectuel était celui qui avait pris connaissance des textes fondateurs de la civilisation, à savoir essentiellement les grandes oeuvres des Grecs, des Arabes et des Romains. Pour être cultivé, il fallait les étudier dans le texte et prendre connaissance des « commentaires » des grands maîtres pour pouvoir les commenter à son tour. Ces grandes oeuvres étaient censées avoir abordé toutes les explications relatives à la création. La philosophie était la discipline mère, car elle englobait tous les objets de connaissance, y compris la cosmologie.

Cette conception a été propagée à travers les siècles par les Jésuites, puis a été adoptée par les lycées napoléoniens et par la plupart des systèmes éducatifs. Les « humanités anciennes » ou les filières ou options « latin-grec » se sont transmises jusqu'à nos jours et ont constitué ou constituent encore, aux yeux de certains, la voie royale de la formation. Apprendre était donc prendre connaissance des textes fondateurs, d'en saisir le sens profond et de les commenter sans « trahir », c'est-à-dire les « traduire ».

Connaître, c'est assimiler les résultats des découvertes scientifiques et technologiques

Alors que les humanités anciennes ou des filières de ce type se développaient à travers le monde et fournissaient des « têtes bien faites », les connaissances des lois de la nature (physique, biologique et sociale) se multipliaient sous l'accumulation des observations « invoquées », puis par le développement de dispositifs d'observations « provoquées ». C'est ainsi que naissait « l'esprit scientifique » fait d'observation, de vérification et d'expérimentation. Parallèlement, le développement des modèles mathématiques et statistiques a permis aux chercheurs de formaliser leurs observations et de prédire d'autres phénomènes. Plus récemment, la découverte et le développement de l'informatique a permis encore d'accélérer les découvertes.

La nécessité s'est donc fait sentir de développer des programmes d'études qui transmettent les nouvelles connaissances acquises par la communauté scientifique. Le problème essentiel devenait : quelles connaissances rigoureusement mises à jour devenaient indispensables à tel ou tel moment de la scolarité ou de la formation ? Les programmes d'enseignement sont donc progressivement devenus des inventaires de connaissances à transmettre à un moment donné.

C'est ainsi que sont apparues progressivement de nouvelles dénominations de structures d'enseignement : les « humanités modernes » ont été créées parallèlement aux « humanités anciennes », ont pris de plus en plus d'importance au point de générer une querelle sur le rôle formateur comparatif des langues anciennes par rapport aux disciplines mathématiques et scientifiques et ont fini par prendre le dessus au point d'imposer la mathématique comme discipline clé de la sélection et de la hiérarchisation des élèves.

Apprendre devenait donc accumuler un capital de connaissances validées par la communauté scientifique. Evaluer les acquis de l'apprentissage est devenu mesurer le plus fidèlement possible le capital des connaissances acquises, grâce aux principes et règles émises par les travaux de la docimologie (Piéron, 1963 ; de Landsheere, 1971).

Connaître, c'est démontrer sa maîtrise d'objectifs traduits en comportements observables

Alors que se développaient de nouvelles connaissances et que celles-ci permettaient de créer de nouvelles technologies mises au service du développement économique dans un monde de plus en plus industrialisé, deux mouvements prenaient de plus en plus d'importance. Issu du monde industriel, le taylorisme cherchait à introduire plus de rationalité et de rationalisation dans la gestion des processus de fabrication en vue de produire plus, plus rapidement et avec moins de défauts... en vue d'une plus grande rentabilité. Issu de la transposition de la démarche des « sciences dures » aux sciences humaines, le behaviorisme était également à la recherche d'une démarche plus rationnelle, basée sur de l'observable, à savoir ce qui est de l'ordre du comportement et non de l'intention ou de l'ordre des processus inscrits dans la « boîte noire ». Pour étudier rigoureusement les modes de fabrication ou les phénomènes humains, le taylorisme et le behaviorisme tentent de réduire la complexité en découpant les objets d'étude en éléments plus simples et en séquences plus courtes observables.

Ces mouvements ont inspiré étroitement le monde de l'éducation, à travers la « pédagogie par objectifs » popularisée au départ par Mager (avec son petit livre *Preparing instructional objectives* publié en 1962) et la « pédagogie de maîtrise » de Bloom (1968). S'appuyant sur de nombreuses études menées par son équipe de chercheurs, ce dernier prétendait qu'il était possible d'enseigner n'importe quoi à n'importe qui. Selon lui, ceci suppose que l'on découpe l'objet de l'enseignement en objectifs suffisamment précis et hiérarchisés et que l'on ne passe jamais à un apprentissage nouveau sans s'être assuré que les objectifs prérequis soient réellement maîtrisés et suffisamment stabilisés. Correspondant bien à une aspiration de scientificité de l'époque, ces mouvements ont d'emblée eu beaucoup de succès.

Ce mouvement a entraîné une vague importante de réformes des programmes. Pour ceux qui avaient pris connaissance de ces mouvements, il devenait indécent de raisonner uniquement en termes de contenus à enseigner. Il fallait préciser ce que l'on désirait apprendre à faire faire sur ce contenu (l'objectif est une capacité à exercer sur un contenu). Il fallait même, autant que possible, préciser les performances attendues en comportements observables de façon non ambiguë.

Apprendre devenait donc démontrer de façon observable que l'on était « performant », c'est-à-dire que l'on était capable d'exercer des démarches précisées (cognitives, psychomotrices, voire socio-affectives) sur des contenus de connaissance eux-mêmes précisés. Le problème de la validité (évaluer effectivement ce que l'on déclare évaluer) devenait un problème prioritaire pour les experts en évaluation, d'où l'émergence d'une édumétrie dont le modèle le plus connu est le modèle de Rash connu sous le nom de « théorie de réponses aux items » (Laveault & Grégoire, 2002).

Connaître, c'est démontrer sa compétence

Après avoir essuyé les plâtres de la dernière guerre mondiale (grâce notamment au Plan Marshall) et refait marcher la machine économique, après avoir mis en place des mécanismes de protection sociale et avoir créé une demande de plus en plus forte de biens et de services matériels et immatériels, les états devenaient de moins en moins capables de faire face aux exigences de toutes natures et d'imposer leur loi aux entreprises multinationales. Le processus de mondialisation, de globalisation, d'économie de marché, de compétitivité croissante gagnait du terrain.

Au sein des entreprises marchandes d'abord, puis non marchandes ensuite, les employeurs, soucieux d'efficacité et de rendement, firent progressivement un triple constat concernant le recrutement des produits de l'école : (1) plus le diplôme est élevé, plus le candidat au poste a des chances de s'adapter et de donner à terme satisfaction ; (2) mais par ailleurs les produits de l'école sont incapables d'accomplir les tâches complexes qui leur sont données, même si toutes les connaissances et techniques requises leur ont été enseignées ; (3) dans certains domaines surtout, le nombre de diplômés devenant supérieur aux besoins, la sphère de recrutement devient plus large et il est donc possible de recruter les personnes susceptibles de devenir le plus rapidement compétentes, ce que l'on trouve plus facilement parmi les plus diplômés.

Ces constats alliés aux impératifs de la compétitivité et de la rentabilité amenèrent les entreprises à créer leur propre service de formation afin de rendre les nouveaux engagés ou les personnels à muter sur un autre poste le plus rapidement « compétents ». Les services de formation eurent donc comme premier rôle de faire avec les services concernés de l'entreprise une analyse précise des tâches et d'identifier à partir de là les compétences requises. Ainsi naquirent les concepts de « référentiel métier » et de « référentiel de compétences ». Ces services de formation pouvant être coûteux pour l'entreprise, celle-ci a évidemment intérêt à agir sur l'école pour la pousser à transformer ses programmes en termes de compétences, du moins celles susceptibles d'être apprises dans un tel cadre.

Essentiellement tournées sur ce type de référentiels, ces initiatives débouchèrent assez vite sur la constatation que les référentiels de compétences des métiers exigeaient, surtout pour des métiers de haut niveau, des compétences transversales ou génériques, c'est-à-dire s'exerçant sur des situations très diverses, telles par exemple : interpréter correctement un problème, lire correctement un mode opératoire, aller chercher dans un ouvrage de référence les informations utiles pour un certain usage, réagir de façon critique à une situation, etc. Il s'ensuivit des pressions auprès des autorités des systèmes éducatifs pour agir auprès des programmes d'études de l'enseignement général et y introduire un apprentissage de telles compétences.

Ces pressions se virent de plus en plus couronnées de succès, comme le montrent les nouvelles appellations créées dans différents pays : *basic skills* et de plus en plus fréquemment *basic competencies* dans de nombreux pays anglo-saxons, « compétences socles » dans l'enseignement secondaire belge, « objectifs d'intégration » dans l'enseignement primaire belge et dans d'autres pays, « objectifs noyaux » dans l'enseignement suisse, « compétences minimales » dans certains secteurs de l'enseignement français, « compétences par cycles » dans l'enseignement primaire français ... et bien d'autres appellations comme « compétences plancher », « socles de compétences », « compétences exigibles », « compétences nécessaires », « compétences de base », etc.

Apprendre devenait donc faire preuve de la maîtrise d'un ensemble de compétences, ou mieux d'un ensemble intégré de compétences, c'est-à-dire de savoir-faire complexes (et non de simples savoir-faire ou *skills* élémentaires comme dans la pédagogie de maîtrise de Bloom) ; de savoir-être (en fait des savoir-faire passés dans l'habitude spontanée intériorisée en situation, comme l'indique De Ketele, 1986) et de savoir-devenir (capacité de se mettre en projet, de les planifier, de les mettre en œuvre, de les évaluer, de les ajuster et de rebondir sur de nouveaux projets selon De Ketele et Roegiers, 1993).

Et l'évaluation ? Habitués à évaluer la maîtrise d'objectifs spécifiques bien circonscrits, les enseignants se sont trouvés devant l'obligation d'évaluer des compétences, c'est-à-dire du complexe par définition. Ceci a créé un grand malaise, d'autant plus que la plupart des curriculums ont été conçus et diffusés sans que l'on ait pensé le problème de l'évaluation ni assuré la formation des enseignants. Cette prise de conscience a engendré de nombreux travaux sur les dispositifs susceptibles d'évaluer les compétences des élèves ainsi que celles d'adultes voulant voir reconnus et validés les savoirs expérientiels. Le colloque de l'ADMEE de Lisbonne en novembre 2004 en a fait un premier bilan.

En ce qui concerne l'évaluation des compétences des élèves, on voit plusieurs tendances se dessiner. Les « puristes » considèrent que l'évaluation consiste à confronter l'élève à une tâche complexe, à identifier les critères et indicateurs de qualité des composantes de la performance attendue, à confronter la performance observée à ces critères et indicateurs, à prendre les décisions qui s'imposent selon la fonction de l'évaluation (réguler ou certifier, voire les deux). Une seconde tendance part de la constatation que beaucoup d'élèves ne sont pas en mesure d'effectuer une tâche complexe. L'épreuve est alors scindée en plusieurs moments : confrontation à la tâche complexe pour tous les élèves ; ensuite, pour les élèves en difficulté, on découpe la tâche complexe en tâches plus simples ; enfin, pour les élèves encore en difficulté, on vérifie la maîtrise des savoirs et savoir-faire impliqués par la tâche complexe (c'est-à-dire les « ressources » à mobiliser). Une troisième tendance prend la voie inverse. Elle vérifie d'abord la maîtrise des ressources à mobiliser par la compétence, puis propose une ou plusieurs tâches complexes (éventuellement de difficulté croissante).

A côté de ces trois tendances et en liaison plus ou moins étroite avec elles, on assiste aussi au développement de nombreux travaux sur les portfolios de compétences et sur les familles de situations problèmes. Il existe de nombreuses conceptions concernant les portfolios et sur la façon de les utiliser. Soulignons cependant deux aspects fortement étudiés : les modalités de la régulation et la certification des progrès. Puisque être compétent dans un domaine c'est pouvoir mobiliser les ressources pertinentes face à une ou plusieurs familles de situations problèmes caractéristiques du domaine, se posent les questions de l'identification de celles-ci et de leur caractérisation. Il s'agit ici encore d'un processus de référentialisation, où il importe de bien distinguer les paramètres de chaque famille de situations problèmes, par opposition à l'habillage de celles-ci, c'est-à-dire ce qui peut changer dans les situations d'une même famille.

Que peut-on dire pour conclure et ouvrir le débat ?

Le concept de compétence est désormais incontournable même si, dans les faits, il reste souvent un concept « fourre tout » et non stabilisé : on peut encore discuter indéfiniment sur le fait que la compétence est une « potentialité à agir », un « savoir-agir », une « capacité à mobiliser des ressources pertinentes », etc. Ce qui est sûr, c'est que les nostalgies à vouloir restreindre l'acte d'apprendre et d'évaluer, soit aux seuls contenus de connaissance, soit aux seuls savoir-faire ou *skills* de base, sont des conceptions qui ne tiennent plus la route et relèvent des mouvements de résistance conservatrice que l'histoire des sciences a maintes fois mises en évidence. Etre compétent suppose bien plus que la maîtrise des connaissances et savoir-faire de base (ce que l'on tend à appeler les « ressources ») : cela suppose de pouvoir les mobiliser de façon pertinente dans des situations problèmes à résoudre ou dans des tâches complexes à effectuer.

A côté de cet enjeu essentiel, on peut également situer le débat concernant l'apprentissage de « compétences spécifiques ou contextuelles », c'est-à-dire s'exerçant sur des familles de situations problèmes ou de tâches complexes bien circonscrites », ou de compétences qualifiées sous différents vocables déjà évoqués (compétences transversales, clés, génériques, etc.).

Même si nous considérons comme incontournable l'approche par compétences, compte tenu de l'évolution du statut de la connaissance, il ne faut pas être aveugle quant aux déviations possibles. Un accent trop exclusivement marqué sur la mondialisation, sur la compétitivité et sur l'employabilité risque de mettre l'apprentissage et l'évaluation trop exclusivement au service du développement économique et de l'intérêt de la finance internationale. Un autre risque est de considérer l'approche par compétences comme une évolution définitive, liée elle-même à une évolution définitive du statut de la connaissance. L'épistémologie nous a appris que la connaissance est un processus inachevé et à reconstruire. Quelle évolution nous attend ? Si nous osons un pronostic, nous dirons que l'évolution de la société civile (émergence et importance des perceptions d'une société violente, inéquitable, injuste, accentuant le fossé entre les régions et les classes sociales ; émergence aussi de l'importance d'une priorité à la qualité de la vie) nous amène à penser que le futur accordera peut-être une priorité à l'apprentissage du savoir-être et du savoir-devenir. Ce serait une nouvelle étape dans le processus d'intégration qui caractérise le développement du savoir. En effet, si la compétence intègre les savoirs et les savoir-faire de base dans un processus de mobilisation pertinente face à des situations ou des tâches complexes, le savoir-être intègre les savoir-faire dans un processus d'intériorisation habituelle et le savoir-devenir les intègre dans des projets qui engagent tant le devenir de la personne que de la société. Il s'agit peut-être de l'enjeu de demain.

1.2 LES ACQUIS DE L'EXPERIENCE

Evaluer avec l'expérience

Patrick Mayen

Que faire de l'expérience ?

Que faire avec l'expérience ? comment faire avec l'expérience ? qu'est ce qu'on peut évaluer et comment ? Voici trois questions qui peuvent traduire assez fidèlement le désarroi dans lequel se trouvent tous ceux qui ont à agir dans le cadre de dispositifs de reconnaissance et de validation d'acquis de l'expérience (RVAE).

« Tous ceux » ? D'abord ils sont nombreux à être concernés. Ensuite, ils occupent des positions différentes : ceux qui décident de mettre en place des politiques et dispositifs de RVAE, ceux qui les conçoivent et les pilotent, ceux qui agissent dans leur cadre : conseillers, accompagnateurs, formateurs, jurys, ceux, enfin, qui en sont les « bénéficiaires ». Deux précisions importantes :

Leurs activités ont toutes à faire avec l'évaluation. Bien qu'elles ne soient pas toutes des activités d'évaluation, elles se réfèrent toutes aux champs institutionnels, conceptuels et professionnels de l'évaluation. Ainsi, un accompagnateur, un conseiller, un formateur réfèrent leur activité à celle du jury, aux attendus d'un référentiel, aux règles d'un système de formation ou de certification, à des notions comme équité ou critère, etc. (Mayen, 2005 ; Mayeux, Mayen & Savoyant, 2006).

Elles ont aussi toutes à faire avec l'expérience. Même si ce sont les acquis de l'expérience et non l'expérience qui sont l'objet des activités d'évaluation. L'expérience est un objet de l'activité. De l'expérience, il faut faire quelque-chose pour que des acquis puissent être reconnus, évalués, validés. Un autre objet de l'activité commune se dégage : l'activité d'une personne, candidate à la reconnaissance et à la validation des acquis de son expérience (RVAE). Préoccupation pour un candidat, objet d'apprentissage : « que faire de mon expérience et comment ? » Préoccupation pour les acteurs des systèmes de formation et de certification : « comment faire avec l'activité du candidat ? ».

L'expérience, c'est un objet de travail encombrant et complexe, rétif aux réponses simples et aux réductions méthodologiques. La notion d'expérience présente des significations multiples mais jamais contradictoires Celles-ci reflètent seulement la complexité de ce qu'est l'expérience (expérience produit, expérience processus, expérience conditions de construction de l'expérience…), de ce qu'elle engendre, des processus par lesquels elle se développe et de ceux par lesquels elle agit et sert à agir. Pourtant, probablement parce que le mot est courant et la chose familière pour chacun d'entre nous, on croit savoir ce que c'est, comment elle agit et comment on agit avec elle. Parfois même, elle est comme refoulée ou simplement oubliée au profit des activités réalisées, des compétences et capacités manifestées… Or, ce que montrent tous les travaux consacrés à la RVAE est que l'expérience ne se laisse pas expulser des espaces dans lesquels on la « manipule ». Elle persévère à agir, chez les personnes qui s'engagent en RVAE, sur les acteurs qui agissent avec elle.

Nous faisons donc l'hypothèse que l'expérience (sa nature, ses fonctions et les modes d'action que l'on peut exercer à son égard) est un objet de recherche parce que c'est un objet agissant dans le cadre de n'importe quel système de RVAE. C'est donc un objet de connaissance pour comprendre et agir dans et sur ces systèmes.

Qu'est-ce qu'agir avec l'expérience ? une question opérative pour la RVAE

L'expérience c'est la vie elle-même

Pour John Dewey (1938), l'expérience, c'est la vie elle-même. « Elle emprunte aux expériences antérieures et modifie la qualité des expériences ultérieures ». Bien qu'elle soit agissante et relativement opérative, elle reste implicite, diffuse, à peine consciente, peu formulée, en sorte que l'élaboration du parcours, des situations, de l'action, des savoirs et savoir-faire, « requiert le plus souvent l'intervention d'un tiers. » (Laîné, 2000, p. 30). Cette intervention ne peut cependant pas être assimilée à la maïeutique souvent évoquée pour décrire le travail des professionnels. L'assimilation à un accouchement, même intellectuel, repose sur la conception d'une substance préformée, d'un objet social

déjà-là, tout construit, prêt à être exprimé dans des formes attendues et que l'habileté de l'accompagnateur consisterait à faire accoucher. Ce « travail » ne se réduit pas à la mise en mots d'un objet déjà-là, prêt à être exprimé ou échangé. L'expérience est inscrite dans les comportements, les connaissances et les compétences, les manières de faire et de penser, les schèmes ou les habitus. Elle est formée des manières d'être, de penser et d'agir. De cet ensemble qui est une vie il faut tirer de quoi voir des acquis reconnus et validés. Mais, comme nous l'avons déjà évoqué :
- travailler des éléments de cet ensemble conduit inévitablement à activer les autres, même ceux qu'on n'attend pas,
- identifier, comprendre, reconnaître, évaluer certains éléments ne peut se réaliser que sur le fond de l'ensemble ou dans la relation avec d'autres éléments de celui-ci.

Le travail du candidat

Cela demande élaboration. L'expérience doit d'abord devenir objet d'activité d'une personne : se mettre à exister, acquérir une signification nouvelle, parce que susceptible d'avoir une valeur pour entrer en formation ou obtenir un diplôme et réaliser certaines fins. Bref, il faut en faire un objet d'activités « sous contrôle » (pour ne pas laisser l'expérience guider l'expression de l'expérience) et « sous contraintes » (parce que les cadres réglementaires et institutionnels de RVAE orientent fortement les modalités de réalisation des activités d'élaboration de l'expérience).

Ce travail peut être décomposé en activités de mobilisation (prendre l'expérience comme objet d'activité) et de remémoration (toute l'expérience n'est pas immédiatement disponible), de finalisation et d'adressage (l'élaboration suppose de comprendre quelles fins sont visées - la formation, la certification - et pour répondre à quelles attentes des jurys ou des formateurs), de sélection, de hiérarchisation et d'organisation (que faut-il retenir et éliminer ? développer ou simplement évoquer ? décrire ou analyser ? quel ordre, quelles stratégies de formalisation privilégier pour convaincre ?), enfin, d'expression. Là encore, il faut trouver les mots pour dire le parcours, les activités et les acquis, recourir à l'usage de jeux de langage plus ou moins induits par les dossiers ou les épreuves à passer et qui sont supposés permettre de se faire comprendre et de faire valoir et reconnaître ses arguments pour faire reconnaître et valider ses acquis.

L'expérience : produit de l'interaction des conditions objectives de l'environnement et des états subjectifs de la personne

Dewey (1938) définit encore l'expérience comme événement social dans lequel les conditions objectives de l'environnement et les états subjectifs de la personne sont en interaction.

La remarque de Dewey souligne la place qu'occupent les conditions comme potentiel de formation d'expérience. Dans quelle mesure certaines conditions composent-elles des configurations au potentiel créateur plus riche ? Deux personnes partant d'un même point peuvent ainsi avoir eu des chances très différentes de vivre, de construire et de développer des expériences selon les conditions rencontrées.

Elle réaffirme aussi le rôle de chacun dans cet acte créateur et relativise ainsi la part occupée par les conditions « objectives » (les situations vécues tout au long de la vie) qui ne déterminent pas strictement la formation de l'expérience. Cela amène à prendre en compte le fait que des conditions relativement identiques n'engendrent pas obligatoirement les mêmes expériences ni les mêmes « produits » de l'expérience. Cela implique qu'on ne confonde pas situations vécues, activités exercées et expérience. Celle-ci relève de ce que chacun a fait de ce que l'expérience a proposé.

L'expérience : conditions, processus et produit

La notion d'expérience recouvre des significations courantes et des significations plus scientifiques (Grasser & Roze, 2000).

Tout d'abord, l'expérience comme ensemble de conditions, de situations, d'événements se succédant dans un certain ordre, correspond à un processus, susceptible de construire « l'expérience comme produit », défini comme : « ensemble de manières d'être, de penser et de faire, propriétés sociales construites dans le feu de l'action, dans l'épreuve de nombreux événements de la vie professionnelle… » (Demailly, 2001, p. 528). Formes d'exister, de sentir, de penser et d'agir, mais aussi voies inexplorées, potentiels inactivés, empêchés ou qui n'ont pas trouvé de quoi s'investir et se développer (Clot, 1999).

L'expérience comme condition de la construction de manières d'être, de faire et de penser constitue donc une sorte d'espace de développement. Mais cet espace peut aussi être espace de construction de capacités d'action limitées à la seule réussite immédiate exigée, de routines, d'involutions du fait de l'empêchement d'agir, d'exprimer ce que l'on souhaite faire et ce que l'on est capable de faire, d'acquérir les capacités de faire face aux situations ou à leurs évolutions. Elle peut créer la démotivation, construire des manières de faire ou de penser opérationnelles pour une classe de situations mais inefficaces pour d'autres, restreindre l'horizon. L'expérience construit aussi des possibilités qui pourront ou non, au cours des expériences ultérieures, se réaliser ou se développer. De ce point de vue, on peut parler d'inéquité fondamentale de l'expérience.

L'expérience, des éléments et un ensemble, un parcours et la dynamique d'une trajectoire

On peut distinguer « l'expérience parcours » de « l'expérience trajectoire ». Le parcours serait la succession objective des situations et des événements, avec une temporalité sociale d'agenda. La trajectoire serait, elle, l'histoire de la personne, celle qu'elle raconte pour argumenter, qu'elle redessine en fonction du système de contraintes propres à un dispositif de RVAE, celle que les jurys cherchent à retrouver à partir de leur propre système de références, à partir du parcours « objectif » et à partir de la trajectoire donnée à lire par le candidat. Ils cherchent, comme ils le disent, « la personne derrière le candidat », « on juge l'expérience ». Les indicateurs d'acquis de l'expérience sont alors aussi bien à chercher dans la version parcours de cette dernière (celle de l'agenda) que dans sa version trajectoire (celle qui est racontée et argumentée), dans sa version conditions, ou dans celles de processus et de produit, de potentiel et de valeur. On entrevoit déjà un aspect de « l'évaluation située » : celui du recours à des indicateurs rendant compte de tel ou tel aspect d'une activité et de leur intégration en un ensemble global au lieu des simples signes de performance habituellement traités par des indicateurs « classiques » dissociant les éléments (Figari, 2006).

L'expérience, émotions et cognitions

« Ensemble de manières d'être, de penser ou de faire, propriétés sociales, (...) l'expérience est indissociablement émotive et cognitive, déceptions, plaisirs, souffrance, flair, savoir-faire, etc. ». Si l'expérience est émotion, comme nous l'avons écrit plus haut, c'est à la fois dans le processus, autrement dit le temps de la construction de l'expérience et dans le produit. Evénements marqués par des affects négatifs et résultant de souffrances professionnelles ou personnelles, déceptions et frustrations, empêchements d'agir, fatigue, ennui, stress, jugements professionnels explicites ou non portés sur la personne ou sur son action. Evénements marqués par des affects positifs et résultant de réussites et promotions, marques de reconnaissance, sentiment du travail bien fait, d'efficacité, problèmes délicats résolus, jugements d'utilité et de beauté (Dejours, 1995) exprimés par l'entourage.

La construction du sens attribué à l'expérience en est fortement marquée. La valeur et donc la valorisation des éléments, de sous-ensembles de l'expérience, voire de sa totalité en dépendent. Au cours de l'expérience, les événements, les situations, les positions ont été l'objet d'attributions de valeur, d'abord par les autres, personnes ou institutions, par les événements tels qu'ils ont été interprétés, ensuite par chacun, mais toujours référencés, en quelque sorte aux yeux, aux mots, aux jugements des autres.

C'est à cela aussi que se heurtent les professionnels chargés de l'orientation et de l'accompagnement. Se souvenir ou pas, accepter ou non d'en parler ou de le taire, de le développer ou de le minimiser, réorganiser une hiérarchie des expériences du point de vue de leur valeur pour le référentiel de diplôme et non pour le référentiel du milieu professionnel ou pour le référentiel personnel construit tout au long de la vie ne sont que quelques-unes des difficultés engendrées par l'indissociabilité de l'émotion et de la cognition. Les impasses faites sur certaines activités, les développements trop importants, les preuves décalées ne sont pas le seul fait d'une incompréhension des exigences du jeu social de la RVAE. L'émotion et les affects insistent pour s'exprimer. Ils sont aussi le crible par lequel l'estimation de la validité de l'évaluation sera effectuée par les candidats, une fois celle-ci notifiée par le jury. Sentiments de justice ou d'injustice, d'avoir ou non été entendu, compris et reconnu, d'avoir enfin réussi ou d'avoir encore échoué nourrissent les réactions après-coup des candidats. L'émotion et la subjectivité ne sont donc pas des restes de l'élaboration de l'expérience.

L'expérience, produit de l'action et des interactions avec les autres et la culture

L'expérience n'est pas seulement le produit de la confrontation aux objets matériels, aux problèmes du monde, l'action et les capacités d'action s'ajustant progressivement en fonction du constat des effets de l'action. Le monde expérientiel est aussi un monde socialement saturé de ressources pour apprendre, notamment parce qu'on agit avec d'autres dans un cadre réglé. Leur action peut être imitée ou rejetée, mais elle influe sur la construction des manières d'agir individuelles. Des manières d'agir se transmettent, s'échangent. Des approbations et des réprobations s'expriment, des explications, justifications, précisions s'échangent qui contribuent à affiner les modes d'action, à opérer des choix. Ceci peut se faire dans des situations ordinaires sans intention d'apprentissage ou bien à travers des situations plus formalisées, tutorat, aide, réunions, séances d'information, recours à des ressources documentaires, ou tout simplement suivi des procédures, des protocoles écrits qui orientent, cadrent les actions possibles et impossibles, définissent des résultats à atteindre et des opérations à respecter ou à éviter. Dans les propos des autres, dans les documents et les procédures, des concepts sont présents, des systèmes explicatifs, des théories, des règles, des buts, tout ce qui compose l'action humaine. Tous ces points sont autant d'entrées pour relancer le travail d'élaboration du candidat, pour y trouver des conditions et des produits de l'expérience, alors que reste dominante, dans les pratiques, la référence à l'action observable et facilement descriptible réalisée avec des systèmes d'instruments techniques sur des objets matériels.

L'expérience, une construction qui reflète le cours de la vie et l'activité en situation

L'expérience comme produit conserve des traces des situations dans lesquelles elle s'est construite. Les formes conceptuelles pragmatiques construites pour l'action en situation ne recouvrent jamais les

organisations conceptuelles disciplinaires. Elles sont finalisées et étroitement reliées à des formes d'action possibles, à des classes de situations qu'elles permettent de traiter. Une partie de ce qui organise l'action, règles, concepts et cet ensemble de connaissances plus ou moins implicites que nous avons sur le monde, ne font pas l'objet d'une correspondance en termes de savoirs identifiés, formalisés. La mise en mots, la démonstration de la logique de l'action et de l'expérience suppose donc simplification, déformation, imprécisions. Dans le même temps, l'observation de jurys de validation d'acquis de l'expérience montre que c'est dans la spécificité de ce qu'apportent les candidats, dans les traits particuliers d'une situation vécue particulière, dans les actions et les raisonnements tenus dans et sur cette situation précise, que les jurys trouvent de quoi résoudre deux des problèmes qui les préoccupent :
- le candidat est-il bien l'auteur de l'expérience et des acquis qu'il met en mots ou en scène pour la RVAE (véracité),
- les éléments concrets et spécifiques de l'expérience (situation et action) constituent le levier pour interroger les capacités et les connaissances des personnes à un niveau de généricité élevé. Solliciter des raisonnements conditionnels, faire jouer la variabilité, faire élaborer et justifier des scénarios alternatifs en référence à des traits concrets d'une situation spécifique, etc.

L'expérience : un système de ressources pour les situations à venir

L'expérience n'appartient pas seulement au passé de l'individu. Elle n'est pas seulement ce qu'il est et ce qu'il a été capable de faire mais aussi ce qu'il pourra faire de cette expérience et de ce qu'elle construira dans des situations à venir. La préoccupation de transférabilité des acquis dans d'autres situations de référence du diplôme est une préoccupation constante des jurys. Elle s'exprime parfois dans les termes de « potentiel ». Le candidat sera-t-il capable d'affronter d'autres situations ? La notion de zone de proche développement permet de comprendre ce qui est en jeu. Quelles possibilités d'action et de mobilisation l'expérience a-t-elle construites ? Quelles situations, même celles qui n'ont jamais été rencontrées, l'expérience permet-elle d'affronter avec des chances de succès ? Bref, quelles expériences une expérience permet-elle de faire ? Quelles sont les conditions pour qu'une expérience trouve un développement possible ?

En conclusion : faire avec l'expérience pour évaluer les acquis de l'expérience

Ce que montrent certains travaux d'observation de l'activité de jurys, accompagnateurs et formateurs, c'est la manifestation d'une pluriréférentialisation dans l'acte même d'évaluation ou de guidage de l'élaboration de l'expérience pour en tirer des objets évaluables. Les référentiels et les critères, voire, dans certains cas, les conditions organisationnelles et institutionnelles, sont ainsi perpétuellement réinterrogés et renégociés pour s'adapter aux caractéristiques spécifiques et à la pluridimensionnalité de chaque expérience proposée à la RVAE. Les acteurs du dispositif puisent alors dans leur propre expérience et leurs propres univers de référence de quoi trouver les ressources pour réaliser l'évaluation, notamment, redéfinir les critères et identifier et négocier, voire inventer des indicateurs satisfaisants pour évaluer. Or, la flexibilité nécessitée par la prise en compte des caractéristiques de globalité, de spécificité, de multiréférentialité, de complexité de l'expérience suppose, pour rester « sous contrôle », que les professionnels des systèmes connaissent précisément les éléments constitutifs du monde dans et sur lequel ils ont à agir : notamment ce qu'est l'expérience et ses usages dans les espaces dédiés à la RVAE.

1.3 LES ETABLISSEMENTS

Réflexions sur l'« effet-école »[1]

Aletta Grisay

Il y a longtemps que les chercheurs en sciences de l'éducation s'intéressent aux multiples différences observables entre systèmes scolaires pour tenter d'identifier les facteurs susceptibles d'expliquer les meilleures ou les moins bonnes performances de ces systèmes en termes d'acquis des élèves. C'est là une des principales raisons d'être des vastes enquêtes de l'Association internationale pour l'évaluation du rendement scolaire (IEA) et du programme PISA de l'OCDE (Programme international pour le suivi des acquis des élèves). En effet, un grand nombre de caractéristiques des systèmes éducatifs (par exemple, les dispositions relatives à l'obligation scolaire, le curriculum officiel, les horaires, les normes d'effectifs par classe, les qualifications requises pour l'accès au métier d'enseignant) ne varient généralement pas, ou de manière peu significative, au sein d'un même pays, ce qui ne permet d'en apprécier empiriquement les effets qu'en effectuant des comparaisons entre pays différents.

Il est vrai que dans un même système scolaire, l'homogénéité des conditions est souvent plus structurelle que réelle : des différences de rendement parfois importantes s'observent d'une école à l'autre - même lorsque l'on tient sous contrôle statistique les caractéristiques « d'entrée » (origine socio-économique, compétences initiales) des populations d'élèves qui fréquentent ces établissements. Le courant de recherches sur « l'école efficace » (*school effectiveness studies*) a trouvé là son terrain de chasse privilégié. Moins amples que les enquêtes précédentes par le nombre d'établissements et d'élèves étudiés, mais prenant plus soigneusement en compte les processus mis en œuvre dans l'environnement scolaire, ces travaux ont donné la priorité à une comparaison systématique entre établissements performants et peu

---

[1] Ce texte est la version remaniée d'un article publié en 1999 : Réflexions sur l'effet-école (et sur ses manifestations dans un archipel du bout du monde), in SRED, *Voyage dans un espace multidimensionnel. Textes réunis en l'honneur de Daniel Bain*, 35-51.

performants (i.e., des établissements où les résultats des élèves s'avèrent significativement supérieurs - ou inférieurs - à ceux que l'on observe, en moyenne, chez des élèves de même origine sociale et de mêmes aptitudes initiales inscrits dans d'autres écoles). Ils ont permis, depuis une trentaine d'années, d'effectuer une avancée indiscutable dans l'identification des caractéristiques de l'environnement scolaire les plus favorables aux progrès de l'apprentissage.

Un profil cohérent de facteurs d'efficacité

Par-delà le foisonnement d'informations et de résultats apportés par ces paradigmes de recherches, on ne peut qu'être frappé par une double série de convergences :

1. En ce qui concerne les aspects quotidiens du travail en classe, les travaux sur l'école efficace tendent à confirmer, de plus en plus clairement, la robustesse du « vieux » modèle de l'apprentissage scolaire proposé par Carroll (1963, 1989). L'apprentissage que réalisera un élève particulier est fonction :

a) de ses aptitudes (intelligence générale, capacité d'apprendre),
b) de ses prérequis (dispose-t-il des bases nécessaires pour comprendre la nouvelle matière qu'on lui présente ?),
c) de sa motivation (a-t-il envie d'apprendre cette matière ? est-il prêt à s'engager dans l'effort que cela requiert et d'y persévérer ?),
d) du fait que l'occasion d'apprendre cette matière lui soit effectivement présentée, et cela pendant un temps suffisant,
e) de la qualité de l'enseignement dispensé.

A l'exception du premier de ces facteurs (aptitudes générales de l'élève), tous sont au moins partiellement gérables par l'école. Les établissements efficaces, nous dit en substance la littérature (Good & Brophy, 1986 ; Purkey & Smith, 1983 ; Scheerens & Bosker, 1997), sont ceux où les enseignants donnent la priorité aux apprentissages fondamentaux, où des objectifs clairs sont fixés aux élèves, où il leur est fait comprendre qu'on les considère comme capables d'atteindre ces objectifs, où des évaluations fréquentes permettent de réguler l'enseignement et de s'assurer que chacun progresse à un rythme satisfaisant, où l'on parvient à éviter les pertes de temps dues à une organisation défectueuse ou à des épisodes trop fréquents d'indiscipline, et où les pratiques d'enseignement sont de type plutôt structuré (les leçons sont planifiées avec soin, en courtes séquences alternant exposé de la matière, questions/réponses et travail individuel ou en groupe ; l'enseignant fait souvent le lien entre ce qui a été vu et ce qui va suivre ; il rappelle les points essentiels ; il multiplie les exemples, insiste sur les transitions, résume ou fait résumer ce qui a été vu, etc.).

2. En ce qui concerne les caractéristiques plus globales de l'établissement, de son fonctionnement et de ses modalités de gestion, il est intéressant de constater que les principaux facteurs « facilitants » identifiés par la littérature mettent l'accent sur la cohérence. Le milieu scolaire est une bureaucratie qui se caractérise le plus souvent (en termes de théorie des organisations) par un mode de fonctionnement « faiblement couplé » (Weick, 1976), où les mécanismes de communication et de concertation sont peu développés et où chaque enseignant dispose d'une relativement large autonomie. Les établissements performants, nous dit encore la littérature, sont ceux où une direction forte parvient à faire partager à tous une même vision des objectifs à poursuivre, où un ethos positif commun a pu se développer, où règne un climat de calme et de sécurité propice au travail, où le personnel se perçoit comme collectivement responsable des progrès des élèves - ce qui se traduit souvent par l'existence de dispositifs de régulation : les résultats des élèves font l'objet d'analyses au niveau de l'établissement et sont utilisés pour décider des améliorations à apporter à l'enseignement dispensé. Une politique concertée de formation continuée du personnel est menée au sein de l'école ; les contacts avec les familles des élèves et leur implication dans le fonctionnement de l'école sont encouragés.

Tout cela fait sens, indiscutablement, et les praticiens reconnaissent sans peine, dans les listes de variables ainsi isolées par les travaux des chercheurs, des facteurs d'efficience qui leur sont familiers. Si familiers qu'on tend parfois à oublier que ces résultats n'ont rien de trivial : bien d'autres facteurs sont souvent considérés comme indispensables au bon fonctionnement de l'enseignement, sans que leur pertinence ait pu être mise en évidence de manière empirique. C'est le cas, pour ne citer que quelques exemples, de l'utilisation de classes à effectifs réduits, de la plupart des pratiques d'individualisation des apprentissages et, du moins dans les pays industrialisés, de la richesse de l'établissement en matériel pédagogique ou du niveau de qualification du personnel enseignant.

Des points d'interrogation tenaces

L'avancée est réelle, mais d'innombrables problèmes subsistent, en particulier à propos de la stabilité de ces résultats et de leur interprétation exacte.

1. Les méta-analyses disponibles sur ces études (Witziers & Bosker, 1997) montrent que le profil des facteurs mis en évidence varie bien davantage d'une recherche à l'autre et d'un pays à l'autre qu'on ne l'avait cru tout d'abord. En particulier, l'importance du rôle joué par la direction de l'école ne paraît confirmée que dans un certain nombre d'études, pour la plupart anglo-saxonnes. Aux Pays-Bas (un pays où pourtant le courant de recherches sur l'école efficace est très actif, et où plusieurs enquêtes inspirées de ce paradigme ont été menées), aucun effet significatif n'a pu être trouvé pour cette variable. Il en va de même pour les quelques recherches menées en France (Bressoux, 1993 ; Grisay, 1997). Plusieurs autres des dimensions souvent citées dans la littérature présentent (quoiqu'à un moindre degré) ce même comportement « à éclipses » : confirmées par certaines des études, elles sont loin de l'être par toutes.

2. Les travaux relatifs à la stabilité de l'effet-école dans le temps et pour les divers aspects du curriculum (un établissement « performant » le reste-t-il pour l'ensemble des matières enseignées et d'une année scolaire à l'autre ?) font apparaître des résultats qui demeurent contradictoires. Une relative cohérence est observée dans certains des échantillons d'écoles étudiés. Par exemple, Rutter et al. (1977) trouvent que les établissements scolaires londoniens qu'ils ont étudiés sont le plus souvent « performants » ou « peu performants » pour l'ensemble des critères cognitifs et socio-affectifs qu'ils ont examinés, et le restent généralement au fil du temps. Mais de nombreuses autres études (Bosker & Scheerens, 1989 ; Luyten, 1994 ; Rowan & Denck, 1982) mettent plutôt l'accent sur la faible stabilité des performances d'un même établissement d'une matière à l'autre et d'une année à l'autre. Slater et Teddlie (1992) attribuent ces fortes variations au fait que des modifications importantes peuvent se produire au cours du temps, tant en

ce qui concerne la population qui fréquente l'établissement que sa direction ou la composition de son personnel enseignant.

Luyten (1994), dans une étude sur un large échantillon d'écoles secondaires néerlandaises, se demande pour sa part si l'unité pertinente n'est pas plutôt le « département » (ensemble des enseignants titulaires d'une même matière) que l'école proprement dite : il trouve que les performances des établissements dans une même matière sont un peu plus stables dans le temps que ce n'est le cas pour le rendement global de l'école (toutes matières confondues).

3. Il est légitime de s'interroger sur la nature exacte des systèmes de causalité que recouvrent plusieurs des dimensions mises en évidence par le courant de l'école efficace. La meilleure performance de certains établissements est associée, on l'a vu, à un curriculum plus fouillé et plus exigeant, à des attentes plus positives des enseignants vis-à-vis des élèves, à un climat plus calme et plus studieux. Mais comment interpréter ces associations ? Le bon rendement des élèves est-il favorisé par les attentes positives des enseignants, le curriculum proposé, la discipline qui règne dans les classes ? N'est-ce pas plutôt le fait que la population recrutée par ces établissements est « meilleure » qu'ailleurs qui explique la bonne discipline, le curriculum exigeant et les attentes élevées des maîtres ? Il n'est pas interdit de penser que les deux hypothèses sont simultanément correctes…

Un statut causal encore à préciser

Un effort intéressant pour mieux identifier les réseaux de causalité à travers lesquels agissent les divers facteurs de performance mis en évidence par le courant de l'école efficace a été tenté par Bosker et Scheerens (1994). Ces auteurs distinguent six mécanismes possibles :

1. *Des effets de miroir.* On peut penser que dans certains cas, le bon rendement collectif est tout simplement la résultante de conditions positives présentes au niveau individuel (une classe est « bonne » parce qu'elle est fréquentée par des élèves initialement bons, une école est « bonne » parce qu'elle compte une majorité de « bonnes » classes). Dans ce cas, certains des facteurs d'efficacité ne feraient que refléter la

relative homogénéité des bonnes conditions initiales (élèves motivés et disciplinés, entraînant de fortes attentes de la part des enseignants).

2. *Des effets contextuels.* Il est cependant possible aussi que l'addition de caractéristiques individuelles positives ou négatives ait un effet allant au-delà d'un simple cumul. Des élèves faibles ou des enseignants médiocrement motivés seront « tirés vers le haut » par leur groupe de pairs dans une école dont l'ethos dominant est positif. L'inverse serait vrai dans des établissements fréquentés par une majorité d'élèves faibles, ou recrutant un personnel en majorité médiocre.

3. *Des effets directs.* La bonne performance des établissements efficaces serait due aux dispositifs qui y sont mis en place pour obtenir cette performance. C'est évidemment l'hypothèse la plus plausible pour des variables telles que le dynamisme de la direction, les mesures prises pour gérer efficacement le temps de travail (lutte contre l'absentéisme, remplacement des enseignants en congé de maladie, maintien de la discipline, formation du personnel à des pratiques qui améliorent la participation active et l'implication en classe des élèves), ou encore l'utilisation de systèmes bien conçus d'évaluation des progrès réalisés.

4. *Des effets liés au renforcement* (*incentives*). Il est rare que des dispositifs de gratification matérielle soient mis en œuvre dans les systèmes scolaires (salaires « au mérite » ou compléments de subventions pour les établissements atteignant certaines normes de performance.) Mais divers types de renforcements symboliques jouent probablement un rôle dans le maintien ou la détérioration de la qualité de l'enseignement d'une école : la réputation de l'établissement, l'existence éventuelle d'établissements concurrents, la pression des collègues ou de la direction, celle exercée par des associations de parents plus ou moins sourcilleuses sur la discipline ou sur le niveau d'exigence du curriculum…

5. *Des effets facilitants liés aux conditions matérielles.* Les auteurs citent l'exemple des établissements organisant des relevés informatiques des résultats des élèves, ce qui peut faciliter ou encourager un pilotage systématique de leurs progrès. On peut sans doute ajouter à cela les quelques résultats indiquant que les bonnes écoles bénéficient souvent d'une administration efficiente qui évite au personnel d'inutiles pertes de temps et lui permet de donner la priorité aux tâches d'enseignement.

6. *Des effets de tampon*. Il s'agirait ici des dispositifs qui permettent de protéger le bon fonctionnement de l'école contre les influences négatives pouvant le menacer de l'extérieur. Plusieurs travaux semblent indiquer qu'une certaine autonomie de l'établissement constitue un facteur positif autorisant une meilleure adaptation aux besoins spécifiques des élèves qui le fréquentent, et qu'un des rôles importants joué par les directeurs efficaces est celui de médiateur entre l'établissement et diverses instances extérieures (la hiérarchie du système éducatif, les autorités locales, l'association des parents, etc.). Par ailleurs, de multiples études de cas indiquent que, lorsqu'une école est située dans une aire géographique « sensible » (violence, drogue, etc.), les conditions minimales de travail ne peuvent guère y être maintenues que si elle arrive à élever une barrière de sécurité la protégeant, et protégeant ses élèves, contre les perturbations venant de son environnement immédiat.

Utilisant un sous-échantillon de données recueillies lors d'une évaluation nationale menée dans les écoles secondaires des Pays-Bas ($3^{\text{ème}}$ année de l'enseignement secondaire), les auteurs font une ingénieuse tentative pour vérifier, d'une part, si certains de ces modèles explicatifs peuvent être techniquement spécifiés (par exemple, en mettant à l'épreuve des modèles de régression multi-niveaux où l'on suppose, alternativement, que certaines variables ou groupes de variables n'ont qu'un effet principal, ou qu'elles agissent à la fois par leur effet principal et par des effets d'interaction avec d'autres variables) ; d'autre part si, dans ce cas, certains modèles sont plus puissants que d'autres en termes de variance de rendement expliquée. Ils obtiennent des résultats mitigés. Bien que certains modèles paraissent plus pertinents que d'autres, les différences sont peu accusées et ne permettent que rarement de trancher de manière nette entre l'une ou l'autre hypothèse (sans doute parce qu'une même corrélation entre variables scolaires et rendement résulte souvent de plusieurs déterminismes à la fois, les uns « directs », les autres « contextuels », etc.). D'autre part, ils observent, une fois de plus, que les effets sur le rendement explicables par des caractéristiques de l'environnement scolaire et de l'enseignement dispensé ne constituent, en tout état de cause, qu'une proportion modeste de la variance totale entre élèves, par comparaison avec les composantes traditionnelles majeures (les caractéristiques socio-économiques de la population, les filières fréquentées, les aptitudes des élèves mesurées à l'entrée à l'école).

La notion de valeur ajoutée serait-elle réductrice ?

Ce dernier constat, qui se répète avec une désespérante monotonie depuis le début des travaux sur « l'effet-école » il y a plus de cinquante ans, a conduit quelques chercheurs (dont je fais partie) à s'interroger sur la pertinence réelle qu'il y a, dans ce courant de recherches, à définir l'effet-école en termes de « valeur ajoutée » (i.e., la variance entre écoles qui peut être expliquée par les seules différences de qualité de l'environnement scolaire ou de l'enseignement dispensé, lorsque l'on tient statistiquement sous contrôle l'origine socio-économique et les aptitudes initiales de la population recrutée).

J'ai eu l'occasion de montrer (Grisay, 1999) que la pratique consistant à mesurer l'effet des variables scolaires « toutes choses égales par ailleurs en ce qui concerne les caractéristiques d'*input* des élèves » conduit vraisemblablement à sous-estimer l'ampleur véritable de l'effet-école - en attribuant par exemple à l'origine socio-économique des élèves une partie de la variance entre établissements qui est probablement due, en réalité, à la meilleure qualité de l'enseignement dispensé dans les écoles fréquentées par une population d'origine favorisée.

Les disparités de rendement en mathématiques observées dans un échantillon de collèges français (Grisay, 1997) semblent ainsi pouvoir être attribuées pour une part importante (25% de la variance totale, sur 40% de variance relevée entre classes et entre écoles) au recouvrement entre les caractéristiques initiales de la population recrutée et la qualité de l'enseignement reçu. La variance « jointe » ainsi mise en évidence est attribuable au fait que l'enseignement est meilleur, à différents égards, dans les écoles comptant une majorité d'élèves d'origine favorisée et/ou dont le niveau d'aptitudes à l'entrée au secondaire était élevé. A noter que ce constat concerne un système éducatif et un niveau scolaire où les élèves se trouvent encore dans un tronc commun - où donc, en principe, des disparités d'une telle ampleur ne peuvent guère s'expliquer par l'existence de filières inégalement « fortes » en raison de la sélection qui s'y opère et du curriculum inégalement exigeant qu'elles proposent en mathématiques. Pour la même raison, on s'étonne de constater que, dans le même pays, la variance entre classes au sein des établissements s'accroît de plus du tiers en quatre ans (entre le début et la fin du premier cycle du secondaire), ce qui traduit probablement l'existence de différenciations tacites dues aux pratiques d'affectation des élèves aux classes et au curriculum réel qui y est mis en œuvre.

Conclusion

En dépit des problèmes persistants d'analyse et d'interprétation que pose l'étude des différences de rendement entre établissements, de tels phénomènes semblent confirmer à quel point il serait essentiel, pour les autorités responsables des systèmes éducatifs, de pouvoir disposer à tout le moins d'informations systématiques sur l'ampleur de ces disparités et sur leur évolution d'un cycle à l'autre du cursus scolaire des élèves. Il paraît important, par exemple, de tenter de comprendre pourquoi, dans le groupe de pays où le premier cycle du secondaire est organisé en tronc commun, les disparités de rendement entre établissements tendent à diminuer légèrement entre le niveau primaire et secondaire dans certains pays (pays scandinaves, Italie, Japon) alors qu'elles s'accroissent significativement dans d'autres (France, Belgique, Nouvelle Zélande), du moins si l'on en croit les données de l'étude IEA sur la lecture de 1991 (Elley, 1992).

Dans les pays où des filières sont organisées dès la sortie du primaire (Pays-Bas, Allemagne, Autriche, Suisse), la variance entre établissements est, bien évidemment, beaucoup plus élevée au secondaire qu'au primaire, et elle s'accompagne souvent d'un net accroissement des effets d'agrégation liés à l'origine socio-économique des élèves (les élèves de milieu défavorisé tendant à s'orienter, plus souvent que les autres, vers les écoles proposant un enseignement technique ou professionnel). Des différences s'observent cependant d'un pays à l'autre en ce qui concerne l'ampleur de ce « regroupement social » au sortir de l'enseignement de base, et il serait intéressant d'en connaître les raisons.

Les résultats des enquêtes OCDE/PISA menées en 2000 et 2003 sur les compétences en lecture, mathématiques et sciences des élèves de 15 ans semblent confirmer le lien qu'il y a sans doute lieu de faire entre structure « compréhensive » ou en filières caractérisant les systèmes scolaires, l'ampleur des disparités de performances entre établissements qu'on y observe et les indicateurs d'équité éducative qu'on y relève.

On observe en effet que dans les pays de l'OCDE où l'ensemble des élèves sont exposés à un programme d'enseignement unique, sans répartition en filières avant l'âge de 16 ans (essentiellement les pays scandinaves et la plupart des pays anglophones), la variance des scores aux tests entre établissements est plus de trois fois moindre, en moyenne, que dans les pays où l'orientation vers des filières différenciées se fait dès la sortie du primaire (pays du BeNeLux, pays germanophones, divers pays d'Europe de l'Est). On peut montrer (Grisay, 2006) qu'en moyenne, les pays à programme unique se caractérisent aussi par des valeurs un peu plus basses de la variance totale entre élèves, et une relation beaucoup moins accentuée entre l'origine socio-économique des élèves et leurs performances scolaires. Sur ce dernier point, en particulier, les analyses détaillées fournies dans les rapports des enquêtes PISA 2003 et 2006 (OCDE, 2003, 2005) montrent à l'évidence le rôle majeur que joue le contexte social plus ou moins homogène de l'école dans les disparités de résultats. L'effet sur les résultats scolaires de l'élève est bien davantage lié à l'indice socio-économique moyen des élèves de son école qu'au statut socio-économique de l'individu lui-même. Dès lors, plus les disparités sociales de recrutement sont fortes d'une école à l'autre dans un pays, plus l'origine sociale y pèse lourd sur les performances des élèves.

Il est permis d'espérer qu'en mettant à la disposition des divers pays participants des relevés réguliers de l'indicateur de variance entre écoles, l'OCDE encouragera le développement d'études de cas nationales visant à mieux comprendre les phénomènes causaux complexes que recouvrent ces disparités.

1.4 LES POLITIQUES EDUCATIVES

Compétences de l'expert qui évalue l'éducation

Georges Solaux

Le travail qui suit est fondé sur une expérience pratique en matière d'évaluation des politiques d'éducation, sur une expérience de gestion des systèmes d'éducation et sur une expérience de chercheur en genèse des politiques d'éducation. Tout à la fois théorique (Solaux 1997, 2000 ; Solaux, Dogoh-Bibi, Condé & Zebango, 2001) et opérationnel, le propos vise finalement à se questionner sur ce qui peut caractériser une bonne pratique d'évaluation des politiques d'éducation et à identifier quelles sont les compétences à développer au niveau de la formation des experts en évaluation. Nous prendrons l'exemple de la gestion des personnels enseignants pour illustrer notre propos.

La modernisation de la gestion publique suppose un dépassement des pratiques traditionnellement reconnues aux comités d'experts, commissions et contrôle administratif ; ce sera l'objet de la première partie. A titre d'exemple et en vue de donner à l'évaluation une réalité, nous présenterons dans un second temps les termes de référence d'une évaluation des enseignants publiés par un pays en voie de développement. L'analyse de ces termes de référence permettra d'identifier quelques caractéristiques utiles à la conduite d'une évaluation de politique d'éducation.

Evaluation, rapports commandés par l'autorité politique et idéologie

Nous proposerons d'établir une distinction nette entre les productions des grandes commissions de réflexion et celles qui relèvent de procédures plus analytiques. Des années trente aux années quatre-vingt le système politique est marqué par une réorientation du libéralisme hérité du 19ème siècle... La crise de 1929 bouleverse les certitudes et représentations relatives au libéralisme. L'intervention de l'Etat dans la libre économie devenait nécessaire et une nouvelle interprétation du capitalisme devenait indispensable. John-Meynard Keynes (1883-1946) réalisa cette conversion par la mise en œuvre d'une politique plus connue sous le terme d'interventionnisme d'Etat. Le courant libéral se renforce ensuite dans les années soixante-dix à la suite de la crise économique (crises sociales de la fin des années soixante et crise du pétrole de 1973) et se présente comme l'alternative au courant « social libéral » inspiré par les keynésiens. Le début des années quatre-vingt est alors marqué par la victoire des néo libéraux aux Etats-Unis et en Grande Bretagne et la formule de Ronald Reagan fait fortune : « L'Etat n'est pas la solution, mais le problème ». Le libéralisme « dur » redevient l'idéologie dominante au début des années quatre-vingt.

Les conceptions de l'aide apportée aux pays en développement ont suivi les évolutions idéologiques décrites ci-dessus. Sur le plan historique, le « mythe de l'Etat développeur » (Petiteville, 1998) a en effet précédé le mythe de « l'Etat fantoche » et ce n'est qu'au cours des vingt-cinq dernières années que les pressions en vue de « privatiser » le secteur public se sont développées. Les théories économiques du développement des années soixante assignaient à l'Etat un rôle de développement global : « le volontarisme développementaliste des élites étatiques du Tiers monde paraissait alors à la fois évident et propre à résoudre sans problème politique aucun la question du développement socio-économique » (p. 15). Par la suite, observant au moyen d'autres évaluations que ces fonctions n'avaient pas été assurées par les Etats, les économistes du développement et de façon plus générale la pensée économique dominante des années quatre-vingt minimisent le rôle de l'Etat. Les remèdes ont alors pour noms désétatisation de l'économie et de la société, privatisation, déflation des fonctions publiques.

Au sein du secteur public, le secteur éducatif constitue un objet d'analyse d'autant plus intéressant qu'il emploie généralement plus de la moitié des fonctionnaires et consomme entre 20 et 30% du budget de l'Etat. On s'accorde par ailleurs à penser qu'au sein du secteur public non marchand l'école occupe une place particulière car l'éducation possède un ensemble de caractéristiques qui en font un capital, proposition qui a donné naissance à la Théorie du Capital Humain. Ces données étant posées, on perçoit mieux la complexité socio-politique de l'évaluation de l'école dont finalement l'objectif essentiel pourrait être de trouver des éléments de réponse à la question suivante : comment former mieux et plus en engageant moins de dépenses publiques ? Nous assistons à une recherche de plus en plus effrénée d'efficacité et d'efficience et, parmi les moyens préconisés par les rapports officiels pour y parvenir, on trouve bien entendu des propositions destinées à amoindrir le rôle de l'Etat.

L'éducation fait partie des analyses de tous les rapports consacrés à la modernisation de l'Etat et à la nécessité d'introduction de « signaux du marché » (Petiteville, 1998) dans la gestion publique. Pour cette raison, il n'est pas étonnant que les propositions d'évolution des Etats et de leur école soient fortement marquées par la recherche d'une plus grande libéralisation. Bourdieu et Boltanski (1976) disaient des commissions qu'elles se situent « à l'intersection du champ intellectuel et du champ du pouvoir, c'est-à-dire au lieu où la parole devient pouvoir, dans ces lieux où le dirigeant éclairé rencontre l'intellectuel éclairant ». Le rapport des commissions y est décrit comme un « travail collectif tendant à éliminer les différences individuelles au profit des lieux communs qui font l'unanimité de la fraction dominante de la classe dominante ». Nous proposons de dépasser les rapports des grandes commissions gouvernementales ou des rapports officiels pour tenter d'objectiver les objets à évaluer.

Qu'attend-on d'une évaluation en éducation ?

Il est dorénavant admis que l'on ne peut se contenter de gérer les systèmes scolaires de façon essentiellement logistique et organisationnelle (la construction des classes, la formation des enseignants, les modes de groupement d'élèves, la disponibilité en matériel pédagogique, les manuels scolaires, etc.). Même si ces éléments ont bien un impact sur les produits cible de l'école (les apprentissages des contenus de programme par les élèves, leurs carrières scolaires), on sait aussi que l'efficacité de l'enseignement dépend de façon cruciale de la mobilisation effective des personnels aux différents niveaux (planificateurs, inspecteurs, chefs d'établissement et, particulièrement, les enseignants).

Les termes de référence d'une évaluation à réaliser précisent : « Ce diagnostic s'appuiera sur des investigations auprès d'un échantillon de maîtres. L'échantillon de maîtres, établi d'après les recensements les plus récents du ministère de l'éducation nationale, tiendra compte des différences régionales… des niveaux de qualification des maîtres… et des catégories de maîtres. L'enquête combinera des études de cas, des observations de maîtres au travail, et des entretiens complémentaires avec les autres acteurs du système éducatif... Les consultants apprécieront l'efficacité organisationnelle du système de formation, y compris la pertinence de l'ancrage institutionnel des institutions de formation...».

Les compétences attendues des évaluateurs sont multiples et s'inscrivent dans au moins trois grandes directions :
- maîtrise et combinaison des différents modes opératoires d'investigation, réalisation d'analyses quantitatives, réalisation d'enquêtes, études de cas,
- connaissances pédagogiques,
- connaissances relatives à l'impact des maîtres sur la qualité de l'enseignement, capacité d'apprécier cet impact et de l'expliquer.

Mais l'analyse ne doit pas s'arrêter à ce niveau car le commanditaire de l'évaluation souhaite fonder des décisions politiques sur la base des constats effectués : « Les consultants établiront leurs recommandations sur la configuration générale d'un système amélioré de formation initiale et continue des maîtres de l'élémentaire... ». Ces recommandations concerneront les améliorations souhaitables pour mettre à niveau des maîtres, les améliorations pour accroître les performances du dispositif de formation initiale et continue des maîtres, la réorganisation du cadre institutionnel de la formation, l'extension et la réhabilitation des infrastructures, la mise à niveau des équipements, l'adaptation des programmes et des matériels pédagogiques, le niveau et le mode de gestion des ressources humaines, matérielles et financières en relation avec le niveau central, la simplification du dispositif de services impliqués, la recherche de synergies et la coordination, la contractualisation d'opérateurs externes en appui. Ces recommandations seront chiffrées et justifiées sur le plan pédagogique et économique.

S'il remplit cette mission, il est clair que l'évaluateur devient alors conseiller et c'est sans doute dans l'articulation de ces deux compétences d'évaluation et de conseil que réside la compétence du consultant expert. Cependant le type d'évaluation souhaité par les termes de référence ne correspond pas aux caractéristiques d'une évaluation externe. En effet, en se fondant sur une enquête auprès des enseignants pour identifier les

dysfonctionnements de leur formation et leurs incompétences, on se heurte à plusieurs difficultés :
- on recueille des opinions et non des faits objectifs,
- ces opinions émanent des personnels qui sont considérés comme l'objet de la mesure. Est-il possible que les personnels considérés développent une distance critique à leur égard telle qu'ils soient objectifs dans leurs appréciations ?

Evaluer une politique de gestion des personnels enseignants

L'idée de base étant que l'école est d'abord faite pour les élèves, il s'ensuit que l'évaluation doit d'abord les prendre pour cible (Duru-Bellat & Mingat, 1993). Les résultats des travaux empiriques factuels sur ce que produisent effectivement les écoles (les acquis, les carrières scolaires) montrent l'imbrication d'un certain nombre de groupes de facteurs parmi lesquels les enseignants jouent un rôle fondamental. Les résultats des élèves peuvent être expliqués par les variables indépendantes suivantes :
- les caractéristiques individuelles et socio-démographiques des élèves (variables à mesurer : âge des élèves, passé scolaire, caractéristiques du milieu familial, etc.),
- les conditions matérielles de l'enseignement (variables à mesurer : type d'établissement, groupements d'élèves, nombre d'élèves dans la classe, disponibilité de matériels pédagogiques, milieu rural ou urbain, etc.),
- les caractéristiques des enseignants avec comme variables : la formation générale et professionnelle - initiale et continue - l'âge, le sexe, l'expérience professionnelle.

Il est possible de constituer un fichier d'élèves au sein duquel chacun d'entre eux est caractérisé par ses résultats auxquels sont associées les variables indépendantes citées ci-dessus. Ce fichier traité par analyse multivariée, par exemple, permet d'apprécier l'impact de chacune des variables indépendantes sur les résultats des élèves et notamment l'effet des caractéristiques des maîtres.

Sur la base de cet ensemble de données, on dispose d'un descriptif de la situation des enseignants comprenant une dimension explicative. Pourtant, il ne nous semble pas opportun de proposer des solutions aux problèmes politiques sans rencontrer les acteurs. Nous pensons que les deux méthodes d'évaluation externe et plus compréhensive constituent des méthodes de traitement d'informations et de points de vue qui, sélectionnés, permettent de constituer une base à partir de laquelle les propositions pourront être davantage ancrées dans la réalité sociale. L'intégration des perspectives des différents acteurs ne constitue pas en ce sens une solution de facilité pour l'évaluateur ou le chercheur, mais un ensemble de variables qu'il s'agit de traiter dans le cadre même de l'étude.

Un second objectif est poursuivi dans les contacts pris avec les différents acteurs. On sait, en effet, que la mise en oeuvre des propositions issues d'une expertise est d'autant plus efficace que les acteurs chargés de la réalisation ultérieure du projet ont largement bénéficié des informations disponibles sur le sujet et qu'ils ont contribué, chacun pour ce qui le concerne, à l'instruction du problème. L'audition et la participation des différents acteurs à l'étude représentent donc un gage d'efficacité pour l'acceptation de tout ou partie des conclusions de ladite étude et pour sa réalisation ultérieure.

Cependant, les propositions doivent être imprégnées du principe de réalité et relever du critère d'acceptabilité économique. Les actions destinées à améliorer la gestion des personnels enseignants doivent être pensées et planifiées dans le cadre des contraintes économiques et budgétaires des différents pays. Par ailleurs, les propositions doivent intégrer des contraintes sociales. Les propositions pour l'amélioration de la gestion et de la mobilisation des personnels enseignants sont en effet susceptibles de toucher à des secteurs de la gestion de la fonction publique dans son ensemble. Les propositions des évaluateurs doivent ainsi s'inscrire dans le cadre de la connaissance du syndicalisme ou du monde associatif structurant la fonction publique du pays. Une analyse de la modification de la gestion des personnels relève donc aussi de la sociologie politique, de l'action sociale et de la sociologie des organisations.

Il faut enfin intégrer les contraintes politiques. Le décideur auquel seront destinées les propositions prévues pour améliorer la gestion et la mobilisation des personnels enseignants sera, dans tous les cas, placé devant la nécessité d'articuler faisabilité économique et acceptabilité sociale. Dans ce type de situation, il est rare que l'on puisse à la fois donner satisfaction aux revendications des personnels et maîtriser les dépenses publiques. Le décideur exerce précisément son autorité et sa fonction politique en réalisant des arbitrages entre satisfaction à donner aux personnels et respect des contraintes budgétaires. Les évaluateurs doivent ainsi faire apparaître les alternatives des choix à effectuer et les compromis possibles à installer entre nécessité économique et revendication sociale. Il y va du réalisme et de la crédibilité de leurs propositions.

Conclusion

L'objet « éducation » est en lui-même complexe. Pour l'évaluer et échapper aux jugements normatifs, il est nécessaire de maîtriser des compétences multiples. Les compétences nécessaires mais sans doute non suffisantes pour faire un évaluateur supposent des connaissances générales en sociologie et économie (dimensions politiques, économiques, sociales et organisationnelles du secteur éducatif dans les différents pays du monde), mais aussi des compétences permettant de définir des projets sectoriels. Sur le plan méthodologique, la mise en œuvre des outils et méthodes de l'évaluation externe et de l'évaluation compréhensive doit être dominée.

Mais l'expert est aussi celui qui, arrivant dans un pays, est capable de mobiliser l'essentiel des informations le concernant à la fois sur le plan économique et social mais plus particulièrement encore sur le plan culturel. Des enseignements centrés sur la diversité des pays permettraient ainsi d'appréhender (i) la diversité des cultures dans le monde, (ii) les relations internationales notamment par une sensibilisation à la géopolitique, (iii) la problématique de mise en œuvre de projets éducatifs et technologiques dans les pays en développement. Autrement dit, le consultant expert est un spécialiste cultivé, et le niveau de la formation qu'il doit recevoir doit être apprécié à l'aune de cette exigence culturelle.

2. EVALUER L'ACTIVITE ENSEIGNANTE

2.1   LES PRATIQUES

L'évaluation des enseignants, en tensions et en perspectives

Léopold Paquay

Les pratiques d'évaluation des enseignants en cours de carrière sont diverses ; au carrefour d'enjeux multiples, elles sont le lieu de tensions entre des rationalités souvent antinomiques. Je vais ici présenter brièvement un panorama de ces pratiques, avant de pointer quelques questions-clés et ouvrir des perspectives. On trouvera plus de détails dans l'ouvrage collectif que j'ai dirigé aux éditions L'Harmattan (Paquay, 2004) qui inscrit les fondements de la problématique de l'évaluation des enseignants dans une perspective internationale.

Un panorama de pratiques plurielles

Une grande variété de pratiques

Les pratiques d'évaluation des enseignants et de leur enseignement se distinguent selon diverses dimensions.

Objets

Sur quoi porte l'évaluation ? Qu'est-ce qui est évalué ? Quelles facettes du travail enseignant ? Et par rapport à quoi évalue-t-on ? La conformité des activités par rapport aux normes et directives administratives ? L'efficacité de l'intervention ? Les caractéristiques de l'enseignement en référence à un modèle du « bon enseignement ? »... Autant donc de critères avec à chaque fois des indicateurs à spécifier selon les situations !

Fonctions

Pour quoi évalue-t-on ? Quels sont les buts ? A quoi (et à qui) sert l'évaluation ? Certaines évaluations ont des visées de sélection de personnel ou de promotion dans la carrière ; d'autres ont pour but affiché d'améliorer les pratiques d'enseignement ; d'autres encore visent d'abord le développement professionnel des enseignants, à savoir le développement de leurs compétences individuelles et collectives. Autant de fonctions en tensions, le plus souvent contradictoires. Et si on vise la gestion des carrières, l'évaluation constitue-t-elle une base pour l'avancement, pour les promotions, ou pour le salaire au mérite ? Et si l'on vise le développement professionnel, l'évaluation constitue-t-elle une base pour les choix des formations continues, pour les attributions de fonctions, ou simplement pour améliorer les pratiques ? Prend-on en compte par priorité les besoins individuels ou les besoins institutionnels ? Et derrière ces tensions relatives aux individus se cachent des fonctions relatives à la gestion des ressources humaines : un management pour contrôler ou pour responsabiliser les acteurs ?

Acteurs, contextes et moments

Qui évalue ? Pour qui ? Dans quels contextes ? Quand évalue-t-on ? Les évaluateurs sont tantôt des individus tantôt des équipes. Outre les classiques hétéro-évaluations par un inspecteur ou par un supérieur hiérarchique, sont à considérer les autoévaluations par l'enseignant lui-même ou des interactions en coévaluation. Sans oublier les évaluations par les usagers (élèves, parents, mass media) ou par les collègues (dans le cadre de projets d'établissement, ou dans le cadre d'ordres professionnels en référence aux conditions d'exercice de la profession).

Moyens

Comment évalue-t-on ? Avec quels outils ? Quels dispositifs ? Quel type de traitement ? Quels supports de communication ? Dans les faits, bon nombre d'évaluations sont informelles et non instrumentées. La littérature spécialisée propose une panoplie d'instruments qui assurent la fiabilité et la validité de ces évaluations. Les plus usités sont les productions écrites (tests, questionnaires, essais, rapports d'activités…) ; l'observation instrumentée de pratiques de classe ; des entretiens (souvent en compléments de rapports et d'observations) ; les avis des usagers (l'évaluation de l'enseignement par les élèves) ; mais aussi les résultats des élèves pour réaliser des *performance-based assessment*. Une attention toute particulière est accordée aujourd'hui aux écrits réflexifs tels les portfolios de développement professionnel qui sont davantage implicants.

Diversité internationale

Dans bon nombre de pays, les dispositifs d'évaluation des enseignants constituent une composante des démarches d'assurance qualité ; les experts espèrent que l'évaluation du personnel enseignant améliore la qualité de l'enseignement (Laderrière, dans Paquay, 2004). En Angleterre, par exemple, les modalités d'évaluation des enseignants sont intégrées dans un processus d'évaluation externe du fonctionnement et des résultats des établissements scolaires, le fameux Ofsted (Deer, ibidem). En Ecosse, par contre, en accord avec l'ensemble des enseignants, le choix politique a été de former des *chartered teachers* en vue de hausser les standards du métier ; les modalités d'évaluation visent avant tout le développement professionnel des enseignants en leur offrant la possibilité d'une valorisation barémique tout en restant dans les classes (Christie, ibidem). Et au Québec, des enjeux de pouvoir ont abouti à un rejet d'une évaluation systématique des enseignements et des enseignants, mais en même temps, des modalités discrètes et multiples d'évaluation des enseignants sont mises en place localement (Carbonneau, ibidem). Ailleurs, également, les pratiques d'évaluation des enseignants sont traversées de tensions majeures souvent contradictoires (Cros, ibidem). De telles tensions suscitent questionnement.

Questions-clés

Evaluer objectivement la qualité des enseignements ?

Dans l'enseignement supérieur, on observe une généralisation de l'évaluation des enseignements, au moins en Amérique et en Europe du Nord. Très souvent, cette évaluation des enseignements se limite à des questionnaires dans lesquels les étudiants expriment leur degré de satisfaction quant à quelques aspects tels que : objectifs et contenu du cours, dispositifs, modes de communication et d'interaction de l'enseignant, démarches d'évaluation des acquis. Une telle évaluation devrait en outre prendre en compte le point de vue des enseignants eux-mêmes (par exemple, leurs intentions, leurs stratégies...) et celles des pilotes du programme. Pour les enseignants de l'école obligatoire, des dispositifs très élaborés d'évaluation des enseignements sont mis en œuvre pour attribuer un label de *certified teacher*.

Une question fondamentale : est-il possible de définir des critères universels quant à la qualité d'un enseignement ? On pourrait par exemple prendre comme critère de qualité les caractéristiques d'un enseignement efficace telles que dégagées par les nombreuses recherches réalisées selon le paradigme « processus-produit ». Une analyse critique de la littérature montre toutefois qu'il n'existe pas un modèle de « bon enseignement » ; certes, certaines pratiques sont-elles plus efficaces que d'autres, mais, selon les contextes, les objectifs (viser des connaissances ou des compétences ?), les publics et les enseignants, elles peuvent prendre des formes extrêmement variées. Dès lors, les pratiques d'évaluation des enseignements ont à prendre en compte la complexité et les caractères situés et dynamiques des situations éducatives (Max, dans Paquay, 2004) et marquer le lien avec les apprentissages (Oser & Baeriswyl, 2002).

D'où la réelle difficulté d'établir des référentiels et des standards d'un enseignement de qualité et, plus largement, du travail enseignant (dans et hors classe), surtout que le métier d'enseignant est en transformation profonde. Dès lors, les référentiels de compétences sont à considérer d'abord comme base de négociation et comme référents pour un débat quant aux priorités et pour la reddition de compte (Cochran-Smith, 2003). Mais les référentiels ont montré leur limite pour une évaluation des activités d'enseignement.

Une évaluation des enseignants basée sur les résultats ?

S'il est donc vain de vouloir fixer des standards quant aux démarches d'enseignement, évaluons les enseignants à l'aulne de leur efficacité. Peu importe leurs démarches, pourvu qu'ils aient des résultats ! Mesurons donc le rendement ! Plus exactement, vu que le niveau des performances des élèves tient à leurs acquis de départ et à leur origine socio-culturelle, mesurons la « plus-value » apportée par l'enseignement !

Mais ce n'est pas aussi simple, ainsi que le montrent Lessard et Meirieu (2005). Les enseignants n'ont pas d'obligation individuelle de résultats. Et s'ils ont une obligation collective de plus-value des acquis des élèves, comment déterminer les seuils minima de la plus-value attendue ? Tous les experts s'accordent sur une triple obligation de moyens, de compétences et de reddition de compte. D'où de nouvelles priorités !

Une évaluation mobilisatrice ?

Un levier d'une amélioration des pratiques ?

Du point de vue des enseignants qui sont objets d'une évaluation, il ne fait guère de doute que les évaluations à enjeux de carrière sont stimulantes. Les enseignants (tout comme les élèves d'ailleurs) ne se mobilisent vraiment que si l'évaluation est à enjeux. Mais par ailleurs, si les enjeux sont trop importants, on connaît les biais résultant du stress ou de stratégies de « faire semblant ». Une évaluation peut-elle motiver un enseignant, sans nécessairement le stresser ou l'amener à jouer au caméléon conformiste ?

Dans cette perspective, une évaluation du personnel est à lier à la gestion des ressources humaines. L'évaluation périodique du personnel peut déboucher contractuellement sur la définition des charges prioritaires futures et de priorités de formation continue. Une telle évaluation se doit d'être d'abord formative et nécessite un accompagnement personnalisé. Mais comment amener un enseignant à s'engager dans des projets collectifs ?

Un levier du développement professionnel ?

On sait l'importance du développement professionnel tout au long de la carrière. Ce développement professionnel se réalise certes en partie grâce aux formations continues, à la condition toutefois que les formations répondent aux besoins des enseignants en référence à leur pratique professionnelle (Day, dans Paquay, 2004) ; il se réalise surtout à travers la réalisation de projets individuels et collectifs. Comment une évaluation du personnel peut-elle contribuer à une dynamique d'apprentissage au long de la vie ?

Une évaluation qui ne serait qu'externe s'inscrirait d'emblée dans une logique de téléguidage du travail des enseignants et de leur développement professionnel. Mais associer l'enseignant à l'évaluation de son travail ne va pas sans confronter l'enseignant à une injonction paradoxale. Comment combiner une pression externe et le développement de l'autonomie ?

Perspectives

L'évaluation des enseignants est au nœud de tensions et d'enjeux multiples. Cela vaut d'ailleurs pour d'autres fonctions dans l'enseignement : directions, conseillers pédagogiques… Et plusieurs aspects sont directement transposables à la formation initiale, particulièrement pour les évaluations liées aux stages d'enseignement (Paquay, 1999, 2006).

Une évaluation inéluctable…

Dans le contexte des nouvelles politiques éducatives, les pouvoirs centraux définissent des priorités éducatives (référentiels, standards), réalisent des évaluations externes et laissent aux établissements des marges accrues d'autonomie quant aux stratégies à mettre en œuvre pour atteindre les objectifs fixés. En contrepartie, les établissements ont à rendre des comptes quant aux moyens mobilisés (Lessard & Meirieu, 2005). Nécessairement, dans un tel contexte, il y aura des évaluations plus systématiques des enseignements et des enseignants en lien avec l'évaluation des établissements et de leur efficacité. Mais quelles sont (seront) les logiques qui les traverse(ro)nt ?

Selon quelle rationalité sous-jacente ?

Le risque est réel que ne prédomine une logique de contrôle administratif. De toute façon, la tension est toujours présente entre une logique bureaucratique et une logique professionnelle de régulation pour l'autonomie (Hutmacher, dans Paquay, 2004). Dans un cadre bureaucratique, l'évaluation du personnel, même officiellement affichée comme ayant une fonction de régulation et d'amélioration, est généralement perçue comme un outil de contrôle potentiellement répressif. L'évaluation du personnel enseignant est souvent perçue comme une « épée de Damoclès » et rejetée comme un tabou ; c'est « la question qui fâche » (Laderrière, ibidem). C'est ce qui ressort en Grèce (Kassotakis, ibidem), au Québec (Carbonneau, ibidem) et en Angleterre où ceux qui ont le pouvoir rejettent la responsabilité de ce qui va mal sur les subordonnés (Deer, ibidem) !

Dans un tel contexte, pour un inspecteur de l'éducation nationale officiellement chargé d'évaluer la conformité des enseignants, il est toutefois possible d'intervenir dans une logique d'évaluation-régulation (Girerd, ibidem). Et l'on voit mieux que, pour entrer dans une démarche d'évaluation-régulation inscrite dans une logique professionnelle, les enseignants ont à dépasser certaines peurs, mais aussi à accepter de prendre une part de contrôle et de s'investir pour plus de pouvoir sur soi et sur l'environnement. Bref, s'engager dans un processus de responsabilisation.

Entre un contrôle externe et une régulation pour l'autonomie, quelle évaluation de la qualité des enseignements et des enseignants ? Une évaluation technocratique référée à des standards fixés ? ou une évaluation négociée entre les représentants officiels des enseignants et la direction ? ou principalement une évaluation anthropo-situationniste prenant en compte les préoccupations concrètes des acteurs de terrain ?

A quelles conditions ?

Dans le contexte assez classique d'entretiens périodiques d'évaluation par un supérieur hiérarchique, comment procéder à une évaluation des enseignants qui favorise leur mobilisation dans les projets collectifs et leur développement professionnel (Paquay, 2005b) ? Les conditions sont multiples :

1. *Expliciter clairement les référents de l'évaluation :* préciser les obligations, les référentiels, les critères d'évaluation ; expliquer les fondements de ces standards et critères en référence aux finalités et objectifs institutionnels, mais aussi en référence aux exigences de la pratique quotidienne. Idéalement, après négociation, c'est le projet personnel de l'enseignant qui constitue le référent de l'évaluation.

2. *Assurer la transparence des procédures :* expliciter les règles du jeu, les procédures, les indicateurs, les types de données (documents, observations…) sur lesquels se base l'évaluateur, les seuils minima exigés pour chaque critère. Autant d'informations qui offrent à l'enseignant des repères sécurisants quant à la rigueur de la démarche.

3. *Garantir une fonction d'abord formative* visant une amélioration des pratiques enseignantes et le développement professionnel. Et offrir un accompagnement, des formations ou des outils pour progresser avant

toute évaluation sommative (visant une nomination ou une promotion).
4. *Cibler des priorités en référence aux divers aspects du métier.* Il s'agit là de trouver un équilibre : d'une part, prendre en compte les diverses facettes du métier (pratiques d'enseignement, projets en équipe, développement professionnel) ; d'autre part, cibler des priorités : optimalement, définir préalablement des objectifs précis dans un contrat, ce qui permet d'alléger le dispositif mais également de dynamiser le développement professionnel.
5. *Associer les enseignants à l'ensemble du processus d'évaluation* (référent, critères, indicateurs, procédures, dispositifs et outils) ; co-définir un contrat personnalisé ; mais aussi, en finale, permettre à l'enseignant d'ajouter à son dossier des éléments d'autoévaluation.
6. *Inscrire le processus d'évaluation d'un enseignant dans un processus élargi* d'évaluation des équipes et des établissements. L'évaluation des enseignants devrait être articulée à l'évaluation des besoins, ressources, actions et résultats de l'institution.
7. *Assurer un cadre sécurisant* où l'enseignant ne se sent pas confronté à un pouvoir arbitraire : outre l'ensemble des principes ci-avant, il importe que l'évaluateur lui-même (supérieur hiérarchique, expert externe) ou les équipes d'évaluateurs fassent l'objet d'une évaluation.

Voilà donc sept conditions de base pour que les dispositifs d'évaluation des enseignants ne constituent pas des pièges et accroissent leur potentiel mobilisateur. Il est aussi des conditions préalables de climat de confiance, de climat d'établissement (qui fonctionnent comme des organisations apprenantes - Paquay, 2005a). Des conditions relationnelles également (Cifali, 2005) qui permettent que ce processus se réalise dans un respect profond des personnes.

La voie est étroite entre un angélisme naïf et un réalisme blasé ou cynique. Elle implique de considérer que la qualité de base d'une évaluation du personnel enseignant n'est ni l'objectivité ni le contrôle, mais c'est qu'elle soit mobilisatrice. Evaluer, non pas d'abord pour juger comme le disait Jean Cardinet (1989), mais pour donner du sens à l'action, pour réorienter son action et ses projets. Et surtout, pour susciter chez chacun cette double mobilisation, dans les projets pédagogiques collectifs et dans son propre développement professionnel.

2.2　L'EFFET-MAITRE

Histoire et perspectives des recherches sur l'effet-maître

Pascal Bressoux

La question de l'existence de « bons » et de « mauvais » maîtres pour le sens commun se perd sans doute dans la nuit des temps. Pourtant, elle se pose de nos jours avec une réelle acuité dans la mesure où l'école est devenue une des instances les plus puissantes dans la distribution des postes de travail et, corollairement, dans la distribution des positions sociales. En ce sens, toute fréquentation d'un « mauvais » maître agite le spectre du temps perdu dans la course aux meilleures positions. On ne peut nier qu'une part de la recherche sur l'effet-maître soit aussi le reflet de cette préoccupation. S'il s'agit bien, comme toute activité scientifique, de porter au jour des processus, d'améliorer nos connaissances sur cet objet, il n'en demeure pas moins que les recherches sur l'effet-maître ont eu, au moins à l'origine, une ambition pragmatique visant à recruter de « bons enseignants » et à améliorer la qualité de l'éducation. Pourtant, si les questions posées semblent simples, nombreuses sont les difficultés pour porter au jour un effet-maître, pour tenter de le quantifier et surtout pour tenter d'en dénouer les mécanismes. L'apport des recherches empiriques a été en ce sens déterminant.

Une brève histoire des recherches sur l'effet-maître

On identifie souvent plusieurs périodes pour décrire l'évolution des travaux sur l'effet-maître. Ces derniers sont nés aux Etats-Unis dans les années 1930-40 et sont communément appelés les études sur les « critères de présage ». Il s'agissait de définir les caractéristiques (pour l'essentiel personnologiques) des « bons » enseignants afin de recruter les enseignants sur la base de ces critères qui présageaient la qualité professionnelle future des candidats. De ces travaux, il n'est sorti toutefois aucun résultat fiable et consistant, essentiellement en raison de bases théoriques et empiriques défectueuses ou absentes. Face à ce constat d'échec, sont apparus au début des années 1960 des travaux dits « processus-produit » qui se sont focalisés sur le comportement des enseignants en classe ; il s'agissait donc d'étudier ce qu'ils faisaient plutôt que ce qu'ils étaient. Ce courant de recherche a conduit à un grand nombre d'études empiriques ; de nombreuses grilles d'observation comportementale ont alors été construites. Il s'agissait ensuite de mettre en relation les comportements observés avec les résultats des élèves. Ce courant a été sans conteste l'un des plus prolifiques et a produit un très grand nombre de résultats. Il a été peu à peu supplanté dans les années 1970-80 par des travaux d'inspiration cognitiviste. On assiste actuellement à plusieurs sources d'influence venant en particulier des sciences cognitives et de l'ethnographie. Les premières portent l'accent sur les processus psychiques en jeu dans la relation enseignement-apprentissage tandis que la seconde se focalise sur les interactions sociales et l'émergence de normes et de références propres à l'environnement scolaire observé, considéré comme une microculture.

Qu'est-ce que l'effet-maître ?

Une des difficultés majeures qui s'offrent au chercheur qui veut étudier les effets-maîtres, c'est qu'il ne peut se contenter de comparer directement les écarts d'acquisitions entre élèves pour inférer directement que le maître est « la cause » de ces écarts. D'une part, les élèves ne sont pas assignés aléatoirement dans les classes ; ils ne sont par conséquent pas directement comparables d'une classe à l'autre et leurs résultats non plus. D'autre part, les élèves fréquentent des maîtres à l'intérieur de certaines structures : les classes. Dans leur forme traditionnelle, ces classes forment un environnement relativement stable, relativement étanche, aux frontières clairement délimitées. Il ne fait pas de doute que cet environnement « agit » d'une manière ou d'une autre sur les élèves, leur faisant partager des expériences communes, les faisant interagir, se comparer entre eux, etc. A l'évidence, tout ce qui se passe dans cet environnement ne peut pas être attribué à l'enseignant. Si celui-ci peut effectivement être vu comme un acteur majeur, il n'est pas omnipotent et n'en commande pas exclusivement la dynamique. Dès lors, comment séparer dans l'observation d'éventuels écarts d'acquisitions entre classes, ce qui revient à l'action du maître et doit lui être causalement attribué, de ce qui revient à d'autres éléments de cet environnement, qui ne sont pas sous contrôle de l'enseignant ou qu'il contrôle mal (caractéristiques morphologiques de la classe, caractéristiques du public d'élèves accueilli, initiatives des élèves, interactions entre élèves, etc.). Comme on le voit, la tâche est rude pour le chercheur qui doit démêler cet écheveau d'effets pour isoler celui qui revient en propre à l'enseignant. De même, d'éventuels écarts d'acquisitions observés ne peuvent-ils pas provenir, au moins en partie, d'unités qui englobent la classe, c'est-à-dire d'environnements plus larges que l'environnement classe ? On fait ici référence aux écoles : si leur influence est puissante, en termes de direction, d'organisation, de définition d'objectifs, de projets d'écoles, etc., ne risque-t-on pas d'attribuer à l'enseignant un effet causal qui, au moins à son origine, devrait plutôt être attribué à l'école ?

L'effet-maître est à proprement parler cet effet spécifique, une fois isolé des autres qui lui sont en partie confondus. Autrement dit, il s'agit des différences d'acquisitions qui subsistent, une fois qu'on a contrôlé les autres facteurs potentiellement influents. Cela se réalise par des modèles statistiques multivariés, qui permettent d'intégrer un ensemble de variables de contrôle et d'estimer ainsi l'effet-maître « toutes choses égales par ailleurs ». Cette clause doit cependant être entendue comme « toutes variables incluses dans le modèle égales par ailleurs ». L'omission de variables pertinentes peut perturber la mise au jour de l'effet-maître. On distingue en général deux dimensions dans l'effet-maître. La première, qui est aussi la plus fréquemment testée, est l'efficacité : elle se définit comme la capacité du maître à élever le niveau moyen de ses élèves. La seconde est l'équité : elle se définit comme la capacité du maître à réduire les écarts entre les élèves.

Une évolution méthodologique marquée au cours des deux dernières décennies

Outre des évolutions disciplinaires, des changements dans la focalisation de l'objet, les travaux sur l'effet-maître ont été marqués au cours des deux dernières décennies par l'évolution des techniques statistiques. Si la modélisation multivariée est vite apparue comme indispensable à un raisonnement causal sur l'effet-maître, il reste que les techniques utilisées reposaient largement sur les moindres carrés ordinaires. Sans entrer dans trop de détails techniques, disons que cette technique ne permettait pas de gérer de manière satisfaisante (du point de vue des estimations produites) les interactions entre les individus et leur environnement. Elle omet en effet de considérer que certaines variables sont des micro-variables (i.e., les individus) tandis que d'autres sont des macro-variables (i.e., les environnements). Or, il s'agit du cœur même de la recherche sur l'effet-maître puisqu'on postule que cette interaction est intéressante à étudier et pertinente pour expliquer les variations d'acquisitions entre élèves. Les nouvelles techniques de modélisation statistique, nées au milieu des années 1980, puis lentement diffusées dans les années 1990-2000, permettent une appréhension adéquate de ce problème. Les modèles multiniveaux (ils sont aussi connus sous l'appellation de « modèles hiérarchiques linéaires ») permettent d'analyser des données ayant une structure hiérarchisée, avec des micro-unités (i.e., les élèves) au niveau 1 et des macro-unités (i.e., les classes) au niveau 2, tout en respectant cette structure.

Cela n'a pas eu que des effets de raffinement statistique. Les nouvelles estimations produites sur la base de modèles multiniveaux montrent que les différences d'équité, que l'on pensait très importantes, sont en fait beaucoup plus réduites. Il existe bien des classes où les écarts entre élèves se réduisent plus que dans d'autres, mais les différences apparaissent, dans la majorité des cas, relativement faibles.

De même, on a longtemps admis qu'il existait une corrélation assez forte entre efficacité et équité : les classes les plus efficaces étaient les plus équitables. Autrement dit, la capacité à bien faire progresser les élèves était surtout une capacité à bien faire progresser les élèves faibles, qui du coup rattrapaient (relativement à d'autres classes) leur retard par rapport aux élèves forts. Un certain nombre de nouvelles estimations remettent en cause cette idée ou, à tout le moins, l'atténuent. Les élèves moyens et les élèves forts sont eux aussi assez largement affectés par la qualité de l'enseignement et il n'est pas certain que les élèves les plus faibles y soient toujours beaucoup plus sensibles. Dès lors, la corrélation entre efficacité et équité apparaît moindre. Une étude récente de De Fraine, Van Damme, Van Landeghem et Opdenakker (2003) a toutefois produit des résultats qui montraient que les effets-classes sont plus élevés pour les élèves faibles que pour les élèves forts.

Les modèles multiniveaux permettent aussi d'intégrer d'autres niveaux dans l'analyse, en particulier le niveau école. Ils séparent ainsi les effets-maîtres des effets-écoles. De ce fait, ils permettent d'unifier deux courants de recherche qui avaient jusque là connu un développement bien davantage parallèle que réellement interactif. Les estimations multiniveaux révèlent que, en général, l'effet-maître est plus puissant que l'effet-école. C'est la conclusion à laquelle parvient Luyten (2003) dans une synthèse de seize études : les effets-maîtres surpassent les effets-écoles bien qu'il semble exister en ce domaine une grande variabilité de résultats. Le poids relatif du maître par rapport à celui de l'école semble encore plus grand en primaire qu'en secondaire. Luyten (2003) recense même des études où l'effet-école est nul, ce que nous avons-nous-même trouvé dans une étude portant sur des écoles élémentaires en France : l'effet-école était nul alors que l'effet-classe expliquait un peu plus de 7 % de la variance des acquis scolaires des élèves (Bressoux & Bianco, 2004).

La question des effets à long terme du maître : des recherches à développer

Avoir bénéficié, une année donnée, d'un maître (in)efficace constitue-t-il un (dés)avantage durable dans la scolarité d'un élève ? Cette question revient à se poser celle des effets à long terme de l'enseignant : ces effets perdurent-ils ou bien s'estompent-ils ? Même si cette question est cruciale, elle n'a été documentée jusqu'à maintenant que par un nombre réduit de recherches. La raison principale tient probablement à la difficulté que pose la récolte de données empiriques nécessaires pour répondre à cette question, en particulier le suivi longitudinal des élèves sur plusieurs années scolaires. Jusqu'à maintenant, la réponse à cette question a été assez mitigée. Certaines études concluent à une forte stabilité de l'effet-maître dans le temps, d'autres concluent qu'il s'estompe (plus ou moins fortement selon les auteurs), tandis que d'autres encore ne trouvent aucune stabilité du tout.

Dans une étude originale, Pedersen, Faucher et Eaton (1978) ont tenté de mettre en relation la qualité de l'enseignement reçu en première année élémentaire avec le déroulement de la scolarité ultérieure et le statut professionnel. Ils ont montré que les élèves qui avaient bénéficié, dès leur première année de scolarité élémentaire, d'un enseignant exceptionnellement efficace avaient connu par la suite une scolarité plus brillante et obtenu un statut professionnel plus élevé que d'autres élèves. Tymms, Merrell et Henderson (2000) ont montré que le fait d'être en première année de scolarisation (*reception class*, à l'âge de 4-5 ans) dans une classe où les progrès étaient importants exerçait un effet positif à long terme puisque les bienfaits étaient encore observables deux années plus tard (à l'âge de 7 ans). En France, Mingat (1987) a observé que 40 % des effets de la première année de scolarité élémentaire sur les acquis en français et en mathématiques étaient encore observables en fin de troisième année élémentaire.

Quelques études ont analysé l'impact de variables particulières caractérisant la gestion de la classe ou le jugement des enseignants sur les acquis futurs des élèves. Ainsi, Aubriet-Morlaix (1999) a montré un effet positif du temps que l'enseignant de cinquième année élémentaire consacrait effectivement à enseigner sur les acquis des élèves au terme de l'année scolaire suivante (fin de 6e). Smith, Jussim et Eccles (1999) ont travaillé sur un échantillon d'élèves suivis du 6e grade au 12e grade. Ils ont montré que les perceptions des enseignants de mathématiques concernant la performance, le talent et l'effort de leurs élèves, enregistrés au cours du 6e grade et du 7e grade, exerçaient des effets de prophéties autoréalisatrices qui étaient observables dans le long terme. Après avoir contrôlé le niveau initial des élèves, les effets des perceptions des enseignants sur les scores à des épreuves standardisées de mathématiques étaient encore perceptibles au terme du 12e grade. Bien que déclinant en intensité, les effets des prophéties autoréalisatrices ne disparaissaient donc pas complètement. Les auteurs en ont conclu que, bien qu'ils tendent à se dissiper, les effets des prophéties autoréalisatrices sont susceptibles de s'exercer, avec une faible intensité, sur le long terme. Alvidrez et Weinstein (1999) ont montré que le jugement des enseignants de préélémentaire, (c'est-à-dire avant même le *kindergarten*) concernant l'habileté cognitive d'élèves de 4 ans prédisait les résultats des élèves à des tests d'aptitude scolaire quatorze ans après, en contrôlant le QI initial. Les auteurs insistent toutefois sur le fait que l'interprétation de ces résultats est délicate. Bien qu'elles contrôlent le niveau initial des élèves, des études conduites en milieu naturel telles que celle-ci ne permettent pas de déterminer si ces relations à long terme révèlent un jugement prescient, c'est-à-dire une simple capacité à prévoir de manière pertinente ce qui adviendra, ou si elles révèlent une réelle influence exercée par le jugement de l'enseignant sur la réussite ultérieure des élèves.

En revanche, Bressoux, Leroy-Audouin et Coustère (1998), de même que Bressoux et Bianco (2004), utilisant des modèles multiniveaux aléatoires croisés, n'ont détecté aucun effet-maître significatif dans le long terme. Chacune de ces deux études opérait un suivi longitudinal de deux ans des élèves. Dans les deux cas, l'influence du maître de la première année n'était pas significative sur les résultats de fin de deuxième année, alors que l'influence du maître de la seconde année l'était.

A l'évidence, d'autres études seront nécessaires pour permettre de répondre de manière assurée à la question des effets à long terme des maîtres. Sans doute l'avenir de cette recherche réside-t-il dans l'étude des conditions ou des phénomènes médiateurs susceptibles de favoriser l'émergence de tels effets à long terme, ou au contraire de les annihiler.

Où va la recherche sur l'effet-maître ?

Il ne fait guère de doute maintenant que les enseignants « font des différences ». Néanmoins, les présupposés simplistes liés à l'existence d'une « personnalité » de l'enseignant, ou d'une « méthode » qui serait, en elle-même, plus efficace qu'une autre ont largement cédé la place à des analyses qui tentent d'étudier comment l'enseignant gère et organise le travail en classe, comment les publics d'élèves interagissent, interfèrent ou collaborent dans la mise en place d'un environnement scolaire productif. Il est temps de concevoir l'efficacité des enseignants, non pas comme un en-soi, une caractéristique attachée en propre à l'enseignant, mais comme le produit d'une interaction maître-élèves. D'une part, l'enseignant n'est pas omnipotent en classe car il subit aussi pour une part ce qui s'y passe. D'autre part, l'efficacité est le résultat d'une interaction et, par conséquent, ne doit pas être transmutée en une propriété individuelle de l'enseignant (Bressoux, 2001).

Il ne s'agit pourtant pas de concevoir l'effet-maître comme un effet émergent, c'est-à-dire comme un effet qu'il serait impossible de déduire même à partir d'une connaissance complète des composants de la situation et de leurs relations, et encore moins comme l'effet du hasard ou de la magie d'une rencontre unique et jamais renouvelée. Concevoir l'effet-maître comme un effet d'interaction ne revient pas à affirmer qu'il n'existe aucun prérequis, aucun préalable, aucune constance chez le maître, qu'on ne peut pas identifier de qualités générales, voire d'invariants. Concevoir l'effet-maître comme un effet d'interaction permet d'envisager que cet art de faire ne rencontre pas toujours les conditions de son plein exercice. Loin de remettre en cause la possibilité de l'existence d'un effet-maître, cette conception offre l'avantage de réintroduire dans l'analyse l'importance de la situation d'enseignement, qu'une focalisation trop grande sur les caractéristiques et les comportements de l'enseignant pouvait tendre à faire oublier. Or, il s'agit de ne pas négliger le fait qu'il n'est pas également facile d'enseigner selon les publics d'élèves et qu'il est parfois bien difficile, quel que soit l'enseignant, de faire progresser dans la même mesure des élèves très diversement préparés à jouer le jeu scolaire et à s'y distinguer.

3. EXPLIQUER LES PHENOMENES ET PROCESSUS DE L'EVALUATION

3.1 LES POSTURES ET L'IMAGINAIRE QUOTIDIEN

L'ethos de l'évaluateur : entre imaginaires et postures

Anne Jorro

La montée de l'évaluation en éducation et en formation pousse les acteurs à se former et leur détermination raisonnée constitue, de fait, une nouvelle donne pour la formation. Les déclinaisons de l'activité évaluative en termes de pilotage des systèmes éducatifs, de management des équipes, d'évaluation et de régulation des pratiques professionnelles, d'évaluation de la qualité des formations à l'échelle européenne, d'audits d'établissement, d'audits de formation, autrement dit d'obligation de résultats en éducation, sont désormais reconnues par les acteurs comme paramètres de l'action éducative. C'est dans ce contexte d'évolution des conceptions et de diminution des oppositions systématiques que le mouvement de professionnalisation à l'évaluation commence à se poser. La formation visée ne consiste pas à acquérir une technique mais à mettre en travail les dimensions psychologiques, culturelles, sociales, éthiques et techniques afin de viser le développement d'une culture de l'évaluation. Aux procédures et aux démarches instrumentées qui constituent les attentes des formés s'ajoutent des dimensions cliniques (Blanchard-Laville & Fablet, 1996) centrées sur le rapport à l'évaluation des acteurs, notamment sur le rapport aux valeurs éducatives. Appréhendé dans sa complexité, l'agir évaluatif conduirait tout praticien de l'éducation et de la formation vers l'incorporation de compétences et de gestes professionnels (Jorro 2003, 2006) renvoyant vers des dimensions socio-culturelles et instrumentales.

En portant la focale sur l'initiateur de l'évaluation, nous cherchons à saisir son pouvoir d'agir (Ricoeur, 1991), à approcher du réel de son activité (Clot, 1999). Comment se mobilise-t-il dans ses missions d'évaluation ? Quelle distance négocie-t-il avec les objets et les terrains de l'évaluation ? Ces questions conduisent à saisir la dynamique identitaire avec laquelle l'évaluateur agit, en particulier l'ethos dont il fait preuve, c'est-à-dire le caractère éthique qui irrigue son activité et qui lui permet de différencier les postures d'évaluateur, de dialoguer avec les imaginaires éducatifs et les systèmes de valeurs en jeu, de mobiliser les démarches intellectuelles et les savoirs d'action appropriés.

L'éthos de l'évaluateur

Le pouvoir d'agir de l'évaluateur a fait l'objet de critiques relatives aux enjeux de domination, d'autorité (Ardoino, 1990 ; Bonniol, 1992). Des travaux récents mettent en évidence les effets dévastateurs de certaines pratiques professionnelles dans le champ scolaire (Merle, 2005), dans le monde du travail (Bureau & Marchal, 2005 ; Dejours, 2003). Dans les cas extrêmes, l'éthos de l'évaluateur semble recouvert par cet obscur objet du désir : le pouvoir. Pourtant, le rapport à la réflexion éthique revêt de l'importance dans une formation à l'évaluation. Trop souvent, l'aiguillon éthique perd de sa densité au profit de préoccupations instrumentales accaparant les acteurs, ou encore au profit de stratégies dont les motifs sont plus ou moins opaques (Ardoino & Berger, 1986).

Agir en tant qu'évaluateur suppose de connaître ses registres d'action, de considérer les limites de son pouvoir d'évaluer, d'opposer une forme de retenue dans l'activité évaluative de sorte que la relation entre l'évaluateur et l'évalué ne soit pas régie, d'un côté par le rapport de force, de l'autre, par le soupçon ou la peur d'être fustigé, voire disqualifié. Une forme de « sagesse pratique » serait en jeu conduisant à tempérer pensée et action par un questionnement continu (Jorro, 1998). L'évaluateur est-il là pour reconnaître le sujet ou traquer ses faux pas ? L'évalué trouvera-t-il dans cette situation un espace de réflexivité ou de règlement de compte ? Quelles sont les limites de l'évaluation ? La situation évaluative est toujours traversée par les processus de valorisation/dévalorisation et c'est sur ce plan, précisément, qu'apparaît l'ethos de l'évaluateur sachant apaiser les tensions par les postures qu'il affiche et utilise à bon escient.

L'éthos de l'évaluateur transparaît dans la relation éducative dès lors qu'il se donne à voir et à entendre, à travers la mobilisation pertinente des postures, à partir desquelles on saisira l'assise de l'évaluateur. Les variations posturales de son activité évaluative ne relèvent pas de démarches aléatoires mais traduisent l'épaisseur d'une pratique professionnelle, habitée par un projet d'évaluation. Les postures de l'évaluateur découlent de systèmes de valeurs qui sont aujourd'hui analysés (Jorro, 1996, 2000, 2002). Tel évalué peut décrire la façon dont il a été accueilli lors d'un entretien d'évaluation, restituer la tonalité de l'échange, se remémorer un dialogue, s'arrêter sur une parole et comprendre alors le projet de l'évaluateur et les postures mises en oeuvre. Ce qui signifie que l'acte évaluatif synthétise le choix délibéré de valeurs, l'instauration d'un climat, l'importance d'une manière d'agir, la part non négligeable du langage dans les dimensions injonctive, verdictive ou délibérative. Autrement dit, le langage de l'évaluateur ne porte aucun principe de neutralité, il renvoie à des mondes particuliers : monde positiviste du constat, de l'injonction et du bon conseil, monde phénoménal de l'interprétation et de l'accompagnement des équipes dans l'amélioration de leur projet. C'est dire que l'éthos est perceptible à travers les discours tenus par l'évaluateur.

Si les manières dont l'évaluateur investit sa mission, use de stratégies, affiche une manière d'être deviennent des indicateurs pour saisir les postures de l'évaluateur, alors l'acte évaluatif est composite, ne se pose pas d'un seul bloc. C'est dire que l'évaluateur s'engage dans l'action avec une intention particulière, en ayant procédé à des choix et envisagé leurs conséquences. L'activité évaluative est donc plurielle parce qu'inscrite dans des imaginaires éducatifs qui valorisent des systèmes de valeurs différents.

Les imaginaires en éducation et en formation

Quatre imaginaires semblent particulièrement porteurs en éducation et en formation tant ils participent d'une « axiologie chromatique » permettant de relier intentions et investissements dans l'action. Nous présenterons plus loin les imaginaires de la performance, de la maîtrise, de la construction, de la compréhension. Chaque imaginaire mobilise le praticien selon une logique d'intervention. En puisant dans ces systèmes de valeurs, il affronte le réel avec ses enjeux, ses contradictions, ses obstacles. L'intérêt des imaginaires est double : tout d'abord, ils annoncent une préférence dans l'affichage d'un positionnement, ensuite, ils préfigurent une quête de sens, une sorte de vigilance dans la direction prise par le professionnel. Reprenons chaque imaginaire.

L'imaginaire de la performance

Parce que la performance est le résultat d'une action entreprise et réussie, le souci de l'évaluateur se porte vers la production effective de la réponse, autrement dit vers le résultat. Que l'on se situe dans des situations d'apprentissage ou que l'on envisage le fonctionnement d'un dispositif de formation, d'un établissement d'enseignement, d'un projet pédagogique, l'imaginaire de la performance supposera des pratiques de contrôle conduisant à l'instauration d'un esprit de compétition. Les valeurs prônées s'agrègent autour de l'exemplarité de l'action.

Du point de vue institutionnel, l'imaginaire de la performance suppose la recherche d'un rapport étroit, de conformité, avec les systèmes de normes administratifs et juridiques. Les chefs d'établissement, les proviseurs, les responsables administratifs, les conseillers en formation continue s'inscrivent dans une rationalité administrativo - juridique (intégrant les aspects financiers) laissant peu de jeu aux différentes actions conduites. L'exigence de résultat appelle des pratiques de classement. Le contrôle qui est mis en œuvre est sous l'emprise d'une rhétorique normative dans laquelle le jugement de valeur se pose. La défense des valeurs s'orchestre de façon rigoureuse si bien que des conflits de valeurs naissent de la rencontre des pôles administratifs et pédagogiques. Le contrôle normatif est alors dénoncé au motif que les dimensions pédagogiques demandent des aménagements particuliers. C'est dans ce cas précisément que la posture de contrôleur glisse vers celle du juge dont la rhétorique empreinte de jugement de valeur ne suppose pas de point de vue contradictoire. L'univers de la performance peut donc conduire à poser des verdicts dont on sait la teneur problématique dans le champ de l'éducation (Cardinet, 1989).

L'activité de contrôle conduit à des catégorisations, à des comparaisons selon les niveaux de performance atteints. En tant que vérificateur de la conformité des produits ou des actions, le contrôleur agit selon un plan rationnel où l'objectivité garantirait l'énoncé évaluatif.

L'imaginaire de la maîtrise

L'horizon de la maîtrise est empreint des idées d'efficacité pédagogique, de parcours profilé en formation garantissant les acquisitions en jeu, d'efficacité des dispositifs de formation, de rééquilibrage des actions aux différents plans administratifs et financiers, d'actions de remédiation pédagogique, de qualité des systèmes éducatifs.

Du point de vue pédagogique, l'enseignant, le formateur, l'éducateur poursuivent l'ambition légitime d'offrir à l'apprenant la possibilité de progresser, de réussir son parcours d'apprentissage. L'aide apportée réside alors dans l'étayage constant du praticien qui gère la progression des acquisitions. Le dessein de la maîtrise le propulse dans la posture d'entraîneur (et encore de coach) qui rode l'apprenant à améliorer ses performances, qui encourage l'effort, qui considère sa relation avec l'apprenant comme le ressort de la réussite. La maîtrise sera gagnée si le guide suit pas à pas les avancées du formé, si les étapes sont respectées. Les valeurs de prévision, de planification, de préparation s'imposent pour favoriser le cheminement dans l'apprentissage. La structuration de l'action apparaît comme la clef de la réussite : pas d'impensé, pas de surprise de dernière minute mais une progression minutieuse et assurée. L'élève pris comme « objet d'éducation » entre dans le cycle du perfectionnement (Houssaye, 1992). Dans ce cas, les attentes de l'enseignant et du formateur tournent autour de la réception et de la valorisation de productions justes et complètes. La valeur de certitude renforce celles de l'effort, de l'assiduité, de la persévérance. L'horizon de la maîtrise apporte des valeurs sécuritaires pour l'apprenant et légitimantes pour le praticien.

Du point de vue institutionnel, l'imaginaire de la maîtrise s'extériorise à travers la quête de régularisation qui mobilise les responsables d'équipe, les responsables administratifs, les conseillers, les inspecteurs... Les décalages font l'objet d'une attention telle que des stratégies sont élaborées dans le but de s'approcher au plus près des référentiels en jeu. La posture d'expert est ici particulièrement observable dans les préconisations qui sont faites et qui tiennent du projet de régularisation ou du perfectionnement.

L'imaginaire de la construction

Une métaphore architecturale s'empare du langage de l'éducation et de la formation : construire, étayer, stabiliser. L'imaginaire de la construction apporte les valeurs de prudence par une inscription durable dans l'action, de modestie, voire d'humilité quant aux résultats acquis. Pas de prophétie de la part de l'évaluateur mais une posture proche de celle du coureur de fond puisqu'il s'agit d'accompagner un apprenant, une équipe, un service, une institution dans des processus de changement.

En situation d'apprentissage et de formation, l'évaluateur favorise l'activité du sujet, sollicite son autonomie, valorise sa prise d'initiative. L'apprenant n'est plus pensé comme un simple figurant mais comme un acteur impliqué dans ses propres apprentissages. L'enseignant ou le formateur mobilisent alors une posture de conseiller. Soucieux de favoriser les conditions d'appropriation des savoirs de référence, ils se préoccupent des représentations de l'apprenant, des démarches d'évaluation formative, pour l'aider à construire des compétences dans une discipline donnée. Les valeurs de stabilité, de fondation des connaissances sont privilégiées. La différence avec l'imaginaire précédent réside dans la conception temporelle de l'apprentissage. Que les difficultés persistent, que l'appropriation de compétences demande d'autres stratégies, l'évaluateur s'y attend. Par les gestes d'accompagnement et de conseil, il renonce à la totalité, il travaille à la mise en place de stratégies différenciées afin de permettre des passerelles entre les élèves et les savoirs de référence. C'est dire qu'il est équipé d'une grille de lecture multidimensionnelle en étant plus à l'écoute des cheminements des apprenants et qu'il sait reconnaître les bribes d'appropriations derrière d'apparents tâtonnements.

En situation institutionnelle, le conseiller (ou l'expert - conseil) intervient dans l'établissement en veillant à comprendre son contexte, sa culture, les pratiques professionnelles qui s'y déploient. Il prend appui sur l'existant pour favoriser des processus de développement, la régulation de l'action devient son souci majeur. Le conseil qu'il prodigue prend une forme plus délibérative que prescriptive. A la différence de l'imaginaire de la maîtrise, l'imaginaire de la construction suppose la reconnaissance d'une relation dialogique entre l'évaluateur et l'évalué autour d'un référent.

L'imaginaire de la compréhension

Cet horizon se distingue des précédents puisqu'il n'intègre ni valorisation de la réponse, ni maîtrise d'un savoir, ni construction des compétences mais plutôt une compréhension des projets parfois implicites pour les acteurs concernés. C'est donc une approche singulière de l'apprenant ou de l'institution qui est privilégiée. Sur le versant de l'apprentissage, l'enseignant-évaluateur veille à favoriser le passage de ce dernier dans le contexte de l'apprentissage, en adoptant une posture d'accompagnateur, écoutant les paroles et observant les attitudes mobilisées afin de comprendre la situation du sujet en formation. Sur le versant institutionnel, le consultant veille à analyser les signes, symboles, actes, résultats en jouant un rôle de miroir et en cherchant à mobiliser acteurs et institutions sur des aspects non explicites, tus, impensés, en vue de permettre une compréhension et une régulation de la situation vécue. La posture du consultant est donc centrale, relevant d'un accompagnement de type clinique : les résistances dans les processus de changement, les raideurs et la sédimentation des points de vue accaparent sa vigilance. Une approche du sensible le mobilise et le conduit à rechercher les multiples dimensions d'une réalité donnée, en se situant sur le versant de l'apprentissage ou sur celui de l'institution.

La posture du consultant est complexe, sa démarche partage des liens de ressemblance avec celle de l'ethnologue qui observe longuement, croise ses observations, va à la rencontre des acteurs, s'intéresse à la culture de l'institution, connaît son contexte socio-économique, collecte des traces écrites. Au lieu de traquer les faux pas, les dysfonctionnements, il élabore une connaissance globale de l'objet à évaluer, soucieux d'en saisir les particularités. Le consultant cherche à comprendre la situation institutionnelle avant de l'interpréter. La posture de consultant renvoie à la figure de l'ami critique (Jorro, 2006) : il possède une grille d'analyse qu'il utilise avec souplesse puisque la perspective interprétative le conduit à mettre en relation des éléments souvent hétérogènes. Le jeu interprétatif suppose donc une écoute et une vision particulières nécessairement décalées du référentiel que l'évaluateur considère comme élément de référence sans pour autant y être assujetti. S'il s'agissait de prendre à la lettre les éléments du référentiel, le consultant délaisserait sa posture pour celle du contrôleur, ou celle de l'expert. En contrepoint de cet esprit systématique, le consultant questionne, fait identifier des points d'appui et réfléchir autour de perspectives nouvelles. Ce dialogue est censé ouvrir un espace de compréhension et de projection pour l'institution et les interlocuteurs concernés. Chaque imaginaire renvoie le praticien vers une intervention spécifique. Ainsi, le quotidien loin de figurer comme un instant répétitif, se charge d'intentionnalité.

Enchâssement des imaginaires et circulation des postures

Les imaginaires présentés précédemment ne sont ni exclusifs les uns des autres, ni ne s'enchaînent dans un ordonnancement réglé.

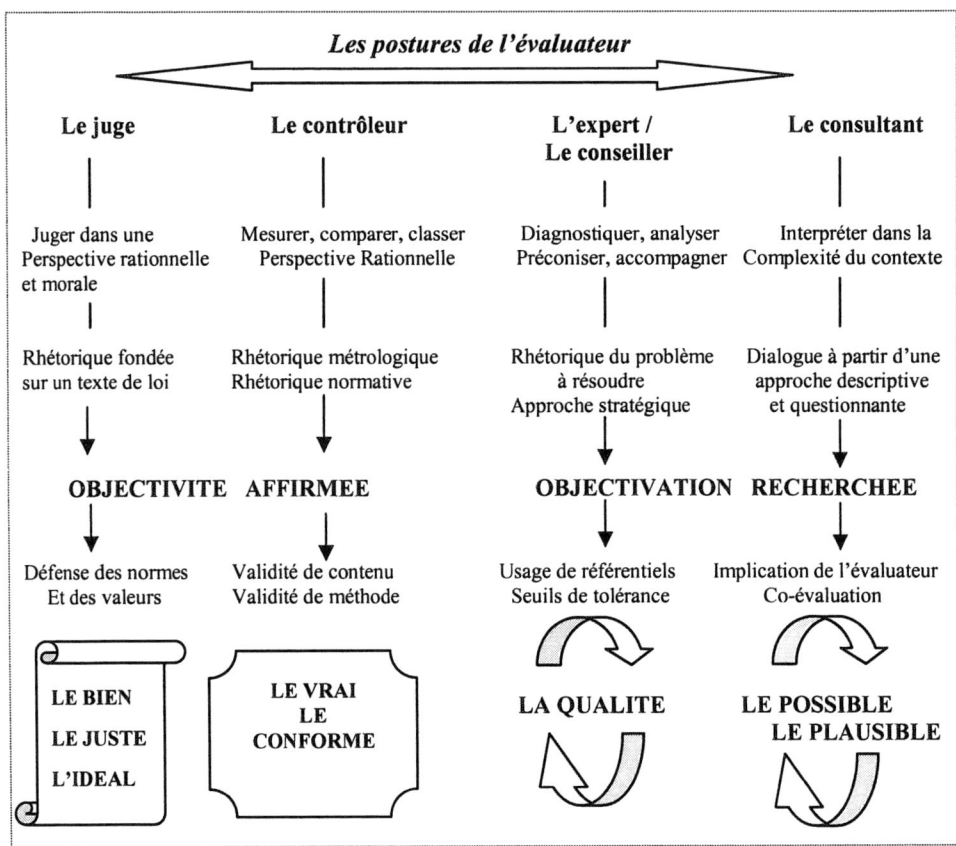

Figure 1 : Les postures de l'évaluateur

La réalité éducative ou formative suppose un enchâssement des imaginaires et la difficulté consiste à décrypter les systèmes de valeurs en cours dans un contexte. Les injonctions de qualité dans les systèmes de formation peuvent s'entendre aussi bien du point de vue de l'imaginaire de la maîtrise en termes de régularisation des dysfonctionnements que de celui de la construction en élaborant des démarches qui combinent plusieurs niveaux d'exigences. De même, un évaluateur peut circuler entre plusieurs postures dans une même séance de classe, seulement ces changements de postures nécessitent d'être conscientisés par leur initiateur et annoncés devant les interlocuteurs. Au moment où l'évaluateur circule entre les postures de juge, de contrôleur, de conseiller, de consultant, il veille à ne pas confondre ces postures dans l'action qu'il mène. C'est ici que joue à nouveau la question éthique et qu'intervient la nécessité de réfléchir sur son rapport au monde, son rapport à l'évaluation, en faisant preuve de réflexivité sur son agir évaluatif : rapport autoritaire ? rapport dogmatique ? rapport de conformité ? rapport heuristique ? Parce que chaque posture inaugure un univers de l'évaluation avec son corollaire de valeurs et de symboles, celui-ci concerne chaque acteur qui s'intéresse à la qualité de l'action éducative.

L'acte évaluatif n'existe pas indépendamment de l'acteur qui le met en œuvre, aussi le caractère éthique de l'activité importe-t-il. La professionnalité de l'acteur en matière d'évaluation mérite un éclairage d'autant plus important que l'évaluation gagne tous les secteurs du monde du travail et que, dans le contexte d'obligation de résultats, les professionnels sont amenés à rendre des comptes. Le défi consiste donc à professionnaliser les acteurs du point de vue de l'évaluation, à lever les routines défensives pour permettre l'incorporation de savoirs d'action au rang desquels les postures évaluatives figurent en bonne place.

3.2 L'AUTOEVALUATION ET LA METACOGNITION

La métacognition comme référence de l'autoévaluation

Bernadette Noël

A travers toutes les études sur cette thématique de recherche, nous constatons la référence plus ou moins déclarée de l'autoévaluation au concept de la métacognition (MC). La connaissance de soi, de ses processus, de ses forces et de ses faiblesses, caractéristiques liées à la MC, fait partie intégrante de l'autoévaluation (Noël, 1991/1997).

Considéré comme le pionnier dans le domaine de la MC, Flavell (1976) en propose la définition suivante : « La métacognition se rapporte à la connaissance qu'on a de ses propres processus cognitifs, de leurs produits et de tout ce qui y touche, par exemple, les propriétés pertinentes pour l'apprentissage d'informations ou de données... la métacognition se rapporte entre autres choses, à l'évaluation active, à la régulation et l'organisation de ces processus en fonction des objets cognitifs ou des données sur lesquelles ils portent, habituellement, pour servir un but ou un objectif concret » (p. 232).

Cette définition trop large à notre sens, a donné lieu à de nombreuses confusions. En effet, elle englobe deux phénomènes de nature différente, à savoir la connaissance de sa cognition et la régulation de celle-ci, ce qui rendra la plupart des définitions ultérieures hétérogènes. Par ailleurs, la définition est peu claire sur le fait de savoir si la MC concerne des connaissances générales, par exemple sur les facteurs qui favorisent la mémorisation, ou plutôt s'il s'agit de la prise de conscience d'événements particuliers qui se déroulent ou qui se sont déroulés au sein des propres structures cognitives de l'apprenant. On assiste, en quelque sorte, à la fusion au sein d'un même concept de composantes déclaratives et de composantes procédurales.

Problématiques

On pourrait se demander si ces deux composantes ne sont pas des dimensions suffisamment différentes pour enlever toute signification globale au concept de MC. De plus, cette hétérogénéité conceptuelle est responsable d'un grand nombre d'ambiguïtés. Ainsi, on peut se poser la question de savoir si la MC est une opération nécessairement consciente.

Si l'accent est mis sur la première partie de la définition, à savoir sur la connaissance de sa cognition, ou réflexion métacognitive, on ne voit pas bien comment il pourrait en être autrement : un des critères de la connaissance est précisément son accessibilité à la conscience.

Si l'accent se porte sur la régulation de son fonctionnement cognitif, on observe de nombreux cas où l'autorégulation se réalise par adaptation automatisée (Wolfs, 1991) ; il ne s'agit plus alors de régulation métacognitive mais d'automatisme (non conscient).

Autre questionnement lié à cette hétérogénéité conceptuelle, c'est celui de la distinction métacognitif/cognitif qui est loin d'être évidente : par exemple, toute stratégie d'autoquestionnement mérite-t-elle d'être qualifiée de métacognitive parce qu'elle régule l'apprentissage ?

Prenons un exemple relatif au travail de groupe. Si, à l'issue d'un travail de groupe, je propose un questionnaire de ce type à mes élèves ou à mes étudiants :

> *Ce qui s'est passé dans mon groupe...*
> *Chacun a-t-il eu l'occasion de prendre la parole ?*
> *Nous sommes-nous écoutés les uns les autres ?*
> *Le groupe a-t-il été dominé par un ou des membres ?*
> *Sommes-nous arrivés à notre objectif ? ...*

Il s'agit d'un questionnaire d'autoquestionnement (cognitif) sur un contenu (le travail de groupe).

Si, par contre, je leur propose un autre type de questionnaire tel que celui-ci :

> *Etes-vous satisfait(e) de la définition à laquelle votre groupe est arrivé ? Pourquoi ?*
> *Pensez-vous avoir évolué dans votre conception, compréhension de la MC ? En quoi ? Grâce à qui ? Grâce à quoi ?*
> *Seriez-vous capable de l'expliquer dans vos propres termes à un interlocuteur « naïf » ?*
> *Si vous deviez recommencer cet échange, en quoi le modifieriez-vous ?*

Il s'agit alors d'un questionnaire métacognitif qui requiert des formés un regard réflexif sur leurs processus cognitifs à l'occasion d'un travail de groupe.

Mais revenons à la définition de Flavell citée plus haut. Nous constatons que cette définition comporte au moins deux approches différentes :
- la connaissance de sa connaissance, les connaissances que l'individu a de ses propres processus cognitifs, ainsi que des facteurs favorables ou défavorables à ces processus ;
- le contrôle actif, la régulation de ces processus, consciente et délibérée (autorégulation cognitive).

Cette distinction entre connaissances et processus a mené à deux champs de recherches distincts. Le premier, sous l'égide de Flavell suivi par d'autres auteurs, s'est particulièrement intéressé à la nature et au développement des connaissances métacognitives. Le second, initié par A. Brown, a mis l'accent sur les processus de contrôle et de régulation des activités. Il nous semble que ces deux composantes doivent être très clairement distinguées et il nous paraît nécessaire que les comptes-rendus des dispositifs de recherche précisent quelle composante de la MC a été mise en relation, par exemple, avec quel type de performance.

« Nous réserverons, quant à nous, le terme de métacognition à des opérations mentales exercées sur des opérations mentales. Ce qui est spécifique à la métacognition, c'est qu'il s'agit d'une opération de second ordre, d'une opération mentale d'un apprenant qui prend pour objet une autre opération mentale du même apprenant » (Noël, Romainville & Wolfs, 1995, p. 50).

Essai d'opérationnalisation

Dans les deux aspects évoqués dans les définitions du concept métacognitif, l'apprenant met en œuvre des opérations mentales sur sa propre cognition : certaines d'entre elles produisent des connaissances (opérations mentales qui développent un savoir métacognitif sur son propre apprentissage) alors que d'autres produisent des actions (opérations mentales conscientes exercées dans le but d'agir sur son apprentissage, de prendre la décision de le réguler).

Pour qu'un apprentissage soit efficace, il faut donc que l'apprenant acquière des connaissances métacognitives et également apprenne à les contrôler, les réguler.

« Chaque fois qu'il tente délibérément et activement de réguler son propre fonctionnement intellectuel, l'apprenant génère de nouvelles connaissances qui, à leur tour, redirigent et enrichissent son autorégulation » (Bouffard cité par Bourgeois & Chapelle, 2006, p. 143).

Dès 1995, Noël, Romainville et Wolfs (voir aussi Noël, 2001) ont tenté d'opérationnaliser le concept proposant de classer les connaissances métacognitives selon trois critères :
- l'objet sur lequel l'activité métacognitive est exercée,
- le type d'activité mise en œuvre par l'apprenant,
- le mode métacognitif.

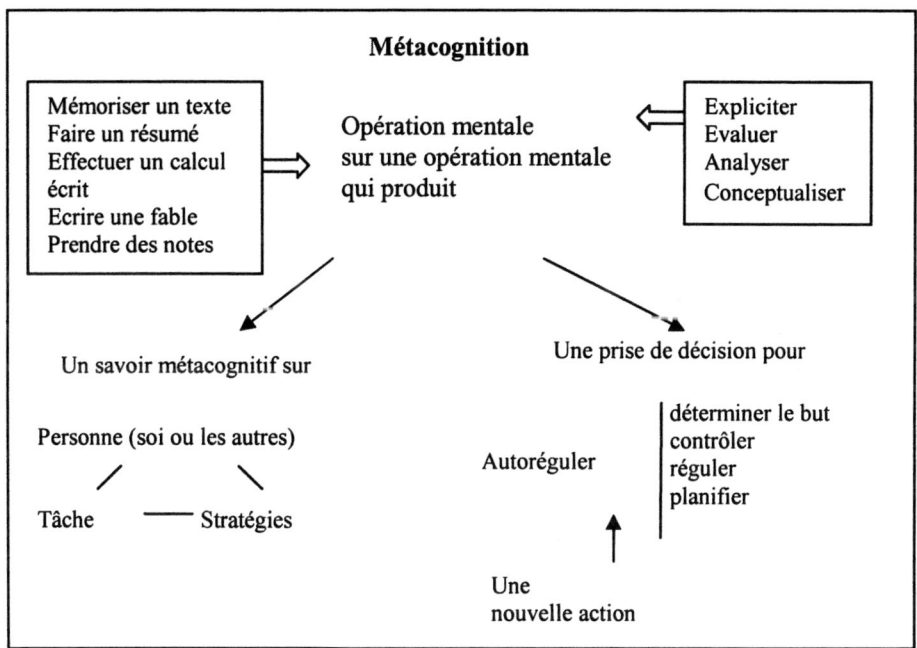

Figure 1 : Document conçu par Houart et adapté par Noël (2005)

Les connaissances métacognitives constituent l'aspect déclaratif de la MC. Ce sont les représentations et les connaissances qu'a l'individu de son propre fonctionnement cognitif : quels sont mes points forts et mes points faibles ? (autoévaluation) ; ces connaissances peuvent porter aussi sur d'autres personnes : Pierre a une meilleure mémoire auditive que moi. Ces connaissances peuvent aussi porter sur les tâches, leur degré de difficulté ou de familiarité et le type de traitement exigé par la tâche : cette tâche est plus facile quand le maître la rédige de manière structurée. Enfin, ces connaissances peuvent être liées à la nature et à l'utilité des stratégies utilisées : quand je lis un livre, il est utile de m'assurer régulièrement que je comprends ce que je suis en train de lire.

Nous pouvons également distinguer, outre l'objet de sa cognition sur lequel porte l'activité métacognitive exercée par l'apprenant, trois types d'activités produisant des connaissances :
- l'explicitation (prise de conscience) par laquelle l'apprenant met à plat son fonctionnement cognitif, décrit ses processus cognitifs (par exemple, il explicite ses procédures de prise de notes),
- l'analyse qui consiste à établir des relations entre plusieurs éléments de sa cognition (il met en relation la procédure qu'il a utilisée pour prendre des notes et un résultat cognitif, par exemple),
- la conceptualisation où l'apprenant abstrait de différentes situations analysées des règles générales, des stratégies applicables à différents contextes (par exemple, il énonce une règle selon laquelle les procédures de prise de notes dépendent du type d'information contenue dans le message).

Ce troisième critère qui permet de classer les opérations métacognitives produisant des connaissances est le mode métacognitif : l'étudiant peut évoquer, décrire, analyser... son fonctionnement cognitif, sans y ajouter son approbation ou sa désapprobation (mode descriptif). Il peut aussi dépasser cette simple description en évaluant son fonctionnement cognitif ; il émet un jugement positif ou négatif sur la qualité de son fonctionnement cognitif (mode évaluatif). Enfin si, à partir du résultat de son jugement, il décide de modifier ses activités cognitives ou leur produit, nous parlerons de MC régulatrice ou, comme l'appellent Focant et Grégoire (2005), d'autorégulation cognitive. Sur la base d'une revue de la littérature, ce dernier a identifié quatre stratégies majeures de l'autorégulation cognitive : la détermination du but, la planification, le contrôle et la régulation (ou ajustement).

En guise de conclusion

Même si la MC est un processus inhérent à l'apprentissage qui se déclenche alors que l'enseignant n'intervient pas directement, il reste que ce dernier peut créer des conditions adéquates qui favorisent la réflexion métacognitive, l'autorégulation de l'apprenant.

Ainsi, en tant qu'enseignante et responsable du programme de formation initiale des agrégés de l'enseignement secondaire supérieur dans mon université, il nous a semblé pertinent de favoriser les réflexions individuelles sur les pratiques des futurs maîtres, de stimuler l'explicitation de leur cheminement différencié, tout au long de la formation. C'est au travers du portfolio, dossier d'apprentissage cumulatif et continu d'indicateurs du cheminement de l'apprenant, sélectionnés et commentés par lui à des fins d'évaluation (adapté de Simon & Forgette-Giroux, 1994), que nous tentons de développer l'identité professionnelle du futur enseignant, de favoriser sa prise de recul, son autoévaluation (« autoquestionnement », Vial cité par Rouiller & Pillonel, 2004) traduisant sa réflexivité (Noël, 2005).

Par exemple, dans la deuxième partie du portfolio, le futur agrégé devra répondre à des questions telles que : mes objectifs de départ sont-ils atteints ? Dans quelle mesure ? De cette réflexion sur moi-même, je retiens… ? Quels sont mes points forts ? Que puis-je encore améliorer ?

Cet autoquestionnement du futur agrégé contribue, nous semble-t-il, à valoriser le modèle du « praticien réflexif » (Schön, 1994), capable de prendre de la distance par rapport à ses représentations du métier, de ses propres (futures) pratiques, de ses propres conceptions, de « l'apprendre/faire apprendre » (Bourgeois & Chapelle, 2006).

Cependant, il n'est pas facile d'adopter une démarche introspective et d'en faire part en toute transparence au formateur/évaluateur. Seul un regard positif et encourageant de ce dernier peut amener les étudiants à surmonter toute l'ambiguïté liée à cette situation paradoxale (Paquay, Darras & Saussez, 2001).

3.3 LA MEDIATION SOCIALE

Evaluation « située » des apprentissages : le rôle fondamental de la médiation sociale

Lucie Mottier Lopez

Pourquoi s'intéresser à la notion de « médiation » pour questionner les travaux portant sur l'évaluation des apprentissages ? Depuis une vingtaine d'années, cette notion a eu un impact certain sur les travaux en sciences humaines et sociales, dont certains travaux en psychologie et en anthropologie cognitive qui proposent de concevoir la cognition comme étant « située » et « distribuée » dans les activités sociales, dont les situations d'enseignement/apprentissage (Mottier Lopez, 2005a). Il est intéressant d'observer dans quelle mesure ce mouvement se manifeste également dans les travaux de recherche sur l'évaluation pédagogique, pour étudier l'évolution des conceptualisations amenant à appréhender les systèmes de médiations sous-tendant toute pratique d'évaluation. Nous nous y emploierons dans les deuxième et troisième sections, en distinguant les travaux qui soulignent les processus interactifs en tant qu'opérations constitutives des démarches d'évaluation (par exemple, les régulations interactives) d'une part. D'autre part, nous nous arrêterons sur des travaux qui, quant à eux, ont mis en évidence des processus sociaux généraux (par exemple, la communication) qui tout à la fois sous-tendent et débordent l'évaluation, englobant de fait plus largement les processus de formation dans leur contexte. Finalement, quelques enjeux de la conception d'une évaluation située seront esquissés. Mais commençons par des éléments de définition de la « médiation », concept polysémique comme grand nombre de concepts en sciences sociales, afin de circonscrire les dimensions que nous développerons plus particulièrement.

Médiations par autrui et médiations par les outils

S'appuyant sur les travaux de Moscovici et de Vygotsky, Py et Grossen (1997) définissent deux niveaux principaux de médiation : l'Alter qui médiatise la relation entre l'Ego et l'Objet, l'Objet qui médiatise la relation entre l'Ego et l'Alter. Autrement dit, les auteurs mettent en avant, toujours dans une relation ternaire, les médiations produites par un autrui (un enseignant, un pair plus expert par exemple) et celles qui sont produites par des outils (tel le langage) vus comme des produits du développement socio-historique. Les travaux de la « cognition distribuée » incitent à distinguer les dimensions symboliques constitutives des outils sémiotiques, des médiations offertes par les dimensions concrètes et matérielles des outils - au sens d'artefact. De façon très cohérente avec ces propositions, dans le cadre de ses travaux portant sur le portfolio en formation professionnelle, Vanhulle (2005) définit trois types de médiation : (1) la médiation sociale désignant les interactions structurées entre des acteurs en vue de construire des connaissances, (2) la médiation sémiotique notamment par la production de discours collectifs et individuels en lien avec des processus de formation, (3) la médiation instrumentale qui désigne, dans le cas auquel elle se réfère, l'outil portfolio qui vise à rendre compte d'une progression d'apprentissage. Ces médiations, distinguées à des fins de conceptualisation, sont intimement enchevêtrées en situation réelle ; elles sont également foncièrement liées aux pratiques sociales dans lesquelles et par lesquelles elles se constituent et prennent sens. En d'autres mots, elles sont socialement et culturellement situées (Lave & Wenger, 1991). Notons que, pour notre part, nous préférons parler de médiation interpersonnelle (ou intersubjective) pour désigner les interactions structurées et intentionnelles des personnes dans des activités d'évaluation conjointes et réserver le terme de médiation sociale et culturelle (Bruner, 1983) pour englober l'ensemble des formes de médiations.

Dans quelle mesure les travaux francophones de ces vingt dernières années sur l'évaluation des apprentissages rendent-ils compte de ces systèmes de médiation ? Par quels concepts utilisés ? Pour quelles exploitations pédagogiques ? Pour quels impacts possibles sur la recherche ?

Médiations constitutives des démarches d'évaluation

Un ensemble de travaux de l'ADMEE-Europe a visé, dès les premiers colloques, à souligner les processus interactifs vus comme constitutifs des démarches mêmes d'évaluation, notamment formative. Passons-en quelques-uns en revue.

Régulations interactives et évaluation continue

La notion de « régulation interactive » définie par Allal (1979) met explicitement en avant les différentes formes d'interaction à des fins d'autorégulation qui peuvent avoir lieu entre l'apprenant et les autres acteurs de la situation d'évaluation (enseignant, pairs) et/ou avec des outils dont l'usage produit un feedback formatif à l'élève. Si dans les premières contributions, la notion d'interaction est au centre de la conceptualisation de la régulation interactive, on observe que, plus tard, l'auteur introduit la fonction de médiation que suppose toute régulation interactive, ce qui la distingue d'une interaction en termes simplement de « rencontre » entre un agent et son environnement (Allal, à paraître). Un des buts serait de situer l'évaluation interactive dans la zone proximale de développement de l'apprenant (Allal & Pelgrims Ducrey, 2000). Au plan pédagogique, un certain nombre d'auteurs s'accordent à souligner l'importance de ces processus de régulation interactive dans le cadre d'une évaluation continue et intégrée aux situations d'enseignement/apprentissage (e.g., Crahay, 1986). L'argument est, entre autres, de promouvoir une intervention immédiate qui soit « en phase » avec l'activité d'apprentissage des élèves et, ce faisant, être d'une plus grande efficacité.

De notre point de vue, ces processus de régulation demandent à être perçus non seulement dans l'immédiateté de l'interaction liée à des médiations interpersonnelles, sémiotiques et instrumentales, mais également dans leur relation avec des situations différées qui recèlent de nouvelles potentialités de régulation. Par exemple, l'enseignant peut décider, au vu de ses observations, d'intervenir sur la structure d'une nouvelle situation d'apprentissage et agir sur quelques variables didactiques ou modifier des éléments d'organisation plutôt que d'intervenir directement auprès d'un élève ou d'un groupe d'élèves. Nos observations en classe, dans une perspective située, ont mis en évidence que les régulations interactives sont intimement liées aux valeurs, normes, pratiques, compréhensions partagées entre les membres de la classe, pouvant déboucher sur des stratégies différentes d'évaluation continue (Mottier Lopez, 2003). Nous avons également constaté que les régulations produisent rarement un effet immédiat et généralisé auprès de tous les élèves. Elles sont à appréhender sur une succession de leçons qui jouent sur différentes formes de médiations et de régulations inter-reliées (Mottier Lopez & Allal, à paraître). Mais d'une façon générale, on note que peu de recherches se sont attelées à l'étude des systèmes de régulation interactive, et de leurs effets, en situation de classe ou de formation dans une perspective longitudinale.

Evaluation conjointe et instrumentation

Sans entrer dans de longs développements concernant l'autoévaluation, il est intéressant de citer les travaux qui ont mis en avant l'importance de la confrontation à l'évaluation d'autrui. L'évaluation mutuelle et la coévaluation (Allal, 1999) représentent des modalités qui, précisément, visent à engager une confrontation entre l'autoévaluation et l'évaluation d'un pair pour la première, et celle de l'enseignant pour la seconde. Quant au modèle de Campanale (1997), il souligne que l'autoévaluation s'accomplit dans une confrontation tripolaire : référentiel interne, référents externes, objets évalués. Les référents externes peuvent être tant des outils (grilles de critères, modèles théoriques) que des personnes (interprétations fournies par des pairs/par des formateurs). Autrement dit, les processus de médiation, par la confrontation à ces référents externes, sont vus comme favorables à l'altération du référentiel interne du sujet et à des prises de conscience et des autorégulations actives. Au plan pédagogique, Allal (1999) et Campanale (2003) mettent en avant l'importance de commencer par des évaluations conjointes (plan intersubjectif) pour guider l'apprenant vers des démarches d'autoévaluation (plan intra-subjectif). Dans un même ordre d'idée, lorsque Wegmuller (à paraître) souligne l'importance des feedback de l'enseignant ou des pairs à l'autoévaluation portée par l'élève, c'est une façon de mettre en avant le rôle essentiel joué par les médiations servant à la confrontation de points de vue et d'interprétations relatives à des objets évalués. Evidemment, la question se pose de savoir dans quelle mesure ces coordinations interpersonnelles dans une relation asymétrique (enseignant-élève) ne visent pas seulement des processus de régularisation (Vial, 2001) à des normes et référentiels pré-établis, mais engagent plus fondamentalement des appropriations transformatrices et créatrices de sens (liées, par exemple, à la négociation de contrats et projets plus personnalisés).

Les travaux sur l'évaluation formatrice sont à citer bien entendu. Prenons pour exemple les démarches de construction et d'appropriation par les élèves des critères de réalisation et de réussite (Veslin & Veslin, 2001). Selon les auteurs, ces critères demandent à être interactivement élaborés, en partant des propositions des élèves pour les guider progressivement vers des formulations plus ouvertes et abstraites (médiation sémiotique), toujours liée à des familles de situations. En tant qu'outils, ils sont vus comme facilitant l'interaction entre l'élève et son enseignant ; ils visent à stimuler l'activité autoévaluative et à fournir des repères pour orienter l'action et l'autorégulation.

D'une façon générale, un certain nombre de travaux s'est attaché à développer des outils d'autoévaluation des apprentissages (au sens large, c'est-à-dire non restreints à des apprentissages cognitifs). L'étude des médiations instrumentales incite à analyser plus finement la façon dont ces outils sont appropriés par les apprenants en situation, voire transformés par rapport aux usages initiaux prévus par leur(s) concepteur(s). Au plan de la recherche, un des enjeux est d'observer comment les outils d'évaluation contraignent et, tout à la fois, rendent possibles certaines formes d'activité évaluative entre les participants et pour quelles relations avec les apprentissages réalisés.

Processus de négociation et construction de sens

Un apport important des travaux francophones sur l'évaluation en éducation est d'avoir montré l'incidence des situations et des contextes sociaux sur l'évaluation, remettant en cause l'idée que l'évaluation pédagogique serait une mesure objective (Weiss, 1991). Il est argumenté que l'évaluation s'inscrit dans un processus général de communication et de négociation, dont font partie les transactions de sens et de rôles entre les acteurs.

Communications didactiques

Dans une approche didactique des faits d'évaluation, Schubauer-Leoni (1991) met en avant les logiques différentes que les élèves doivent savoir décrypter entre les situations d'enseignement et les situations d'évaluation. Autrement dit le « contrat didactique », qui porte sur les attentes réciproques entre l'enseignant et les élèves relativement à des contenus de savoir donnés, se modifie. L'étude bien connue de Chevallard (1986) expose les modalités de la négociation interpersonnelle des règles et des normes de l'évaluation. Mais « pourquoi l'élève se douterait-il qu'une question peut en cacher une autre ? » demandent Perret et Wirthner (1991, p. 137), attentifs à souligner les malentendus qui peuvent s'instaurer dans la communication entre l'enseignant et l'élève. « Etre interrogé, c'est bien plus que répondre à un problème. C'est être confronté à une situation sociale qu'il s'agit de d'abord bien comprendre » (Cardinet, 1991, p. 203). L'élève s'efforce de donner du sens à la situation d'évaluation, notamment en tentant de se représenter les intentions probables de celui qui va l'évaluer. Un des enjeux devient l'instauration d'une plus grande explicitation des attentes et des rôles réciproques. Une préoccupation des didacticiens est néanmoins que cette explicitation ne conduise pas à « traiter le problème à la place de l'élève » (Schubauer-Leoni, 1991). Tous reconnaissent pourtant l'importance de l'instauration de significations socialement partagées entre les acteurs concernés.

Construction d'une compréhension partagée

L'évaluation est une problématique du sens en tant que « mise en tensions, en réseaux de significations, multiréférentiels, de la question de la valeur de ce qu'on fait » arguent Bonniol et Vial (1997, p. 348). Mais comment engager avec les élèves cette négociation de sens et de valeurs, et pour quelle construction de significations et de compréhensions suffisamment partagées entre les acteurs concernés ? Pour Genthon (1991), une entrée majeure est l'explicitation et la confrontation dans l'interaction des référentiels respectifs (valeurs, représentations, projets, intentions, objectifs, critères) des individus. Le but est d'aboutir à des coordinations interpersonnelles et des coopérations étayées par un processus de concordance, vues comme indispensables à la régulation et l'autorégulation. Un des apports de la contribution de Genthon est de souligner comment les outils d'évaluation demandent à être co-construits et progressivement appropriés par les élèves à travers des « procédures participatives » qui impliquent activement les élèves et l'enseignant dans des négociations interpersonnelles de sens et d'usages en situation. Il ressort à nouveau que les médiations interpersonnelles, instrumentales et sémiotiques sont intimement liées dans la construction d'un sens partagé relativement aux objets et procédures d'évaluation.

Evaluation située

Questionner, comme nous l'avons fait, les médiations sociales qui soustendent toute pratique d'évaluation est une façon de mettre l'accent sur les contextes sociaux, matériels, significationnels qui sont considérés comme constitutifs des activités évaluatives, individuelles et collectives. L'hypothèse est que les médiations contribuent pleinement au « marquage contextuel » des objets et pratiques d'évaluation.

Dans une perspective située, évaluer est vu comme un acte de participation à une communauté de pratique (Allal, 2002) qui s'incarne des significations, normes, valeurs, discours, outils admis comme socialement reconnus et partagés. Cette conception incite à reconceptualiser la relation entre l'individu-en-activité (membres qui évaluent/qui sont évalués) et le contexte de développement de cette activité, tant dans l'idée d'un contexte immédiat, contingent et local, que dans une relation à un contexte socioculturel, économique et historique plus large (Mottier Lopez, 2005a). Cette relation, que Lave (1988) qualifie de dialectique, est vue comme indissociable, dans une logique de constitution et de structuration réciproques. La cognition n'est plus vue comme une propriété individuelle, mais elle apparaît distribuée entre les personnes et les outils situés dans un monde socioculturel complexe (Salomon, 1993). Les médiations saisies dans les processus participatifs visent à appréhender les relations de co-constitution entre les ressources cognitives individuelles et contextuelles/culturelles dans la résolution de problèmes, dans la réalisation des tâches.

Au plan de la recherche, cette posture théorique incite à appréhender l'évaluation pédagogique dans un champ de significations, d'activités et de ressources socialement organisées, dans et par lequel elle se développe. Réciproquement, l'évaluation contribue au développement de communautés de pratique. Dans une approche interprétative, cette théorisation amène à des questionnements tels que : quelles sont les pratiques d'évaluation qui apparaissent reconnues et partagées dans une communauté éducative donnée ? Quels sont les significations, les valeurs, les outils, les discours relatifs à ces pratiques ? Comment ceux-ci se construisent-ils dans les processus participatifs et évaluatifs ? Pour quelle interpénétration avec les situations d'enseignement/apprentissage ? Pour quelle régulation de co-constitution entre les plans individuels et sociaux ? Pour quels impacts sur la qualité des apprentissages ?

Dans Mottier Lopez (2005b), notre hypothèse est que l'évaluation peut être favorable à la construction de « zones polycontextuelles » entre différents contextes de formation. Les interactions d'évaluation conjointe et leur instrumentation (ici un portfolio) sont investiguées dans leur fonction possible de médiation entre les contextes d'une formation théorique (à l'université) et pratique (dans des situations authentiques de stage). Les processus de référentialisation (au sens de Figari, 2001) apparaissent fondamentaux dans la mise en tension entre les valeurs, perceptions et positionnements individuels, et les normes et pratiques des différentes communautés convoquées, pouvant comprendre de possibles conflits et contradictions. Un des enjeux sera de dépasser la visée analytique et interprétative des processus étudiés, afin de questionner l'exploitation de ce type de recherche pour le développement de dispositifs d'évaluation. Dans une logique de va-et-vient, il s'agira ensuite de re-questionner, en situation de formation, la façon dont les dispositifs développés se transforment en pratiques d'évaluation située. Dans quelle mesure, par exemple, ces dispositifs engagent-ils réellement un usage actif et délibéré des ressources contextuelles ? Pour quelle construction de sens et de valeurs ? Pour quelle relation de régulation ?

De Ketele (2001) voyait les signes de l'émergence d'un nouveau paradigme dans les apports de l'action située. Allal a montré la conception renouvelée que la cognition et l'apprentissage situés peuvent offrir à l'évaluation. L'avenir nous dira si, effectivement, cette « perspective située » se développe en cadre novateur pour la recherche sur l'évaluation en éducation.

PARTIE II

APPROFONDISSEMENT DES METHODOLOGIES DE L'EVALUATION

1. ROLE ACCRU DES STANDARDS ET DES REFERENTIELS

1.1 LES STANDARDS

Standards : quand le politique s'empare de l'évaluation

Matthis Behrens

L'onde de choc consécutive aux premiers résultats de l'enquête PISA[1] a provoqué un large débat sur l'école, ses structures et ses performances dans de nombreux pays, en Europe et ailleurs. En réponse à ce débat, la Conférence intercantonale des directeurs de l'instruction publique (CDIP), organe de coordination de l'éducation et de la formation en Suisse, a habilement proposé une série de mesures pour harmoniser les structures éducatives décentralisées. Des standards nationaux de formation se trouveront au coeur de ces projets de réformes.

Très courant dans le monde anglo-saxon, le terme « standard » ne rencontre que peu ou pas d'écho dans le débat scientifique francophone. Les quelques productions significatives regorgent de références anglophones ou cherchent à rattacher les standards à des problématiques connues par ailleurs, celles de l'évaluation et de la mesure des performances, du pilotage des systèmes éducatifs par les résultats ou des référentiels. Dans le projet suisse de standards nationaux de formation, un emprunt culturel semble être en cours, il importera de voir comment ce concept migrera d'un contexte culturel à un autre, et d'observer les métissages qui s'y opèreront (Maroy, 2004).

Les standards de formation

Clarification conceptuelle

Il est significatif de noter que Lam (2004) établit un lien direct entre l'enseignement par objectifs et les standards. Rappelons que, selon Mager (1971), un objectif pédagogique a) identifie et décrit le

---

[1] Enquête de l'OCDE : Programme international pour le suivi des acquis des élèves.

comportement de l'étudiant, b) précise les conditions dans lesquelles ce comportement doit se manifester et c) définit les critères d'une performance acceptable. La description et l'identification des contenus correspondraient aux « standards de contenu » (*content standards*) et les critères de suffisance aux « standards de performance » (*performance standards*). Sur cette première distinction se greffent des indications concernant les conditions et les processus nécessaires à l'enseignement et à l'apprentissage, c'est-à-dire des « standards définissant la possibilité qui est donnée d'apprendre » (*opportunity to learn standards*) et des précisions en matière d'évaluation, sous la forme d'une sorte de charte déontologique qui correspond à des « standards de l'évaluation » (*assessment standards*).

Les *Principles and Standards* du *National Council of Teachers of Mathematics* (NCTM) présentés en 2002 sont un dispositif qui illustre bien quelques-unes de ces différences. Réalisé par une association professionnelle, le NCTM propose des standards de contenu qui « se rapportent plus spécifiquement à la branche et concernent aussi les contenus concrets du programme tandis que les principes (*principles*) sont des lignes directrices interdisciplinaires pour un enseignement de qualité, dont la formulation se rapporte aux contenus [...], ils peuvent donc être vus comme une sorte d'*opportunity-to-learn standard* » (Klieme et al. 2004, p. 35).

Cependant, avant la publication des standards NCTM, « le terme de *standard* a été essentiellement utilisé [aux Etats-Unis] comme synonyme de standard de performance [...]. La mesure de la performance figurait donc au premier plan et l'on se référait avant tout aux aptitudes de base » (p. 31). On se préoccupait peu de la nature du référentiel d'évaluation et de la capacité ou non des items à positionner les performances mesurées de chaque individu sur une seule échelle de compétences.

Les standards et la définition de seuils de performance

Alors que l'enseignement par objectifs insiste sur une définition minutieuse de ces derniers dans le but de construire l'évaluation de l'apprenant selon des références critériées, les standards de performance fournissent également une référence critériée mais pour établir de façon normative des seuils de performance que le système est censé atteindre.

La fixation de ce niveau cible peut varier en fonction de l'étendue de la population que l'on cherche à y amener. Klieme et al. distinguent les « standards minimum » qui correspondent à un seuil en dessous duquel aucun apprenant ne doit demeurer, des « standards réguliers » qui doivent être atteints par la moyenne d'une population scolaire, et les « standards maximum » définissant un idéal éducatif.

En Suisse, les standards nationaux de formation sont des standards minimum. Ils doivent être contraignants, c'est-à-dire les acteurs du système scolaire sont tenus d'amener toute leur population d'élèves à la maîtrise d'un socle minimal de compétences. « Les modèles de compétences et les épreuves qui s'y rattachent [...] décrivent ensuite clairement les performances qu'un(e) élève doit réaliser [...] ce qui n'exclut pas de 'tester' des exigences plus élevées, en tant qu'objectifs de processus d'apprentissage subséquents ou pour la différenciation des groupes d'apprenants ». L'idée centrale d'un standard minimum est de « ne pas 'laisser en arrière' les élèves les plus faibles. Tout établissement scolaire, tout apprenant ou enseignant doit avoir clairement conscience des exigences minimum attendues » (p. 24). Cependant, bien que séduisantes pour satisfaire à l'impératif d'équité de l'école publique, les expériences nord-américaines n'ont pas réussi à démontrer que l'évaluation de compétences minimum (*minimum competency testing* - MCT) influence de manière positive les performances des élèves (Müller & Silver, 2006).

Critères de qualité d'un standard

L'analyse de la littérature anglophone et germanophone (Behrens, 2006 ; Berner & Stolz, 2006 ; Huber, Spähni, Schmellentin & Criblez, 2006) fait apparaître une diversité extrême dans les dispositifs de standards existants au niveau international. Chaque standard est le fruit d'une démarche particulière, conditionnée par des facteurs contextuels et historiques. Sur la base de ses analyses, Klieme et al. recommandent un certain nombre de caractéristiques pour assurer la qualité des standards :
- les standards doivent refléter aussi clairement que possible les objectifs fixés et les compétences exigées,
- les standards doivent garder un lien étroit avec les disciplines ou les branches d'enseignement et tenir compte des principes qui les

régissent,
- l'approche par les standards, en règle générale, ne couvre qu'une partie d'un domaine d'étude, qu'elle considère comme le noyau de celui-ci,
- les standards renvoient à des compétences qui s'acquièrent par un processus d'apprentissage cumulatif,
- la formulation des standards doit être claire, concise et compréhensible pour tous les acteurs concernés. Non seulement ils fixent un seuil, mais ils établissent des distinctions entre différents niveaux de compétences sur un même continuum d'apprentissage,
- les standards doivent être applicables, c'est-à-dire s'appuyer sur des ressources disponibles jugées réalistes et suffisantes.

Müller et Silver (2006) en s'inspirant du contexte américain insistent sur le fait que les standards se doivent d'être cohérents d'un cycle scolaire à l'autre, en particulier au passage entre l'enseignement secondaire et l'enseignement tertiaire.

Cependant ces recommandations, certes précieuses, peuvent faire oublier que les critères de qualité des standards se déclinent avant tout selon la fonction qu'on leur attribue. Ce qui est souhaitable pour le monitorage risque d'être contreproductif dans la gestion des apprentissages. En effet, « des années d'expérience aux Etats-Unis ont prouvé que l'importance accordée aux tests basés sur des standards finit par conditionner les curriculums et l'enseignement, qu'on le veuille ou non. Les tests peuvent aussi avoir pour effet de réduire les curriculums pour n'inclure que des éléments destinés à être testés. Il est toujours plus facile de mettre sur pied un examen simple qui n'évalue que les tâches non complexes » (Müller & Silver, 2005, p. 59). Il faut également s'attendre à ce que les enseignants et les établissements conditionnent leur travail en fonction des enjeux en favorisant les « bons élèves » pour obtenir de « bons résultats », au détriment de ceux qui auraient davantage besoin de leur attention.

Les standards comme référentiels pour l'évaluation des réformes

La mise en relation de la logique d'enseignement par objectifs avec les modèles d'évaluation de programmes (Tyler, 1949), notamment le modèle d'évaluation de Provus (1971) (*Discrepancy Evaluation Model*) a

donné naissance au courant des réformes éducatives basées sur des standards (*standard based reforms*). Selon Lam (2004), ces réformes peuvent être modélisées par l'agencement cyclique de quatre étapes :
1. La définition de standards de performance pour les élèves, comme phase de référentialisation,
2. la responsabilisation des écoles et des enseignants quant à l'atteinte de ces standards,
3. l'évaluation à large échelle pour accélérer les changements dans les écoles, soutenue par des politiques d'encouragement,
4. l'utilisation des résultats de cette évaluation pour juger de la pertinence des réformes engagées et accompagner celles-ci.

Ces phases sont évidemment à nuancer en fonction des particularités de chaque système.

Les fondements des réformes basées sur des standards suggèrent que la mise en place de standards de performance non seulement pose le problème de la définition de ce qu'est une compétence et celui de la façon de l'opérationnaliser en performances observables, mais aussi favorise certains modèles théoriques d'apprentissage au détriment d'autres. Pour de nombreux observateurs, le fait de privilégier ainsi certaines méthodes d'apprentissage constitue une régression, par la mise en péril d'approches telles que le travail avec des situations-problèmes complexes. Cette tendance risque d'être renforcée par l'insuffisance théorique liée à la mesure. A en croire de Ketele et Gerard (2005), l'édumétrie, à l'heure actuelle, ne dispose pas d'un appareil méthodologique suffisamment large pour évaluer valablement les compétences complexes. De même, la tendance psychométrique à projeter sur une échelle mathématique unidimensionnelle le degré de maîtrise d'un ensemble d'items isomorphes n'est pas tenable lorsqu'on évalue la réalité multidimensionnelle des compétences complexes.

L'élaboration de standards

Plusieurs auteurs (Dubs, 2004 ; Elley, Hall & Marsh, 2005 ; Klieme et al., 2004) insistent sur la nécessité d'une bonne articulation entre les standards et les plans d'étude, ou du moins d'un consensus fort sur les contenus d'enseignement. Les standards doivent découler des finalités éducatives ; selon Dubs, ces dernières doivent être légitimées par un débat public et non pas découler d'avis d'experts.

Les expériences faites en Allemagne montrent que les standards s'élaborent soit en complétant les plans d'études par la définition des performances attendues, soit en rédigeant de nouveaux plans d'étude qui intègrent de telles indications. Dans ce cas, les standards font partie intégrante du curriculum. On observe également le développement indépendant de standards à côté des curriculums existants lorsqu'on développe un modèle de compétence, qu'il dépende ou non du curriculum. Ce dernier cas de figure s'applique au projet VERA (*Vergleichsarbeiten* - travaux comparatifs) qui mise directement sur le développement d'une banque d'items pour l'évaluation des élèves au terme du degré primaire (Helmke & Hosenfeld, 2004). Dans ce cas, la définition des standards intervient a posteriori : « on conçoit des situations-problèmes en collaboration avec un grand nombre d'enseignant(e)s et l'on élabore des tests selon des critères psychométriques ; ces tests seront ensuite standardisés au niveau de l'ensemble du système » (Klieme et al., 2004, p. 135) sur la base des données empiriques récoltées. Cette démarche s'inspire des approches méthodologiques mises en oeuvre dans le cadre des grandes enquêtes internationales, TIMSS, PISA et PIRLS.

En Suisse, le projet HarmoS a pris l'option de développer des standards sans passer par les curriculums. Afin de contourner l'épineuse question d'un accord consensuel quant aux finalités et aux objectifs des différents systèmes éducatifs cantonaux, les pouvoirs politiques ont préféré le détour par des standards se basant sur un modèle de compétence défini a priori et indépendamment des plans d'étude, du type cadre européen des langues. En fixant ainsi les performances attendues à la fin des cycles scolaires, le projet HarmoS cherche à obtenir un effet indirect sur les curriculums cantonaux. Il est à relever que ce projet national met sérieusement en question les travaux curriculaires réalisés en Suisse romande, qui ont abouti à un projet de plan d'études cadre pour l'ensemble des cantons francophones. Dans ce sens, la dimension évaluative n'est pas neutre. C'est d'abord un projet politique qui a conduit à l'élaboration des standards de formation dans une optique d'efficience. Le but n'est pas nécessairement l'amélioration de l'école, mais le contrôle de ses performances dans une logique de redevabilité.

Par conséquent, pour être valables dans plusieurs contextes culturels, les compétences ainsi définies doivent être extra-curriculaires. Elles sont issues d'une modélisation empirique des apprentissages, ce qui pourrait initier une référentialisation cognitive de l'évaluation. « Cette voie pragmatique facilite certes le lancement rapide de l'évaluation systématique des écoles et du monitorage de la formation, mais elle offre peut-être des possibilités de repère plus limitées aux enseignant(e)s... » (Klieme et al., 2004, p. 135).

Les standards pour quoi faire

Berner et Stolz (2006) en citant la *Mid-continent Research for Education and Learning* (McREL) constatent qu'il existe peu de consensus sur la question de savoir comment doit être conçue une éducation basée sur des standards. L'usage qui est fait des standards aux Etats-Unis fait apparaître que ceux-ci constituent des références considérées comme stables et valides, permettant d'évaluer avec précision les systèmes de formation, les établissements et les enseignants.

En règle générale, les résultats ainsi produits sont utilisés par les administrations scolaires très sensibles à la productivité et à l'efficience des écoles. L'efficacité des établissements est déterminée en termes d'*outputs* et les résultats des élèves en sont la mesure essentielle. La fixation de critères, d'objectifs et leur mise en oeuvre s'inscrit dans une rationalité économique où l'intention des politiques éducatives est d'abord de réguler et de distribuer des ressources de manière rentable et efficace (Normand, 2005) sur la base, précisément, d'évaluations fondées sur des standards. En d'autres termes, les politiques éducatives recèlent des enjeux importants, d'où l'utilisation du terme *high-stake testing* (test à enjeu élevé). Il existe une abondante littérature anglophone qui questionne les effets et la validité de ces évaluations. Dans le cadre de cet article, précisons simplement que l'existence même de ces dispositifs tend à stimuler la demande (McREL). Leur construction et leur mise en œuvre absorbent des moyens financiers considérables au détriment des mesures de remédiation, comme les moyens d'enseignement, les curriculums et la formation des enseignants.

La perspective d'un monitorage des systèmes sur la base de résultats est certes séduisante, mais ce n'est pas une affaire simple. Goldstein (2004) et Wolf (2000) attirent l'attention sur le présupposé central, mais erroné, que les standards restent une référence stable dans la durée. Elley et al. (2005) à leur tour critiquent la forte variabilité d'une année à l'autre constatée en Nouvelle-Zélande, qui met sérieusement en question l'utilisation des standards comme base décisionnelle dans la carrière scolaire des enfants. Ces deux constats montrent bien le processus cyclique du développement des standards qui, selon Müller et Silver (2006), « ne s'arrête jamais, car les évaluations doivent sans cesse être adaptées pour refléter le curriculum, les méthodes d'enseignement doivent être adaptées pour permettre la réussite du plus grand nombre d'élèves, les standards de contenu doivent être réactualisés, etc. » (p. 58).

On peut donc s'interroger sur la manière d'utiliser ces informations dans une logique de monitorage et, avant le lancement de tels travaux, il convient de bien définir les fonctionnalités évaluatives recherchées et de préciser les rapports de redevabilité.

Perspectives

La demande politique pour des standards de formation ouvre donc un large débat qui, du point de vue scientifique, se heurte aux questionnements classiques de l'évaluation. Nous pouvons d'ores et déjà affirmer que les expériences faites nuancent la visée téléologique de ces dispositifs que certains interprètent comme une transformation de l'institution scolaire pour l'intégrer à la nouvelle économie du savoir. Néanmoins, le chantier ainsi ouvert offre un immense potentiel d'investigation qui, à terme, pourrait constituer une formidable base de connaissances empiriques, laquelle représentera une avancée significative pour la recherche éducative. Si les milieux de la recherche parviennent à contenir les dérives constatées ailleurs, si les travaux aboutissent à des modèles de compétence, si ces modèles permettent des mesures récurrentes de nos systèmes éducatifs, il deviendra possible de consolider nos connaissances sur le fonctionnement de ceux-ci, de questionner certaines propositions didactiques (Schneuwly, 2005) et d'identifier enfin les éléments du système qui apportent une réelle valeur ajoutée dans les processus d'apprentissage de nos élèves.

1.2 LES REFERENTIELS

Les référentiels entre théorie et méthodologie

Gérard Figari

En introduction : l'objet « référentiel » en liaison avec l'évaluation

Les « référentiels » sont devenus des objets d'étude depuis qu'ils ont envahi le terrain des pratiques de formation et d'évaluation. A la fois procédures et processus, ils influencent profondément les jugements évaluatifs : longtemps considérés comme des objets « déjà là », normatifs et n'ayant pas donné lieu à investigation, ils apparaissent de plus en plus dans les publications sur l'évaluation comme des articulations entre travail et formation aussi bien qu'entre apprentissage et évaluation et, notamment, par le recours à la notion de compétence. C'est dans ce sens qu'ils demandent à être étudiés, critiqués et théorisés.

« Incontournables » pour les uns, outils d'assujettissement de la formation au pouvoir économique pour les autres, pouvant être considérés comme des « niveaux de qualification des travailleurs » (Canario, 2006, p. 29), les référentiels constituent, en tous cas, un objet polymorphe et polysémique manipulé de manière différente et parfois même contradictoire, d'abord dans le contexte de la formation professionnelle, puis, peu à peu, dans le monde scolaire. Ils ont acquis une place prépondérante dans la conception de la formation et, par voie de conséquence, dans les pratiques d'évaluation de la formation, de ses dispositifs et de ses programmes. Ces systèmes de référence qui servent à attribuer du sens à des résultats d'évaluation sont de plus en plus explicites mais fonctionnent tout autant lorsqu'ils sont implicites.

Ils comportent des dimensions :
- *institutionnelles* (des ministères, des organisations, des entreprises éditent des référentiels qui représentent les objectifs de leurs instances hiérarchiques),
- *pédagogiques* (il existe des référentiels de formation, d'apprentissage, dans la lignée de la pédagogie par objectifs, constitués de

« catalogues » d'objectifs hiérarchisés servant à la programmation de la formation et à son évaluation),
- *économiques* (on trouve des « référentiels-emploi » consistant en descriptions de postes de travail qui nourrissent les objectifs d'adaptation et qui donneront lieu à évaluation),
- *professionnelles* (les « référentiels de métiers » existent dans de nombreuses branches professionnelles et permettent de décrire les compétences attendues et donc évaluables, dans un métier donné).

Ils sont, d'autre part, porteurs de fonctions :
- *téléologiques* (consistant à indiquer les orientations à moyen et long terme d'une institution, orientations qui se prêteront à évaluation),
- *normatives* (consistant à fixer des buts, des objectifs contraignants auxquels les opérateurs doivent se soumettre ou, par comparaison, auxquels ils sont invités à mesurer la conformité de l'objet observé),
- *scientifiques* (indiquant les modèles de référence théoriques qui servent à construire l'objet en cause et le questionnement que l'évaluation va lui administrer),
- *méthodologiques* (lorsqu'ils aident à élaborer des indicateurs autour desquels seront définis les descripteurs de la performance et/ou de la compétence),
- *communicationnelles* (quand ils sont utilisés pour expliquer les fondements d'un projet ou pour constituer un objet de discussion entre des acteurs invités à les appréhender).

Enfin, les référentiels constituent un enjeu idéologique et sociétal dans les choix qui interviennent dans les systèmes de formation. Pastré (1999) pense que dans une société marquée par l'anomie, le besoin de se référer à des normes ou à des règles collectives et/ou institutionnelles est compréhensible et respectable alors que d'autres, comme Bonniol et Vial (1997, p. 22) réduisent les référentiels à des « corps de préconisations pour l'agent ». Ces objets peuvent tout aussi bien être perçus comme des machines à normer, comme des outils de partage ou d'appropriation des enjeux d'une formation par les acteurs-utilisateurs et comme des procédures de modélisation de l'évaluation. Une exploration dans les sites internet fait apparaître l'existence de « référentiels » de toutes natures mais ne renvoie à aucune littérature de recherche. Cela ne veut pas dire que la question ne donne pas lieu à investigation : il faut chercher ailleurs, au sein même des travaux sur la formation et l'évaluation.

Il paraît donc utile de décrypter les caractéristiques de cet objet, si présent et si équivoque à la fois, tant dans l'organisation des apprentissages scolaires que dans la formation professionnelle.

La notion de référentiel et les notions afférentes

Parmi les notions qui ont envahi le vocabulaire de l'évaluation, le « référent » avec ses dérivés (référentiel, référentialisation, etc.) constitue peut-être celle qui a introduit le plus de changements et développé le plus de malentendus et de dérives.

La notion de référent

Le « référent », en linguistique, désigne l'élément extérieur à quoi quelque chose peut être rapporté. L'essentiel de cette signification se retrouve dans les usages du mot pour ce qui concerne le champ de l'évaluation. Ainsi, selon la majorité des auteurs, évaluer consisterait à confronter deux types de données : des données qui sont de l'ordre du fait observé (référé) et des données qui sont de l'ordre des éléments de comparaison choisis pour attribuer du sens au fait observé (informations « faisant référence », état souhaité de l'objet). Le référent fait l'objet d'un choix de l'évaluateur, choix qui entraîne l'ensemble de la procédure et représente donc une certaine conception de l'évaluation (Figari, 1993, 1994). On aperçoit ici les dérives possibles du recours aux référentiels si le référent est réduit au « souhaité », à l'idéal ou la norme, dérives fréquentes dans le monde de la formation et qui limitent la portée d'une évaluation à une vérification de conformité.

La notion de référentiel

Le « référentiel » est, on le sait, une notion utilisée dans plusieurs disciplines comme en mathématiques (où le « référentiel cartésien » désigne le système permettant de situer un point dans l'espace par rapport à des axes de coordonnées) évoquant tout simplement un ensemble de référents choisis pour décrire un objet. On voit apparaître alors tout l'intérêt que peut comporter l'élucidation de ce que l'on pourra considérer par la suite comme un « référentiel d'évaluation » ayant pour fonction de rapporter les résultats de toute évaluation au point de vue construit par l'évaluateur et par ses partenaires (visualisé à travers un ensemble « d'axes »). C'est ce que Crahay, citant Noizet et Caverni (1978), formule, dans cet ouvrage : « tout évaluateur sélectionne des observables qu'il va interpréter en fonction de systèmes de références ».

On est loin du « catalogue de capacités ou d'objectifs », auquel a été attribuée, à tort, la même appellation qui a dévié de son sens général, en ne retenant que les référents à dimension normative. Mais on reste tout de même ainsi dans l'optique d'un instrument, d'un ensemble statique de catégories préformées pouvant rappeler les problèmes précédents. Pour éviter les confusions et pour distinguer ces deux domaines d'utilisation de la notion de « référentiel », on a besoin d'une autre formulation : c'est ici qu'intervient l'intérêt du recours à la notion de « référentialisation » (Figari & Achouche, 2001).

La notion de référentialisation

Elle a déjà été utilisée (Figari, 1994 ; Figari & Achouche, 2001) pour désigner l'ensemble des procédures consistant à modéliser l'évaluation et à élaborer un protocole qui établit un lien logique entre référents, critères et indicateurs de l'évaluation. Dans ce sens, toute évaluation est tributaire de sa « référentialisation ». La question à poser à tout dispositif d'évaluation ainsi qu'à tout résultat proclamé d'évaluation est, en effet, celle qui consiste à demander d'expliciter la référentialisation qui en été réalisée. On peut alors envisager la référentialisation :
- comme notion « active », définissant la partie de l'activité évaluative qui consiste à invoquer des référents justifiant le choix des critères et des indicateurs de l'évaluation,
- comme modélisation des référés et des référents, processus qui sera évoqué infra et qui constitue une théorisation préalable à l'évaluation,
- comme méthodologie au sens de « logos de la méthode ».

Conceptualisation, théorisation, modélisation comme fondements des référentiels

De manière générale, on assiste à la progression d'un mouvement d'idées issu de travaux nord-américains qui reconnaît l'existence d'un espace pour théoriser l'évaluation. Selon ces travaux, il existerait une voie pour construire une « théorie pragmatique » de l'évaluation. La construction des méthodologies de l'évaluation et, donc, le statut des référentiels, en sont affectés. Le « référentiel » est d'abord une conceptualisation : il s'agit de déterminer les éléments de la représentation que l'on construit d'un objet. Cette représentation appelle une justification théorique et une modélisation préalable.

Une justification théorique

Le référentiel constitue d'abord un appareillage théorique. Ceci n'est pas nouveau : la littérature portant sur l'évaluation de programme développe l'idée selon laquelle l'évaluation s'appuie sur la théorie. L'article de Dubois et Marceau (2005) évoque les fondements théoriques des choix évaluatifs. Selon les auteurs, lorsque l'évaluation obéit à une démarche scientifique, ce sont « les théories qui guident la recherche empirique ». L'évaluation est ainsi réalisée sur « la base de modèles qui orientent l'évaluateur dans son choix » (p. 12).

L'abondante bibliographie sur l'évaluation de programme présentée par Shadish, Cook et Leviton (1991) et analysée par Younès (2006) illustre cette idée et laisse entrevoir les fortes liaisons entre conceptions, théorisations et méthodologies de l'évaluation.

Certes, selon Younès, les chercheurs ne privilégient pas tous le même type de connaissance à produire : par exemple, « la tradition objectiviste représentée par Campbell et Scriven privilégie la connaissance causale. A l'opposé, un paradigme initié par Stake (1980) puis développé, entre autres, par Cranton (2001) qui s'enracine dans une épistémologie constructiviste, interprétative et herméneutique, privilégie la connaissance utile, pluraliste, la découverte » (p. 119). Cronbach et Rossi visent, par l'évaluation, la construction de connaissance et l'utilisation de la connaissance. Rossi et Freeman (1985) définissent comme « compréhensives » des évaluations qui réalisent, à la fois, une « conceptualisation » et un « modèle d'intervention », un « contrôle de l'implantation du programme » et « l'évaluation de l'utilité du programme » (p. 38). On comprend bien que les choix théoriques sont ouverts mais que le système de références d'une évaluation est, par nature, tributaire de ces choix.

La référentialisation, comme processus de modélisation des référés et des référents

La modélisation constitue l'étape intermédiaire entre la théorisation et la méthodologie que l'on retrouve dans l'opération d'évaluation : c'est précisément l'étape du référentiel. On a des exemples de modélisation préalable chez des auteurs comme Stufflebeam (1980) avec le CIPP, bien connu, qui organise le traitement des informations autour de la prise en compte du Contexte, de la description des Intrants, de l'élucidation des Processus et de l'observation du Produit. Nous avons également proposé de modéliser l'évaluation du dispositif éducatif (Figari, 1994) avec ICP, proche de la précédente modélisation, mettant en relation, dans un processus d'évaluation, les données Induites par le contexte avec des données Construites par l'action éducative et des données Produites dans les résultats obtenus). A la différence de Stufflebeam, il ne s'agit pas, ici, d'un modèle linéaire et prescriptif mais circulaire et interrogatif, considérant chacun des trois éléments constitutifs du fonctionnement du dispositif comme jouant tour à tour les fonctions de référent et de référé.

La référentialisation, en repérant les référents, en délimitant les référés et en mettant en scène leurs relations, constitue une forme de modélisation, construction préalable simulant les propriétés du réel. Ainsi, la modélisation qu'elle réalise consiste à figurer le traitement des « données d'entrée » (comme les programmes, les dispositifs, les informations sur la population concernée, ainsi que les objectifs, les projets, les stratégies, etc.) et à en prévoir (par le biais des indicateurs) les « données de sortie » possibles (comme les performances, les compétences, les changements, etc.).

En résumé, l'explicitation de la « référentialisation » permet d'interpréter les référentiels en ignorant le rôle de catalogue de normes et de prescriptions qu'on leur attribue très souvent pour repérer ce qui représente l'intérêt essentiel, c'est-à-dire les modélisations de l'évaluation qu'ils induisent et la valeur des interprétations qu'ils conditionnent.

Construction des référentiels

Cette question est peu traitée dans la littérature. On a expliqué plus haut les raisons de cette absence : perçus par les acteurs de la formation professionnelle comme des objets déjà finalisés par les institutions et organisations qui les auraient légitimement produits, les référentiels n'avaient pas à être justifiés. Les nouvelles pratiques de validation des acquis de l'expérience ont introduit un besoin très fort de remise en question des méthodes de construction des référentiels notamment à cause de l'irruption de la notion de compétence : les problèmes de définition de ce que recouvre la compétence ont amené les évaluateurs à s'interroger sur le rôle essentiel que les référentiels jouaient dans les décisions des jurys (Mayeux, Mayen & Savoyant, 2006 ; Prot, 2003).

La même question a été traitée à propos des baccalauréats professionnels, en France, dans l'étude de Chatel (2004) qui soulève les problèmes d'écriture des référentiels. L'auteur analyse les référentiels utilisés dans ces diplômes de fin d'études secondaires professionnels comme des tentatives d'articuler la formation scolaire et l'activité professionnelle ultérieure. Il s'agirait d'une sorte de traduction entre deux registres d'activité, celui de la vie professionnelle et celui de l'apprentissage scolaire. « Le maître mot de la relation entre ces divers registres est le mot de compétence. Les activités principales auxquelles l'élève doit être formé pour l'avenir professionnel sont déclinées en grandes compétences qui sont détaillées dans le référentiel de certification. Elles sont ensuite traduites en savoirs pour en permettre l'enseignement » (p. 1035). Mais ce protocole, destiné à guider l'action, n'est pas toujours maîtrisable par les enseignants chargés de le traduire en modalités d'enseignement car ils ne sont pas « spécialistes » de l'ensemble des compétences annoncées. Cette remarque de l'auteur repose ici le problème de la « référentialisation » c'est-à-dire de la construction de ces documents de référence. Il reste à se demander quelle est leur légitimité, quels acteurs ont la compétence pour les élaborer, quelle méthodologie ils utilisent pour le faire, quels référents scientifiques justifient les choix théoriques et notionnels qui président aux découpages du savoir et du savoir-faire dont ils organisent la validation, comment ils sont testés, quelles marges d'adaptation et de modifications ils offrent, quelles utilisations peuvent en être faites.

En conclusion : étudier la référentialisation des référentiels

Faire le point sur l'emploi d'une notion-clé comme celle de référentiel dans le discours sur (et de) l'évaluation revient à mettre en valeur les éléments suivants :
- les premiers travaux sur les nouvelles formes d'évaluation induites par les pratiques de validation des compétences acquises par l'expérience ont rendu évident le rôle essentiel joué par les référentiels, entre travail et compétences, entre formation et évaluation, entre expérience et validation.
- il devient d'autant plus clair, aujourd'hui, que les opérations d'évaluation, quelles qu'elles soient, fonctionnent sur des référentiels (implicites ou explicites ; normatifs ou scientifiques ; explicatifs ou instrumentatifs).
- on arrive à s'apercevoir que ne pas s'y référer pour délivrer des interprétations de résultats d'évaluation prive ces derniers de toute crédibilité et de toute utilisation pour un dialogue entre les partenaires de l'évaluation.
- un « référentiel » non explicité, non fondé sur une théorisation, redevient ce qu'il n'aurait jamais dû cesser d'être, c'est-à-dire un objet dont le statut ne dépasse pas celui d'une information sur les finalités et les normes du pouvoir institutionnel ou pédagogique qui l'a produit.

C'est pourquoi les recherches sur la référentialisation disposent de plus en plus d'éléments à traiter (modélisation de l'objet, modélisation de l'évaluation, subordination des indicateurs à ces modélisations). Elles contribuent à poser et à se poser, sans cesse, les questions essentielles concernant les fondements de l'évaluation.

2. CENTRATION SUR LES INDICATEURS

Qu'indiquent les indicateurs en matière d'éducation ?

Marc Demeuse

Dans le champ de l'éducation, les indicateurs ne se limitent pas au seul domaine de l'évaluation des politiques éducatives, comme l'atteste par exemple la première acception du concept dans le dictionnaire de Legendre (1993) : « comportement ou élément d'une performance ou d'un processus, qui renseigne sur la progression ou la réalisation des apprentissages » (p. 707). Néanmoins, ce domaine constitue certainement celui dans lequel ils se sont particulièrement développés, multipliés et diversifiés, offrant aux chercheurs, mais aussi au grand public, de très nombreuses publications. C'est la raison pour laquelle ce chapitre se concentrera sur ce domaine.

Définir le concept d'indicateur

Le concept d'indicateur est central dans le domaine de l'évaluation. Raynal et Rieunier (1997) en proposent la définition suivante : « élément significatif, repérable dans un ensemble de données[1], permettant d'évaluer une situation, un processus, un produit... Un indicateur est en principe toujours référé à un critère. Utiliser un ou plusieurs indicateurs, c'est instrumenter une observation. [...] En pédagogie, l'observation d'une situation, d'un comportement, d'un produit ou d'un processus ne peut se conduire sans la définition préalable d'indicateurs de 'lecture', eux-mêmes reliés à un critère de décision. Les indicateurs permettent en fait de décoder l'information pour en tirer une signification précise ». Les auteurs précisent que c'est la confrontation d'une performance, à travers les indicateurs observés, à une référence critère, c'est-à-dire un modèle préétabli ou un référent, qui « permet d'évaluer cette performance, et de décider si oui ou non elle correspond au niveau de maîtrise fixé par l'objectif » (p. 173).

---

[1] En ce sens, le terme « indice » peut, selon les auteurs, être considéré comme synonyme.

De Landsheere (1992) propose, pour sa part, une définition d'indicateur directement liée au pilotage des systèmes éducatifs : « mesure destinée à servir le pilotage, un indicateur est une statistique directe et valide informant sur l'état et les changements d'ampleur et de nature, au cours du temps, d'un phénomène sociétal jugé important » (p. 478). Darling-Hammond (1994) précise : « les indicateurs peuvent être définis, de façon simple, comme des données statistiques homogènes ou composites, traduisant les caractéristiques importantes d'un système, par exemple l'éducation, la santé, l'économie. Leur 'fonction primordiale [...] est de caractériser la nature d'un système à travers ses composantes, les relations d'interdépendance existant entre celles-ci, et leur modification dans le temps. Ces informations peuvent servir à mesurer les progrès accomplis vers la réalisation d'un objectif ou d'une norme, par rapport à un point antérieur, ou encore par comparaison avec les résultats d'un système ou d'un pays différent' (Shavelson et al., 1989, p. 4). Les indicateurs sont donc par nature des instruments d'évaluation et non de simples vecteurs d'information » (p. 387). Et, empruntant à nouveau à Shavelson et ses collègues, elle ajoute : « les statistiques sont considérées comme des indicateurs uniquement si elles servent comme moyen de mesure » (p. 5).

Cela nous amène, avec Debeauveais (2002), à distinguer plusieurs types d'indicateurs :
- des indicateurs de situation, comme les taux de scolarisation ;
- des indicateurs d'évolution ;
- des indicateurs de moyens, notamment financiers ;
- des indicateurs de processus, comme ceux relatifs à la carrière scolaire des élèves (taux de redoublement, d'abandons, de passage d'un cycle scolaire à l'autre) ;
- des indicateurs de résultats, comme ceux issus du PISA à propos des compétences des jeunes de quinze ans.

Ces différents types d'indicateurs doivent tous présenter un certain nombre de qualités, au rang desquelles la validité et la pertinence, notamment politique, la robustesse et la comparabilité dans le temps et l'espace, l'accessibilité à un coût acceptable et la calculabilité, la fidélité et le caractère crédible nécessaire à leur prise en compte par des acteurs d'horizons variés, ainsi qu'une certaine convivialité ne les réservant pas aux seuls spécialistes qui ont participé à leur construction.

A propos de la distinction entre indicateur et critère, Raynal et Rieunier (1997) ne clarifient pas les choses lorsqu'ils précisent la définition de « critère » : « élément d'information, défini dans un système d'évaluation, qui permet de décider si une qualité quelconque est présente ou non dans l'objet évalué » (p. 95) puisqu'ils sont amenés à poursuivre : « un critère est généralement constitué d'un faisceau d'indicateurs. Dans certains cas (lorsqu'un seul indicateur suffit pour prendre la décision), le critère peut être confondu avec l'indicateur ». On se rapportera donc plus volontiers à Bonniol (1988, cité par Figari, 1994) pour définir le concept de critère : le critère est « une dimension de l'objectif que l'évaluateur choisit de privilégier comme référence parmi d'autres [...] Ce qui justifie la référence choisie, c'est l'objectif visé, la qualité recherchée, la valeur privilégiée » (p. 110).

Un développement sur plus d'un quart de siècle

Il est délicat de situer exactement les débuts des travaux sur les indicateurs dans le domaine de l'évaluation des politiques éducatives. Ceux-ci peuvent sans doute être associés à plusieurs développements dans le domaine de l'éducation comparée, dont le moindre n'est pas la création de l'Association pour l'évaluation du rendement scolaire (IEA) en 1958 autour d'un groupe de chercheurs en éducation réunis à l'Institut d'éducation de l'UNESCO à Hambourg. Ces fondateurs souhaitaient mettre en œuvre un projet commun de recherche dans le domaine de l'évaluation des élèves et des établissements scolaires, dans une perspective internationale et comparative. Il ne s'agissait pas alors simplement de réaliser un état de lieux et encore moins de procéder à des classements, mais de mieux comprendre la situation des différents systèmes éducatifs en utilisant le monde comme un laboratoire. L'approche comparative devait permettre la mise en évidence des facteurs associés à une plus grande efficacité dans des systèmes complexes et difficiles à manipuler de manière réellement expérimentale. Ces analyses de l'efficacité relative des systèmes éducatifs, ainsi que d'autres dimensions, comme leur équité, vont favoriser le développement des indicateurs dans le domaine éducatif (Cytermann & Demeuse, 2005).

Dans la seconde moitié des années 1980, la préoccupation de ces scientifiques pour le rendement scolaire se communique aux gouvernements et à leurs agences. Cette époque voit apparaître les premiers systèmes nationaux permanents d'évaluation aux Etats-Unis, en Angleterre et en France, puis dans d'autres pays, comme la Suède, l'Espagne ou l'Italie. C'est aussi à la fin des années 1980, après une première tentative avortée de l'OCDE en 1973 (Bottani & Tuijnman, 1994), que le Centre de recherche et d'innovation dans l'enseignement (CERI) de l'OCDE lance le projet de construction d'un système d'indicateurs internationaux sur l'éducation qui donnera lieu à la publication, à partir de 1992, des *Regards sur l'éducation*. Ce projet dénommé INES se propose, dès l'origine, de définir, recueillir et publier un ensemble d'indicateurs sur l'état de l'éducation dans les pays membres de l'OCDE. Ces indicateurs sont organisés autour de quatre domaines : le contexte dans lequel le système éducatif prend place, les ressources, les processus et les résultats des activités éducatives. Ce dernier domaine sera, au départ, principalement couvert par les données fournies par l'IEA, jusqu'à la mise en place d'un système autonome, le Programme international pour le suivi des acquis des élèves, mieux connu par son acronyme PISA et la première évaluation menée dans ce cadre en 2000. Dans le même temps, la publication de l'OCDE qui est passée entre 1992 et 2004, de 152 pages en deux langues à 500 pages, soit en français, soit en anglais, s'est progressivement transformée et a perdu beaucoup de sa lisibilité initiale, rendant nécessaire la production, par l'OCDE elle-même, d'autres publications plus synthétiques, comme *Analyse des politiques de l'éducation*. De manière à contextualiser, expliciter ou mettre en perspective la multitude de données rendues disponibles par l'OCDE, certains pays ont développé leurs propres « clés de lecture », comme en Communauté française de Belgique[2].

Comme le précise Magy (1998), « si la demande de données très désagrégées est importante, il existe également une demande d'informations synthétiques permettant de connaître rapidement et

---

[2] Sept numéros des *Clés de lecture de regards sur l'éducation* ont été publiés à ce jour (http://www.dri.cfwb.be/publications.asp).

objectivement les principales facettes du système d'enseignement et son évolution. Cette demande émane surtout des décideurs de tous niveaux, désirant être éclairés sans devoir recourir à la manipulation de données brutes » (p. 125). Elargie au grand public, une telle demande doit aboutir à la sélection des données pertinentes, à leur mise en relation et au « calcul d'indices pouvant mettre en lumière diverses particularités du système éducatif. [...] Le tableau de bord[3] ainsi constitué permet de porter un jugement, favorable ou non, sur le fonctionnement du système et de rendre compte à la collectivité de la quantité de ressources accordées à l'éducation, des activités mises en place et des résultats obtenus ».

Le développement des indicateurs nationaux et internationaux est concomitant, ainsi, en France, la première publication de l'Etat de l'école, en octobre 1991, suit d'un mois la décision de publier le premier volume des *Regards sur l'éducation* de l'OCDE (Cytermann & Demeuse, 2005).

Au niveau européen, Eurydice, sur une base plus irrégulière que l'OCDE, publie ses *Chiffres clés de l'éducation*. Contrairement aux *Regards sur l'éducation*, la publication européenne a su conserver sa présentation initiale, en dépit d'un accroissement de volume.

L'UNESCO contribue également à la publication d'indicateurs en matière d'éducation, notamment à travers les indicateurs de développement humain publiés par le Programme des nations pour le développement. Malheureusement, ces derniers sont insuffisamment discriminants pour ce qui concerne les pays développés économiquement.

Mais les travaux relatifs aux indicateurs ont été précédés par bien d'autres. Ainsi, la quatrième conférence des ministres européens de

---

[3] Le premier tableau de bord en matière d'éducation en Belgique francophone a été publié, dans une forme expérimentale, en septembre 1994 et sera suivi de quelques numéros, publiés de manière occasionnelle par le service des statistiques. Il faut attendre le décret du 27 mars 2002 sur le pilotage pour voir inscrite l'obligation légale de produire des indicateurs et pas seulement des données désagrégées.

l'éducation, tenue à Londres en avril 1964, impulse différents travaux, dont la publication en 1967 d'un manuel intitulé *Méthodes et besoins statistiques de la planification de l'enseignement*, puis celle, entre 1972 et 1975, d'une classification de chacun des systèmes d'enseignement de manière à faciliter les comparaisons internationales (Bottani, 2001). Le Bureau international de l'éducation a également, bien plus tôt, entre 1933 déjà et 1969, fait paraître son *Annuaire international de l'éducation*, mais il ne s'agit pas alors à proprement parler d'indicateurs, mais de statistiques.

Vers des politiques éducatives gouvernées par des objectifs chiffrés et des comparaisons (*benchmarking*)

Les indicateurs, s'ils permettent d'apprécier des situations passées, conduisent aussi à baliser l'avenir. Ainsi, en 2000, le Conseil européen de Lisbonne définit-il une nouvelle approche en matière de coordination politique applicable dans les domaines de l'éducation et de la formation. Celle-ci, précisée lors du Conseil européen de Barcelone, en 2002, repose sur la définition d'objectifs chiffrés et d'indicateurs (processus de *benchmarking*). Au niveau national, à la même époque, en France, la loi organique aux lois de finances (LOLF) est adoptée et introduit la mesure des résultats de l'action publique dans la procédure budgétaire, notamment au moyen d'indicateurs, comme le précise le texte de loi. En Belgique francophone, le Projet de contrat pour l'éducation, puis le Contrat pour l'école, publié en 2005 par le Gouvernement, sans avoir la même force légale, présente les axes prioritaires en matière d'enseignement, fixant des objectifs chiffrés et des indicateurs associés permettant d'évaluer rétrospectivement les politiques menées.

Construire des indicateurs : une affaire politique ?

La sélection des indicateurs, comme le précise Baye (2005), procède à la fois de choix scientifiques, mais aussi politiques puisque l'usage en est principalement orienté vers la décision et le pilotage. Cela conduit, derrière une apparente objectivité des données, à interroger la subjectivité ou, au moins, l'intention des concepteurs, et au-delà la pertinence et les limites de la démarche. Darling-Hammond (1994) précise cette idée : « tout ce qui, intrinsèquement, remplit une fonction d'évaluation, implique évidemment des jugements de valeur. Les décisions relatives aux indicateurs de l'enseignement sont fonction des objectifs poursuivis par différents acteurs au sein de la société. Différentes théories sur la finalité de l'école imposent des champs d'investigation différents (Eisner & Vallance, 1974). Aussi l'évolution de la perception qu'a une société - ou le parti politique dominant du moment - de ses besoins et de ses objectifs en matière éducative peut-elle influencer la nature des données collectées et l'usage qui en est fait. Du coup, les indicateurs contrôlés par les pouvoirs publics ont eu tendance à refléter les idéologies politiques et sociales dominantes de chaque période historique, et des politiques ont été mises en oeuvre pour satisfaire - ou dans certains cas contrecarrer - les priorités affichées en matière d'éducation » (p. 388).

Dans cette perspective, il arrive que les données qui permettraient de réaliser un outil conforme aux priorités politiques ne soient pas toujours disponibles. Un exemple très clair apparaît à travers le Rapport européen sur la qualité de l'éducation scolaire, publié en 2000 par la Commission européenne puisque, parmi les seize indicateurs, plusieurs ne peuvent s'appuyer sur des données ou doivent recourir, comme pour la connaissance des langues étrangères, à une approche indirecte (Demeuse & Blondin, 2001).

A côté des domaines classiques et surtout centrés sur l'efficacité quantifiable, des domaines nouveaux ou, plus exactement, des développements spécifiques, apparaissent. Ainsi, le Groupe européen de recherche sur l'équité des systèmes éducatifs (Nicaise Straeten, Baye & Demeuse, 2005) propose un ensemble cohérent d'indicateurs d'équité à l'échelle des 25 Etats-membres de l'Union. Au niveau régional, de son côté, Baye Hindryckx, Libon et Jaspar (2005) proposent de mesurer de manière spécifique la transition entre l'école et la vie active en Wallonie, en construisant un canevas d'indicateurs internationaux.

Conclusion

L'une des spécificités souvent oubliée des indicateurs et rappelée par Wyatt (1988, cité par de Landsheere, 1994), réside dans le fait que si les indicateurs permettent de révéler les problèmes, ils ne fournissent pas les solutions. Piloter, comme le rappelle de Landsheere, c'est donc bien plus qu'accumuler des indicateurs. Et de poursuivre en insistant sur l'importance de l'interprétation des données. Pour ce faire, il convient de disposer de modèles cohérents de fonctionnement des systèmes éducatifs pour, à la fois, identifier correctement les informations à collecter et aider à interpréter les indicateurs ainsi construits. Cette réflexion souligne bien l'importance, dans le domaine des politiques éducatives également, de l'évaluation, effectuée sur la base de données solides et valides. Cette composante essentielle, qui vise à donner du sens, ne peut être aisément confiée, soit à des personnes étrangères à la prise d'information et à l'élaboration des indicateurs, soit à des techniciens qui ne bénéficieraient pas d'une vision claire du système étudié, de son histoire, de son organisation, des acteurs impliqués…

C'est ce que souligne également Darling-Hammond (1994) en mettant en garde contre la prise en compte exclusive de ce qui peut se chiffrer au détriment d'autres informations, alors même que la manière dont sont construites ces variables et dont les phénomènes eux-mêmes fonctionnent est passée sous silence ou reste l'affaire de quelques spécialistes. Comme dans l'ensemble des domaines qui font l'objet de mesures, l'apparente précision ne peut masquer l'absence de validité des outils, ni l'importance des choix posés. Collecter telle ou telle donnée, ou ne pas le faire, n'est pas seulement une question technique, mais ne pas faire de choix, c'est aussi rendre impossible la compréhension d'un système dont la représentation resterait trop complexe. L'art de produire des indicateurs suppose donc, au-delà de la maîtrise technique, la capacité de faire des choix éclairés, soutenus par une bonne connaissance du système sous étude.

3. DOCIMOLOGIE ET TECHNIQUES DE MESURE

3.1 LA DOCIMOLOGIE ET LA REFLEXION SUR LES NOMBRES

Genèse d'une science éphémère

Marie-Claire Dauvisis

Prémisses

Au début du 20ème siècle, la psychologie s'est dotée de la mesure. Elle affirmait que tous les attributs humains, à l'instar des caractéristiques physiques, pourraient être objets de mesure : la psychométrie mettait là toutes ses énergies. Malgré les désenchantements ultérieurs, l'approche positiviste d'alors ne doutait pas de cette perspective : en témoignent les développements de la psychométrie et des batteries d'instruments. Ainsi des repères stables et fiables pouvaient être élaborés qui serviraient à apprécier les qualités d'autres instruments pour la comparaison sociale, y compris ceux du système scolaire : ce fut l'origine de la démarche de Piéron lorsque, dans la toute première expérience en 1922, il entreprit de comparer les résultats du Certificat d'études primaires aux résultats des tests ; les conclusions s'avérèrent peu en faveur des modes de sélection du système scolaire.

De la docimologie à l'évaluation

Des repères

Si les premiers travaux ont eu une faible publicité, l'acharnement de Piéron à promouvoir cette nouvelle science, nommée « docimologie » dès 1923, s'est manifesté au travers des travaux ultérieurs menés avec Laugier et Weinberg. Ceux de la Commission Carnegie en 1936 concernant la cotation au Baccalauréat, en France, et ceux sur les copies du même examen dans l'Académie de Paris en 1955 occupent une place prototypique : ils révélaient au grand public les écarts potentiels entre les divers évaluateurs d'une même copie et ceux d'un même évaluateur à deux moments. En publiant ces résultats *Docimologie et examens*, Piéron

(1963) consacrait à la fois le nom de la nouvelle science et les résultats inquiétants qu'elle mettait à jour.

Suite à cet ouvrage emblématique, en France, dès 1969, un numéro de la revue *Les Sciences de l'éducation*[1] s'intitule *Docimologie et éducation*, tandis qu'en Belgique des ouvrages assurent la diffusion du nouveau terme : *Evaluation continue et examens. Précis de docimologie* de de Landsheere (1971) qui contribue à diffuser ce nom dans les milieux pédagogiques avec les travaux développés autour de l'évaluation scolaire. Le Laboratoire de pédagogie expérimentale de Louvain-la-Neuve œuvre aussi dans ce domaine : Bonboir (1972) vulgarise *La docimologie* dans une édition à large diffusion ; vingt ans plus tard, De Ketele (1982) publie un livre, à diffusion plus restreinte, présentant des apports méthodologiques et s'intitulant *Docimologie*.

Dans le même temps en France, l'INETOP[2], avec Reuchlin et Bacher, poursuit la ligne ouverte par Piéron. Des travaux universitaires se développent dès les années 1960, à l'Université d'Aix-en-Provence, dans l'équipe de Noizet et de ses assistants (Bonniol, 1965) : ils tentent de comprendre le fonctionnement de l'évaluation et des acteurs engagés. Le congrès de l'AISE[3] en 1973, à Paris, fait connaître leurs recherches concernant un modèle explicatif et *Psychologie de l'évaluation scolaire* (Noizet & Caverni, 1978) diffuse les résultats de ces recherches vers un plus large public. Enfin, à partir de 1975, des travaux menés dans les IREM[4], notamment à Toulouse (Cransac & Dauvisis, 1975), développent, en mathématiques, les expériences de multi-évaluation.

En Suisse, au Cycle d'orientation, dès les années soixante, Bain analyse, avec Louca, des résultats d'examen et prépare des épreuves communes. A l'IRDP[5], Cardinet formalise les premières approches européennes de

---

[1] Qui publie les communications du colloque de 1968 de l'Association internationale de pédagogie expérimentale de langue française (AIPELF), présidée par G. Mialaret.
[2] Institut national d'étude du travail et d'orientation professionnelle.
[3] Association internationale des sciences de l'éducation (devenue ultérieurement AMSE : Association mondiale des sciences de l'éducation).
[4] Institut de recherche sur l'enseignement des mathématiques.
[5] Institut romand de recherche et de documentation pédagogique.

l'édumétrie⁶, montrant la nécessaire « adaptation des tests aux finalités de l'évaluation » (1972) : il ne parle pas de « docimologie » mais « d'évaluation » et tente d'en élargir le sens (1979).

Les Rencontres annuelles des chercheurs belgo-suisses en évaluation⁷, où se croisent approches docimologiques, édumétriques et pédagogiques, vont permettre l'enrichissement et la diffusion des travaux : parmi leurs fruits, on peut repérer la collaboration entre de Landsheere et Cardinet avec la publication du Dictionnaire de l'évaluation et de l'éducation (1979) et celle de Cardinet et Tourneur pour développer la théorie de la généralisabilité, ultérieurement instrumentalisée dans leur ouvrage commun (1985)⁸.

Des références à revoir

Face aux résultats des multi-évaluations, le modèle de la mesure, issu des sciences physiques, appliqué à l'évaluation scolaire suscite des recherches sur, d'une part, des qualités requises pour les instruments de prise d'information, et, d'autre part, l'identification des sources potentielles d'erreurs de mesure (Bacher, 1973)⁹. Ainsi l'évaluateur, l'épreuve et l'évalué se révèlent comme variables susceptibles d'engendrer les différences constatées. Outre le fait de tenter d'améliorer les qualités des épreuves, comment neutraliser de telles sources d'erreurs lorsqu'il s'agit de comportements d'individus, doués d'une marge d'initiative et d'autonomie ? Le modèle implicite sous-jacent, qui marque toutes les pratiques normatives dans la culture scolaire ambiante, reste celui de la courbe de Gauss avec sa valeur centrale : il a l'avantage de permettre une certaine discrimination sociale sur des bases apparemment justifiées puisque scientifiques. Or, comment accepter qu'en fin

---

[6] Pour la différence entre psychométrie et édumétrie, se reporter aux *Bulletins ADMEE-Europe*, 2002-2, 2002-3 et 2003-1.
[7] Ces rencontres ont permis de structurer un milieu scientifique européen francophone en évaluation et constituent la véritable pierre de fondation de l'ADMEE-Europe lors de leur ouverture aux Français (1985).
[8] A l'occasion de ces rencontres se formalisent aussi, en Europe francophone, les approches d'évaluation formative.
[9] Déjà émergeait l'orientation prescriptive versus descriptive des travaux ultérieurs.

d'apprentissage - comme le suggèrent les histogrammes demandés aux formateurs pour présenter les résultats de leurs classes, et ce, quels qu'en soient les effectifs - les notes des élèves se répartissent comme issues d'une répartition aléatoire ? C'est là un problème qui interroge la pédagogie et sur lequel de Landsheere (1971) et, plus largement, toute la « pédagogie de maîtrise » ont su attirer l'attention.

Par ailleurs, l'idée de rechercher les conditions pour que soit obtenue la « vraie note », alors postulée comme existante, repose sur une approche statistique issue de conceptions voisines : elle vise à rechercher le nombre minimum d'évaluateurs permettant de stabiliser la note, comme si, indépendamment de facteurs de contexte et d'appréciation des évaluateurs, une production pouvait correspondre à une note fixée.

La nature de l'évaluation dévoilée

La « vraie note » est contestable car, quels que soient les épreuves et les évaluateurs, les expériences de multi-évaluation de copies d'épreuves scolaires reflètent toujours une fidélité problématique et des écarts importants entre les résultats des divers évaluateurs. Toutes les disciplines scolaires sont concernées, y compris celles que l'on croit les moins sujettes à ce genre de difficultés, notamment les mathématiques. Les analyses ne sont pas simples et la sévérité d'un évaluateur ne se révèle pas identique sur toutes les copies : un évaluateur apparemment plus sévère peut attribuer la meilleure note à l'une des productions ; dans une même discipline, selon les secteurs (algèbre et géométrie par exemple), le classement de sévérité des évaluateurs diffère (Dauvisis, 1982). Bien des effets ont ainsi pu être révélés sur la « psychologie de l'évaluation scolaire » : effets d'attente, d'ordre, d'ancre, de contraste,...

Ainsi, l'activité évaluative apparaît comme activité humaine naturelle et, il faut s'y résoudre, l'acte d'évaluation qui permet de la formaliser, s'identifie à une pratique sociale en contexte qui ne possède en rien les attributs d'une mesure physique, telle que l'espérait, en ses débuts, la docimologie. Celle-ci a néanmoins permis, grâce à ses recherches basées sur des postulats fort contestables, de dévoiler la nature de l'évaluation : ce n'est pas son moindre mérite.

Variations sémantiques et diversité des approches

En 1971, de Landsheere évoquait diverses déclinaisons de la docimologie : docimastique, doxologie, docimonomie. Par ailleurs, la docimologie a pu être qualifiée de « négative » ou « critique » ou de « docimologie expérimentale », suggérant ainsi des orientations différenciées de travaux de recherche dans ce domaine. S'agissait-il de s'intéresser à la technique de construction des instruments, aux effets de l'évaluation sur les élèves et les divers acteurs, de dénoncer les limites de l'approche par la mesure ou encore de tenter, par des approches expérimentales, de mieux comprendre comment fonctionnaient les évaluateurs, autant de directions dans lesquelles les recherches en évaluation se sont ultérieurement développées. Si la docimologie reste identifiée dans le domaine des techniques d'ajustement de tests ou de l'analyse des examens (e.g., Droyer & Frossard, 2000), elle garde aussi une signification particulière dans certaines pratiques proches de la psychométrie, avec des standardisations ou autres procédures pour comparer des distributions et, par exemple, mieux identifier la place d'un individu dans un groupe. Néanmoins, elle se trouve désormais intégrée au champ de recherches plus large de l'évaluation dont les objets et les approches se sont diversifiés et qui a supplanté, dans les sciences de l'éducation, cette « science de l'évaluation », créée par Piéron.

La docimologie a-t-elle toujours un sens ?

Tombée en désuétude par son incapacité à modifier les pratiques et à proposer des solutions, considérée même comme « frein pour la recherche » (Parisot, 1987), la docimologie critique demeure un moyen efficace pour ébranler des croyances bien établies sur l'objectivité des notes. La présentation seule des résultats reste sans effet, mais rien de tel que réaliser une expérience - toujours réussie - de multi-évaluation de copies pour prendre conscience de la nature de l'évaluation et accepter de voir « blanchie » la subjectivité de l'évaluateur (Weiss, 1992) ! Là, peut commencer une formation à l'évaluation des apprentissages qui la « démystifie » (Hadji, 1997), impose de fixer les règles du jeu, remettant à l'évaluateur la responsabilité des choix, selon les visées et le contexte. Alors, on comprend que les « modèles » (Bonniol & Vial, 1997) et les « paradigmes » (De Ketele, 1993) de l'évaluation sont variés, qu'il y a diverses approches « pour apprécier le travail des élèves » (Cardinet, 1986b) entre « la fabrication de l'excellence scolaire et la régulation des apprentissages » (Perrenoud, 1998) et combien sa gestion en classe est une affaire de « négociation didactique » (Chevallard, 1986).

Initiation à l'évaluation, la docimologie interroge aussi les qualités des outils et ouvre à l'approche édumétrique. Dans ce cadre se situent les développements en Europe, sous l'impulsion de Cardinet, Tourneur, Bain et Allal, de la théorie de la généralisabilité, permettant de savoir jusqu'où faire confiance aux résultats présentés, en identifiant les diverses facettes susceptibles d'en affaiblir la fiabilité[10]. Il faut évoquer également les recherches sur les épreuves à caractère objectif et leur cotation, développées par Leclercq à Liège, dont les applications se diffusent plus largement dans les pratiques. Ces divers auteurs ne se réclament pas de la docimologie, mais celle-ci permet leur rencontre et ainsi l'enrichissement d'une culture de l'évaluation, ouverte vers une formation en édumétrie.

Les notes : besoin social, illusion entretenue ?

Des outils pour la comparaison sociale

« Indispensable nécessité dans un grand état (…) où les concurrents se pressent à l'entrée de toutes les carrières publiques ou privées, demandant à l'Etat, sinon une place, au moins un certificat », ainsi était qualifié l'examen dans le *Dictionnaire de pédagogie* de Buisson en 1882. Les choses n'ont guère changé et les examens, issus du mandarinat chinois au 6ème siècle avant notre ère et introduits en Europe par les jésuites, demeurent la clé de voûte de nos systèmes scolaires, au point de faire souvent assimiler évaluation et certification. Ce système a forgé la société et renforce la demande sociale à son égard.

Des décisions sont à prendre, il faut les justifier : quoi de plus acceptable que de les fonder sur des nombres qui, par leur nature, donnent l'apparence d'une parfaite objectivité, et que chacun connaît depuis sa

---

[10] Les développements, malgré la diffusion de logiciels de traitement, restent le fait de cercles spécialisés.

propre scolarité ? La moyenne indique, dans une logique compensatoire, la coupure entre les échecs et les résultats d'un niveau général acceptable ; elle ne dit rien des profils sous-jacents souvent fort différents, ni sur les conditions de réalisation. Ne correspondant nullement à la nature des données à représenter, le modèle d'échelle de rapports (Dauvisis, 1982) permet toutes les opérations sur les notes et... toutes les mystifications. En outre, la loi normale reste une référence si commode, fondant les décisions d'organisation du système scolaire sur la base d'un élève épistémique moyen, qu'elle induit une légitimité culturelle, substituable à toute réflexion sur l'équité (Dauvisis, Millot, Frossard & Droyer, 2003).

Des nombres chargés en valeurs

Toute production scolaire est à situer dans un contexte de relations interpersonnelles, chacun ayant sa représentation des enjeux, des attentes et de la situation : l'évaluation opère nombre d'inférences sur les indices qui s'offrent à l'observation. Sans aller jusqu'à l'adage « traducteur-traître », il s'avère que l'interprétation, inhérente à l'évaluation, comme toute opération de communication (Weiss, 1991) comporte un tel risque, surtout si le producteur n'est pas là pour préciser ses intentions.

L'évaluation impose des choix qui mobilisent des systèmes de valeurs : seule leur approche donne sens aux notes et informations transmises, pour une compréhension des choix opérés (Dauvisis, 1992). Bien des recherches actuelles en évaluation s'emploient ainsi à comprendre « le fonctionnement de l'évaluation dans la formation » (Bain, 1996) : l'enjeu des décisions sur la base des notes, par exemple celles liées à l'orientation (Duru-Bellat, 1988), peut l'imposer. Une véritable révolution est à opérer pour « remettre le quantitatif à sa place en évaluation scolaire » (Cardinet, 1990b) : elle déborde largement l'école et touche la culture de sociétés souvent plus soucieuses de résultats que de clés de lecture. C'est pourquoi, désormais, les recherches en évaluation, concernant notamment les notes et pratiques de certification scolaire, adoptent une approche multiréférentielle, fortement en rupture avec les premières travaux de la docimologie.

3.2 LES TECHNIQUES DE LA MESURE

La mesure pour la recherche et/ou le contrôle en éducation

Jean-Guy Blais

> Il n'y aura qu'une seule mesure de vin, une mesure de bière et une mesure pour le grain dans tout Notre Royaume, c'est-à-dire, la « pinte de Londres ». Et il n'y aura qu'une seule largeur de tissu teint, de drap de bure et de toile, c'est-à-dire, deux aunes entre les lisières. Il en sera de même pour les poids et pour les mesures.
>
> *Article 35, Magna Carta 1215 AD*

Les économies contemporaines possèdent une infrastructure d'institutions sociales essentielles au bon fonctionnement de leur société. Parmi ces institutions, Easton (2006) souligne l'importance de la reconnaissance des droits de l'homme, du système de gouvernance, du système de justice, du système pour produire des statistiques, du système pour réguler la propriété, du système pour les échanges et du « système de mesure ». La présence d'un système de mesure dans cette nomenclature pourrait surprendre le lecteur non averti, pourtant la mesure est bel et bien un des ciments intangibles des sociétés organisées. Les concepts de la mesure sont liés aux activités de toute société pensante et communicante pour les échanges, pour la confiance, pour la référence. L'étude de la mesure associée à une évaluation de son incertitude se révèle indispensable à la bonne marche de la société car elle permet de préciser les limites du savoir et de la confiance dans les chiffres annoncés.

De nos jours, la mesure est omniprésente dans toutes les transactions commerciales qui sont effectuées quotidiennement et qui requièrent l'utilisation d'un instrument dont la fiabilité et la précision ne peuvent pas être soupçonnées. Elle contribue aussi abondamment dans les domaines de la santé, de la prévention et de l'environnement. La mesure est aussi partie intégrale des activités de contrôle associée à la construction et à la production manufacturière, car elle assure la standardisation, l'équivalence et l'interchangeabilité de ce qui est fabriqué. Finalement, la mesure se manifeste dans le monde de la recherche où l'objectif premier est la production de nouveaux savoirs, la précision des relevés et des observations servant de base à la répétition et à la reproduction des expériences.

Cependant, l'omniprésence des activités de mesure dans nos sociétés s'accompagne de coûts non négligeables. L'industrie de la mesure a pour un pays un poids semblable aux industries du tourisme, de l'agriculture, de la construction et des communications et les dépenses associées à un système de mesure généralisé sont estimées se situer entre 3 % et 6 % du PIB d'un pays (Hunter, 1980 ; Quinn, 1994).

Est-ce que, par analogie, il est possible de dire qu'il existe une industrie de la mesure en éducation ? Oui, mais actuellement cette industrie existe principalement aux Etats-Unis où d'ailleurs elle est en forte croissance ces vingt dernières années (Haney, Madaus & Lyons, 1993 ; Giordano, 2005). L'éducation a été un terreau très fertile pour la mesure au début du 20ème siècle et la mesure « individuelle », qui est née à cette époque avec des procédures empruntées à la psychologie, a fleuri sans coup férir depuis. La production commerciale de tests pour la mesure d'attributs d'individus en éducation et en psychologie a beaucoup contribué aux développements de la modélisation de la mesure pour les sciences sociales.

Les modèles de mesure ont été développés d'abord pour les besoins de la recherche sur la validation des instruments, mais ils se pointent également dans les grandes enquêtes internationales de l'IEA et de l'OCDE où des techniques mixtes intégrant l'échantillonnage et la modélisation avec la TRI sont appliquées pour produire des scores moyens et des mises en rangs par pays. A ces deux utilisations de la mesure en éducation, la validation d'instruments et les comparaisons internationales, il faut ajouter la pratique qui consiste à compter le nombre d'individus ayant des caractéristiques particulières et à transformer cette donnée en indicateur. De grandes organisations comme l'UNESCO et l'OCDE, de même que plusieurs pays, ont développé des systèmes d'indicateurs et les utilisent également pour décrire, comparer et piloter les systèmes d'éducation. Finalement, un mouvement de fond, celui de l'efficacité de l'école, intègre l'utilisation de banques de données administratives et de modélisations statistiques imposantes en vue de produire des scores estimant la part de l'école dans le progrès de l'élève, la valeur ajoutée.

La contribution de la mesure à la recherche

Dans la sphère de déploiement des sciences de la nature, la relation entre la conceptualisation et l'expérimentation est médiatisée par la technique et la mesure. La conceptualisation sert de pilote pour aiguiller l'expérimentation et de référent pour les données qui y sont produites. Le perfectionnement des outils techniques sert à la mise en place d'expérimentations de plus en plus complexes et au raffinement de la mesure. Ainsi, la mesure est tributaire des appareils au service de l'observation et de la production des données.

En éducation, il existe peu de réseaux nomologiques forts atteignant une puissance élevée de prévision ou d'explication. Le recueil des données se déroule en majeure partie dans des conditions où le contrôle des contingences et la manipulation des conditions sont difficiles. Les avancées techniques dans le développement des instruments ont été dominées par la modélisation et par une perspective plus statistique que métrique. Mais comme pour les sciences de la nature, sans instrument, il n'y a pas de mesure, sans technique pour recueillir des données, il n'y a pas de mesure.

Recueillir des données pour la mesure en éducation

Les instruments de mesure en éducation sont plus près des senseurs que des règles ou des balances. Les items servent d'intermédiaires, de stimuli, pour obtenir des données sur des dimensions complexes des individus et les réponses aux items ne sont que des manifestations partielles de ces dimensions. Bien avant la massification de l'éducation qui a accompagné la révolution industrielle, les personnes examinées devaient le plus souvent s'exprimer oralement et fournir une réponse élaborée à un nombre limité de questions. Sous différentes pressions, l'examen écrit avec des réponses élaborées a fait son apparition, il a été suivi par l'examen avec des questions demandant des réponses courtes et il a été remplacé progressivement dans plusieurs situations par l'épreuve avec des questions à réponse choisie.

En posant un regard sur l'évolution des approches pour recueillir des données, des entrevues orales à l'utilisation des items à réponse choisie, on constate que les changements technologiques de ces quatre derniers siècles dans le domaine des tests et des examens en éducation ont toujours été dirigés vers l'objectif d'en augmenter l'efficacité et de rendre le processus d'évaluation plus standard, plus objectif, plus fiable, plus facile d'administration, et, surtout, moins dispendieux à mesure que le nombre d'individus augmente (Madaus, 1993). Des objectifs qui s'apparentent à ceux de la mise en place d'un système d'unités de mesures étalons pour le contrôle et la gestion. Les changements technologiques ont lieu principalement parce qu'il y a eu certaines insatisfactions envers les méthodes existantes, mais aussi parce qu'ils répondaient à des transformations sociales, politiques ou économiques de la société. C'est ainsi que le test standardisé est devenu l'outil privilégié par plusieurs pour recueillir des données en vue de prendre des décisions au sujet des individus, des institutions et des systèmes. Il est « objectif » et il est celui qui coûte le moins cher à administrer dans un système de masse.

La modélisation de la mesure pour la recherche en éducation

Depuis le début du 20ème siècle, la modélisation de la mesure qui a dominé le paysage de la recherche en éducation est connue sous le nom de « Théorie classique des tests ». Il s'agit d'une modélisation inspirée des travaux sur la corrélation et la technique de l'analyse de la variance. Cette modélisation fait appel au principe du score « vrai » T qui ne peut être observé directement et qui est estimé avec le score observé O, lequel est entaché d'une erreur E ($T = O + E$). Cette modélisation produit des mesures à partir des résultats bruts et elle est à l'origine du modèle simple consistant à compter les « bonnes » réponses pour estimer le score vrai. Cependant, plusieurs commentateurs ont souligné les insatisfactions envers cette modélisation somme toute sommaire.

Ces vingt dernières années, la scène de la recherche en éducation a pu bénéficier de développements de la modélisation formelle de la mesure qui, couplés à ceux de la technologie, ont permis l'émergence d'une manière différente d'approcher la mesure en éducation. Les modèles qui encadrent formellement cette perspective se retrouvent sous le parapluie de « La théorie des réponses aux items ». Parmi les modèles issus de ces développements, un certain nombre sont héritiers des travaux de Rasch (1980) et constituent une famille particulière de modèles. Ces modèles se distinguent avant tout parce que les préoccupations qui ont mené à leurs disséminations sont métriques plutôt que statistiques. Etant donné les propriétés de la modélisation de Rasch, il faut que les données s'ajustent bien au modèle et non l'inverse. Si les données ne s'ajustent pas au modèle, il faut produire de meilleures données, donc revoir les items et, le cas échéant, les remettre à l'essai. Si les données s'ajustent adéquatement au modèle, elles produiront des estimations des paramètres sur une échelle d'intervalle avec une structure linéaire. En fait, ce que permet de faire la modélisation de Rasch, c'est d'explorer et de vérifier qu'un « construit » est mesurable au sens classique du terme (i.e., unités égales, linéarité et propriété d'addition).

La modélisation se situe au niveau de l'item et du répondant, plutôt qu'au niveau de l'instrument et du groupe de répondants et c'est la probabilité de la réponse observée qui est modélisée plutôt que la réponse elle-même. La modélisation possède aussi plusieurs avantages par rapport à d'autres approches :
- elle permet des analyses qui tiennent compte du problème des données manquantes,
- elle fournit des estimations sur la précision,
- elle fournit des mécanismes de détection pour les données mal adaptées,
- elle rencontre certaines des conditions nécessaires à l'obtention d'une structure conjointe additive.

Cependant, l'application du modèle de Rasch n'est pas une panacée (pas plus que les modèles à deux ou trois paramètres), elle ne garantit pas à elle seule l'obtention d'une mesure au sens classique. En effet, il faut d'abord vérifier si les données s'ajustent adéquatement au modèle. Ensuite, même si le modèle s'apparente à une structure conjointe additive, la preuve n'a pas encore été faite que les valeurs numériques obtenues avec la modélisation possèdent les propriétés de l'addition et reflètent ainsi les caractéristiques d'une quantité selon les principes avancés par Hölder (Michell & Ernst, 1996, 1997).

La théorie de la mesure conjointe additive est le plus souvent reliée à l'article de Luce et Tukey (1964) où les auteurs ont exploré l'idée de la production d'une mesure découlant de la relation conjointe de deux ou plusieurs attributs, plutôt qu'une mesure produite à partir d'un seul attribut. Une structure conjointe consiste ainsi en une structure d'ordre qui peut être décomposée en au moins deux sous-structures ordonnées : la mise en rang du poids des objets en fonction de la densité et du volume ; les préférences des individus pour certains aliments en fonction du prix et de la qualité ; la sensation de confort en fonction de la chaleur et de l'humidité ; les probabilités de succès aux items d'un test en fonction de la difficulté des items et de l'habileté des sujets.

Les chercheurs en éducation qui s'intéressent aux propriétés métriques de leurs données doivent suivre les comptes-rendus d'application de la modélisation de Rasch et les développements théoriques de la théorie de la mesure conjointe additive. En effet, certains modèles de mesure plus populaires et plus accessibles en apparence ne sont pas, la plupart du temps, soutenus par une réelle démonstration de la présence d'un attribut possédant les caractéristiques de la quantité et donc auquel on peut appliquer les principes de la mesure.

L'utilisation de la mesure pour le contrôle en éducation

Les enquêtes internationales

Plusieurs pays participent régulièrement à des enquêtes internationales en éducation qui portent généralement sur différents savoirs que les élèves de l'ordre primaire ou secondaire devraient détenir ou sur différentes compétences qu'ils devraient développer. Ainsi, des échantillons d'élèves d'écoles ont été soumis aux épreuves et questionnaires des enquêtes IAEP de 1988 et 1991, aux enquêtes TIMSS de l'IEA de 1995, 1999 et 2003, aux récentes enquêtes PISA 2000 et 2003 de l'OCDE. De façon générale, ces enquêtes internationales ont deux objectifs : améliorer la compréhension des systèmes d'éducation et aider à mieux comprendre les causes des résultats et des différences observés entre les systèmes. Mais d'autres objectifs sont moins évidents au premier abord : il s'agit d'objectifs apparentés au contrôle et au pilotage. Toutefois, ces enquêtes soulèvent plusieurs problèmes méthodologiques reliés à la comparabilité des échantillons (âge, année scolaire), aux items inclus dans les épreuves et à la construction des scores, sur les liens entre les résultats et les opportunités d'apprentissage, des problèmes somme toute inhérents au développement d'une mesure standardisée pour le contrôle de qualité.

En éducation, les enquêtes internationales servent aussi en quelque sorte à vérifier le potentiel en capital humain des différents pays participants et à produire des pressions pour l'adoption de pratiques d'homogénéisation, telles le *benchmarking* et le développement de standards. Pour construire un marché en éducation, il faut d'abord s'assurer de la qualité des produits et de leur uniformité. La construction d'un marché transnational de l'éducation, des services de l'enseignement, nécessite donc la mise en place préalable d'une technologie pour comparer, pour certifier, pour évaluer (voir Vinokur, 2005). Le succès de la mesure lors du « contrôle » passe par la capacité de mettre au point un système de vérification continu des propriétés annoncées ou de vérification de l'atteinte des normes à respecter. C'est la répétition de la vérification et la multiplication des sources d'information qui permet de juger, d'évaluer, si les normes sont respectées. Il ne faut donc pas s'étonner que les opérations internationales de mesure en éducation se multiplient et surtout qu'elles se répètent régulièrement.

Mais dans ces situations supranationales, qui est en charge de la mesure et qu'est-ce qui est mesuré ? Les ressources sont limitées, celui qui décide de ce qu'il faut mesurer, donc de ce qui est « adéquat » de suivre comme démarche, a beaucoup de pouvoir, car il décide aussi de ce qu'il ne faut pas mesurer. Qui décide du cap à garder dans une situation de pilotage internationale ? Qui est le capitaine et quels sont ses repères pour la navigation ? A la suite de Vinokur (2005), il est possible de formuler « l'hypothèse que le dispositif international complexe de mesure de la qualité des services d'enseignement qui se met graduellement en place depuis vingt ans a moins pour but de faire mieux ce qu'on faisait déjà dans les structures existantes que de transformer ces structures et leur mode de pilotage » (p. 105). Il faut ajouter qu'il s'agit aussi de tentatives d'application d'éléments de la théorie du capital humain.

Les indicateurs

La production d'indicateurs quantitatifs de toute sorte s'est intensifiée depuis la fin de la deuxième guerre mondiale. Cette production est tributaire d'un désir d'évaluer l'efficacité et de porter un jugement objectif, mais aussi d'une demande de reddition de comptes grandissante pour les différents paliers de gouvernement envers les citoyens. Ces préoccupations entraînent dans leurs sillages la recherche « évaluative » et la poussent à s'éloigner de la simple description et du jugement pour explorer le terrain miné de la recherche des causes de l'efficacité ou de l'inefficacité.

Dans cette foulée, on note une demande grandissante pour le développement d'indicateurs de l'éducation sur les plans local, national et international. Le développement des télécommunications, le « marché global », les exigences de la libre circulation de la main-d'œuvre, exercent des pressions pour la production d'indicateurs internationaux comparables. En éducation, le phénomène de « l'état évaluateur » se traduit par une demande accrue pour des outils pour l'évaluation (Riley & Nuttall, 1994). Au phénomène de la production de systèmes d'indicateurs globaux, il faut ajouter depuis quelques années celui des indicateurs associés à un niveau plus micro du système, celui des écoles. Les courants de recherche sur « l'efficacité de l'école » et sur sa « valeur ajoutée » se nourrissent d'indicateurs très divers et les récents travaux dans le domaine portent principalement sur la modélisation et le contrôle statistique des diverses variables intégrées dans les modèles.

Conclusion

La mesure du succès de la mesure en éducation, en l'absence de standards absolus, est une quantité négociée. La mesure n'est pas étalonnée comme le laisse penser le fait d'utiliser des nombres pour décrire les données et elle est donc à la merci de multiples interprétations. Elle est aujourd'hui engagée dans une triple bataille identique à celle qui se déroule dans le domaine de la métrologie scientifique : technologique, économique et politique. Plusieurs forces y participent : la puissance publique, les experts, le marché, l'opinion publique. Le débat sur l'éducation fait donc de plus en plus souvent appel à des chiffres, mais donnés aussi le plus souvent sans mode d'emploi pour la lecture sur le cadran.

3.3   LE DEPASSEMENT DE LA MESURE

L'évaluation des élèves : entre mesure et jugement

Marcel Crahay

Mesure et évaluation : de la docimologie à la psychologie de l'évaluation

Comme le rappelle justement Merle (1998), les études docimologiques se sont développées dans l'entre-deux guerres. Elles sont poursuivies jusque dans les années 60 et 70 avec, notamment, la publication de deux ouvrages emblématiques : *Examens et docimologie* de Piéron (1963) et *Evaluation continue et examens. Précis de docimologie* de de Landsheere (1971), réédité à six reprises c'est-à-dire jusqu'en 1980). Cet auteur définit la docimologie comme la « science qui a pour objet l'étude systématique des examens, en particulier des systèmes de notation, et du comportement des examinateurs et des examinés » (dans l'édition de 1980, p. 13). Cette définition souligne le rôle central occupé dans cette discipline par les examens et, implicitement et plus largement, par les épreuves[1] avec leur corollaire les systèmes de notation. Quant au sous-titre de l'ouvrage de de Landsheere, il reflète par le terme « Précis » le projet normatif de cette science. Celui-ci se nourrit d'un idéal de mesure exacte des performances scolaires. Ceci est manifeste et traité comme une évidence dans les premières éditions. Dans la quatrième édition (1976), les rapports entre mesure et évaluation sont l'objet d'une discussion explicite[2]. Celle-ci repose, d'une part, sur la définition donnée par Guilford (1954) à la mesure et, d'autre part, sur un texte de Taba (1962, cité par de Landsheere, 1976)) distinguant mesure et évaluation. Pour ce dernier, « l'évaluation dépend de la mesure, mais elle porte sur un profil plus large de caractéristiques et de performances » (p. 17). Dénonçant le postulat implicite consistant à supposer que toute évaluation repose sur une quantification, de Landsheere (1976) évoque

---

[1] Rappelons que la racine grec - dokimè - du terme docimologie signifie « épreuve ».
[2] On ne trouve pas trace de cette discussion dans la deuxième édition qui date de 1972. Nous ne possédons pas la troisième.

l'évaluation d'une œuvre d'art pour conclure que « bien des comportements et combien d'œuvres humaines s'évaluent de pareille façon » (p. 17). Selon notre lecture du *Précis de docimologie*, cette argumentation substitue un dualisme opposant l'évaluation qualitative à la mesure quantitative en lieu et en place d'une dépendance de la première par rapport à la seconde telle que défendue par Taba (1962). Bref, d'un côté, on trouve l'évaluation qui relève de l'appréciation quasi esthétique des choses et, de l'autre, la mesure dont de Landsheere (1976) écrit, en suivant Guilford (1973) qu'elle est une opération consistant à « assigner un nombre à un objet ou à un événement selon une règle logiquement acceptable » (p. 16). Ceci implique que la mesure porte sur des objets clairement circonscrits et qu'une règle permette de lier systématiquement les valeurs métriques aux variations des objets. Le reste de l'ouvrage, quasi inchangé par rapport aux versions précédentes, perpétue le projet docimologique : fonder une science de la notation qui soit aussi objective que possible.

Le projet qui anime de Landsheere depuis 1970 est noble. Il s'agit de juguler les biais multiples qui introduisent l'inégalité dans les notations scolaires des enseignants. Ce projet n'est ni neuf (cf. parmi d'autres, Piéron, 1963), ni isolé (Bonboir, 1972). Il n'est pas exempt de contradictions. Ainsi, introduisant un important chapitre consacré à la notation, de Landsheere (1976) traite de la courbe de Gauss comme un préambule indispensable avant d'en dénoncer les méfaits dans un paragraphe intitulé « le dangereux mythe de la courbe de Gauss » (p. 210). Pour lever cette contradiction, il convenait d'abandonner l'ancrage psychométrique et rechercher un autre arrimage axiomatique pour fonder l'édumétrie. Ce fût l'œuvre de Cardinet (1986a, 1988a) et de ses études sur la généralisabilité. Nous y reviendrons dans la section suivante.

Parallèlement se développe une autre approche, résolument enracinée dans la psychologie. Elle repose sur l'idée de base selon laquelle « l'activité d'évaluation fait partie intégrante de nos modalités d'adaptation à l'environnement physique et social » (Aubret, 1995, p. 541). Bref, il s'agit de reconnaître que l'évaluation scolaire mobilise des opérations mentales de traitement de l'information et, donc, des activités perceptives et cognitives. Selon Noizet et Caverni (1978), le noyau de ces opérations procède d'un schéma de comparaison, consistant à rapporter un objet à évaluer sur une échelle de valeur. Plus précisément, tout évaluateur sélectionne des observables qu'il va interpréter en fonction de systèmes de référence. Ainsi, évaluer le savoir lire, c'est sélectionner certains indices ou indicateurs parmi une très grande diversité d'observables possibles (vitesse de lecture, fluidité de la lecture à haute voix, erreurs et hésitations, façons de reformuler les idées du texte, etc.) et les interpréter en termes de niveau. Le système de référence de l'individu intervient d'emblée dès l'étape de sélection des observables et influe également sur l'interprétation de ceux-ci.

Par ailleurs, les performances scolaires ne sont pas dissociables des élèves qui les produisent. Il est donc légitime de s'interroger, comme le fait Gilly (1980) sur les mécanismes sous-jacents aux jugements scolaires portés par les enseignants sur les élèves. Selon cet auteur, l'enseignant perçoit l'élève à travers un cadre schématique qui est à la fois sélectif, organisateur et interprétant des informations disponibles. Or, ce cadre est façonné par les objectifs professionnels et les normes socio-institutionnelles qui habitent chaque enseignant. Plus précisément, les jugements des enseignants sont le produit des rapports entre trois déterminants : on trouve, à un premier niveau, l'expérience quotidienne (activités, indices comportementaux, etc.), au niveau intermédiaire, les représentations sociales et, à l'autre extrémité, les normes sociales générales (valeur morale, modèle de l'homme dans la société, etc.) et les normes scolaires institutionnelles (règles de fonctionnement de l'école, objectifs, etc.). Par conséquent, la perception de l'élève par l'enseignant est socialement et institutionnellement déterminée.

Evaluation et édumétrie : les apports de Cardinet

Dès la fin des années 70, se dessinent les axes selon lesquels vont s'organiser la réflexion et les travaux de recherche. Le titre de l'ouvrage édité par De Ketele en 1986 révèle un de ces axes : *L'évaluation : approche descriptive ou prescriptive ?* Le second axe se révèle à la lecture des titres donnés à deux ouvrages de Cardinet : *Evaluation scolaire et mesure* (1986a), pour le premier ; *Evaluation scolaire et pratique* (1988a), pour le second. D'une part, il s'agit à la fois de comprendre le fonctionnement des enseignants et, parallèlement, de les conseiller pour aboutir à des évaluations d'élèves plus justes. D'autre part, il s'agit d'assumer le débat qualitatif versus quantitatif dans le champ de l'évaluation scolaire.

Elève de Cronbach, Cardinet est d'abord un homme de mesure, ce qui ne l'empêche pas de se montrer soucieux des questions d'équité éducative. Bien plus que de Landsheere, il assume les perversités de la loi de normalité statistique énoncée par Gauss en matière d'évaluation pédagogique. Prolongeant le travail de Cronbach, Gleser, Nanda et Rajaratnam (1972), il développe, en collaboration avec Tourneur (Cardinet & Tourneur, 1985), la théorie de la généralisabilité et, ce faisant, contribue à l'émergence de l'édumétrie.

Née dans le contexte des théories eugénistes (Lemaine & Matalon, 1985), la psychométrie classique se donne pour objet de discriminer de façon fiable les individus, principalement en fonction de leurs compétences cognitives (leurs aptitudes). Dans cette perspective, la mesure est jugée fidèle si les résultats pour les différentes questions du test sont assez semblables ; techniquement, il s'agit de s'assurer que la variance inter-questions soit inférieure à la variance entre individus. La mesure obtenue peut être attribuée à l'individu puisqu'elle est indépendante des fluctuations du paramètre « question ». Cependant, objecte Cardinet (1986a), « cette conception de la fidélité, (...) ne permet pas d'estimer la fidélité de la mesure d'élèves pris isolément ». Il convient donc de chercher le moyen d'estimer la compétence de l'élève « sans du tout faire intervenir les résultats d'autres personnes » (p. 121). Plus largement, il s'agit d'assumer, sur le plan de la mesure, les différentes questions qui se posent en éducation. Certes, il faut continuer à pouvoir différencier les individus, notamment dans la perspective de composer des groupes de besoin ou des groupes coopératifs, mais il faut aussi pouvoir distinguer les domaines de compétences au sein desquels l'élève fait preuve de maîtrise de ceux au sein desquels il éprouve des difficultés et ceci dans la perspective de diagnostiquer ses forces et ses faiblesses. Il faut encore pouvoir non seulement examiner les scores d'un élève en fonction des moments de l'évaluation et ceci afin de faire apparaître ses évolutions, mais aussi envisager la possibilité de relations hiérarchiques entre les diverses compétences évaluées.

En contact régulier avec le monde des enseignants, Cardinet prend conscience des limites des approches scientifiques classiques. Dans un article intitulé *L'élargissement de l'évaluation* (1979), il remet en cause l'ancrage positiviste des procédures classiques des mesures psychologiques et pédagogiques et ouvre le champ de l'évaluation aux approches compréhensives. Dans la foulée, il s'interroge « faut-il encore mettre des notes ? (1986a). Répondant de façon négative, il pose alors la question « pour évaluer les élèves, que faut-il observer ? » (1988b). Plus largement, son ouvrage *Evaluation scolaire et pratique* s'efforce d'outiller conceptuellement la pratique de l'évaluation en prenant en charge ses diverses fonctions : pronostique, diagnostique/formative et sommative/certificative. Or, il n'est pas légitime d'utiliser la même mesure pour ces diverses fonctions. Il convient de recueillir des informations spécifiques en fonction de la question posée. Ainsi, pour choisir une démarche corrective, il semble pertinent non seulement de cerner ce que l'élève maîtrise et de cerner ses lacunes et difficultés, mais aussi d'appréhender comment cet élève a structuré les fragments de connaissances maîtrisées et même de retracer l'historique ou le cheminement de l'apprentissage afin d'identifier le (ou les) moment(s) du processus où le (ou les) dérapage(s) s'est (ou se sont) produit(s).

Jugement scolaire et décision de redoublement

Désormais le terrain de l'évaluation formative semble être réservé aux approches qualitatives. Celui de l'évaluation sommative et/ou certificative est plus problématique. En effet, les épreuves communes ou externes suscitent bien des réactions de la part des enseignants et certaines de leurs objections sont légitimes. Nombre de questions composant ces épreuves ne sont pas, disent-ils, en adéquation avec l'enseignement qui a été offert aux élèves ; il n'est donc pas étonnant que ceux-ci soient désorientés et, perdant pied pour certains, se montrent peu performants. Bref, se pose une question de validité : que mesure-t-on par ces épreuves ? Les effets de l'enseignement reçus ou la capacité des élèves à s'adapter à l'imprévu ? Pourquoi, dès lors, ne pas accepter que les enseignants soient seuls habilités à concevoir les épreuves sommatives adaptées à leur classe, voire même à décider, sur la base de leurs perceptions quotidiennes des progrès de chaque élève ceux qui peuvent passer de classe et ceux qui doivent redoubler ? De facto, ces arguments tendent à légitimer l'état de la situation. Une situation, dont certains chercheurs ont montré les conséquences néfastes en matière d'échec scolaire : l'idiosyncrasie des enseignants produit des inégalités flagrantes.

Ainsi, en Communauté Française de Belgique, Grisay (1988) a pu montrer qu'à performances égales à une épreuve externe, certains élèves réussissent dans l'école X tandis que d'autres échouent dans l'école Y. L'analyse des épreuves conçues par les enseignants fait apparaître que le niveau de difficulté des questions varie de façon considérable et, partant, que les critères sur lesquels les enseignants se basent pour décider de la promotion ou du redoublement fluctuent. En fait, les enseignants ajustent leurs épreuves au niveau moyen du groupe d'élèves : classe jugée forte, exigences accrues ; classe jugée faible, mansuétude plus grande. Ce mécanisme d'adaptation a pour effet que, dans quasiment toutes les classes, deux élèves sont chaque année en échec. Interrogés à ce sujet, les enseignants se déclarent conscients de cet ajustement qu'ils qualifient de différenciation pédagogique.

Par ailleurs, ré-analysant des protocoles d'entretien recueillis par Burdevet à Genève, Crahay (2003) fait apparaître qu'au moment de décider le passage de classe ou le redoublement, les enseignants troquent leur rôle d'activateur des apprentissages pour celui de psychologue. En effet, la décision de promotion ou d'échec ne se fonde guère sur un bilan des acquisitions réalisées durant l'année écoulée. Les enseignants s'efforcent de pronostiquer dans quelle mesure chaque élève est « apte à suivre les enseignements de l'année à venir ». Pour justifier leurs verdicts d'incapacité à l'adresse de certains enfants, les enseignants invoquent principalement des causes non scolaires : manque de maturité et, plus rarement, d'aptitude, habileté langagière déficiente, problèmes affectifs, mais aussi famille immigrée ou perturbée. Tous les enseignants sans exception affirment que les notes ne constituent pas l'élément déterminant d'une décision de redoublement. Ce qui importe, déclarent-ils, c'est leur jugement auquel la plupart accordent une grande confiance à la limite de l'infaillibilité. Plus précisément, bon nombre des enseignants interrogés semblent considérer que leurs jugements sont objectifs du fait même qu'ils sont en contact quotidien avec les enfants. Inconscients de possibles effets d'attentes, certains avouent toutefois être influencés par la représentation qu'ils se font des exigences du collège de l'année ultérieure. Quant aux notes, elles constituent « une sorte d'alibi » (propos d'enseignant) en ce sens qu'elles ont pour fonction de donner à la décision prise une légitimité aux yeux de l'élève, des parents et des collègues.

Réconcilier le jugement et la mesure

L'époque de la toute-puissance de la mesure est révolue. Ses limites ont été cernées avec justesse par Cardinet (1986a) qui, par ailleurs, a développé, au travers de la théorie de la généralisabilité, les fondements d'une édumétrie libérée de la courbe de Gauss. Il est urgent que la corporation enseignante fasse la critique de l'évaluation par jugement. Les travaux de Bressoux et Pansu (2003) sur les jugements scolaires offrent une base empirique et théorique à cette entreprise.

Selon nous, il est indispensable de reconnaître les limites tant des mesures édumétriques que des jugements scolaires des enseignants. C'est à ce prix qu'il sera possible de concevoir des dispositifs d'évaluation des élèves combinant des mesures, certaines provenant d'épreuves spécifiques à la classe et d'autres issues d'épreuves externes, et les jugements des enseignants. La base de l'appréciation des élèves restera sans doute le jugement des enseignants, mais ceux-ci doivent faire le deuil de leur foi en l'infaillibilité de leurs perceptions afin de fonder leurs décisions certificatives sur une pluralité d'informations et accorder un poids véritable aux scores des élèves à diverses épreuves. Le but est, en définitive, d'assumer l'incertitude inexorablement liée à l'appréhension des qualités humaines.

4. DEVELOPPEMENT DE LA REFLEXION SUR LES OUTILS

4.1 LES OUTILS DE SELECTION

L'évolution des QCM

Dieudonné Leclercq

La présente contribution a un double but. Tout d'abord faire perdre éventuellement au lecteur son innocence[1] quant aux QCM : il n'existe pas une et une seule forme de QCM. Le second objectif est de montrer en quoi l'évolution des QCM est une succession de modifications visant à rencontrer des critères de qualité d'un système d'évaluation résumables sous le sigle ETIC PRAD (Leclercq, 2005) que nous énumérons d'emblée. Nous marquerons ces huit mots-clés du signe * et nous mettrons leur première lettre en majuscule.

La validité Ecologique* (Brunswick, 1943) de l'évaluation pédagogique, ou « validité apparente » (en anglais *face validity*), est d'autant plus grande que la situation correspond à la situation de la vie réelle qu'elle est censée représenter ou prédire.

La validité Théorique* (Cronbach & Meehl, 1955) se décompose en validité de contenu (ou de « couverture » : tout ce qu'il faut tester l'est-il ?) et en validité de *construct* (le système d'évaluation est-il fondé sur un modèle crédible, scientifiquement fondé, par exemple des processus mentaux ?).

La validité Informative* (si possible diagnostique) est la multiplicité des informations résultant de l'évaluation, leur distinctivité (capacité de porter sur une capacité et non sur la voisine), leur précision (sensibilité), leur valeur explicative.

---

[1] Dans le sens que B. Bloom (1972) donnait à cette expression : ne plus pouvoir dire « je ne savais pas », parade des incompétents pour justifier tous leurs errements. Désormais, la personne formée devra plaider coupable.

La validité Conséquentielle* (Green, 1998) s'apprécie aux suites que l'évaluation a sur les représentations, les actes (ex. : réviser ou non la matière, changer ou non de méthode d'étude) des apprenants, des formateurs ou du système.

La validité Prédictive* ou concurrente des mesures obtenues est leur capacité de prédire efficacement (c'est-à-dire avec précision et exactitude) d'autres mesures souvent ultérieures, par exemple la réussite scolaire ou professionnelle, le rendement à une autre épreuve, etc.

La Replicabilité* ou stabilité (fidélité) d'une mesure est sa stabilité dans le temps ou entre corrections. Une formule (Ebel, 1969) précise le nombre de questions d'une épreuve et, pour les QCM, le nombre de solutions proposées (distracteurs) nécessaires pour obtenir un niveau de fidélité donné (0,8 par exemple). Des formules répondent à la question de la façon inverse : quel doit être le coefficient d'allongement n du test pour atteindre une fidélité donnée (par exemple 0,80 ou 0,90) d'un test qui existe déjà et dont on connaît la fidélité actuelle ?

L'Acceptabilité* ou praticabilité d'une évaluation, pour le professeur, concerne l'adhésion aux principes et l'applicabilité des méthodes (durée, matériel et lieux requis, concentration, précautions antifraudes, moments possibles, etc.).

Pour l'étudiant, l'Acceptabilité* concerne l'adhésion et/ou la familiarité. Ainsi, il a été démontré (Leclercq, 1986) que plus l'étudiant est familier avec les procédures de testing, avec les barèmes de cotation, plus il est « aguerri aux tests » (en anglais *test wiseness*) et plus ses chances de réussite sont élevées, tout spécialement avec les QCM.

La validité Déontologique* (ou éthique) prend diverses formes. L'équité est probablement la plus connue. Depuis longtemps, la docimologie négative (Piéron, 1963) a montré que les corrections de copies par des juges sont l'objet non seulement de non concordance interjuges, de non constance intrajuge, mais d'autres effets regrettables (de contraste, de sévérité du correcteur, de halo, d'effet Posthumus, etc.) qui sont largement évités par le recours aux QCM. Par ailleurs, les droits des étudiants étant de plus en plus (et à bon droit) reconnus, les systèmes d'évaluation garantissent de plus en plus la transparence de l'évaluation en termes de recalculabilité de la note à partir de la copie brute, de contrôlabilité du processus, ce que les QCM permettent. Nous décrirons ci-après seulement quelques moments charnières de l'histoire des QCM.

La gloire de la consigne classique dès sa naissance

Pressés de sélectionner les officiers parmi les appelés à la guerre de 1914-1918, les Etats-Unis font confiance aux *Army tests* conçus par Otis. Il s'agit de tests constitués de Questions à Choix Multiple fonctionnant avec la consigne Classique (QCMC), par exemple : « une seule des solutions proposées est correcte et vous avez droit à une seule réponse ». Le fait que les USA se sont retrouvés parmi les vainqueurs n'a pas peu fait pour assurer une crédibilité à ce mode de testing (validité Prédictive*). Au cours des années suivantes, les modalités de testing systématique ont encore accru l'exigence d'efficience (rapport coût/efficacité) tant appréciée par les Américains du Nord (validité d'Acceptabilité*). Après la guerre 1940-1945, aux USA toujours, l'exigence grandissante de non-discrimination raciale (*Civil Rights*) dans la notation a fait apprécier ce que les américains ont appelé les *objective tests* (validité Déontologique*), alors que ces tests n'ont d'objectif que la correction. L'ajout de critères d'analyses a posteriori des réponses par les indices de discrimination ou corrélations point bisériales (Davis, 1946) ont donné aux épreuves par QCM une validité Théorique* (de construct) via la psychométrie. Ces quatre types de validité expliquent, à notre avis, le plus grand attachement des Américains aux QCM que ne l'ont été et le sont les Français par exemple.

Pourtant, dès 1963, dans leur livre *La Docimologie*, Piéron avait montré les discordances importantes pouvant exister entre les notes de différents juges d'une même copie « rédigée », et même l'instabilité de la note d'un même juge à une même copie. Au courant de ce problème, les autorités françaises ont cependant maintenu la notation subjective, sur la base du raisonnement selon lequel le correcteur ne connaissant pas l'identité de l'auteur de la copie, les injustices se répartissent au hasard selon un bon vieux principe (français lui aussi) d'égalité. Il se pourrait que la pratique de plus en plus courante de recours en justice (mode venue elle aussi des USA) des étudiants contre la note obtenue amène à reconsidérer la situation.

Une attaque théorique sur le hasard et la *correction for guessing* classique

Tversky (1964) définit la puissance d'un test par « 1 - la probabilité d'atteindre la performance parfaite par chance ». Or on sait qu'à chaque QCMC qui comporte k solutions, l'étudiant a 1/k chances de fournir la solution correcte par chance. Plusieurs parades ont été développées pour pallier ce défaut. Dès 1920, Mc Call recourt à la *correction for guessing* classique qui consiste à fixer comme suit les tarifs : le Tarif en cas de Réponse Correcte (TC) vaut + 1 point, le Tarif en cas d'Omission (TOM) vaut 0 et le Tarif en cas de réponse Incorrecte (TI) vaut -1/(k-1) où k est le nombre de solutions proposées.

Tout aussi tôt, West (1923) critique cette procédure. Nous prétendons, aujourd'hui encore, que cette procédure est inadéquate tout d'abord parce qu'elle est basée sur un modèle théorique dépassé de l'activité mentale d'un étudiant en train de répondre à une QCMC : le premier des trois modèles décrits par Bruce Choppin (1975).

Dans ce modèle 1, quand l'étudiant « sait », il choisit la réponse correcte et quand il ne « sait pas », il choisit au hasard parmi les réponses proposées. D'où la *correction for guessing* classique.

Le modèle 2 commence comme le premier, mais au lieu de répondre au hasard quand il « ne sait pas », l'étudiant commence par éliminer les solutions qu'il sait être fausses et choisit au hasard parmi celles qui restent. Ce modèle 2, dont le 1 n'est qu'une variante extrême, reconnaît la notion de connaissance partielle défendue par De Finetti (1965). Il a donné lieu à des consignes du type QCRM (Questions de Choix à Réponses Multiples) consistant à inviter l'étudiant à éliminer les solutions incorrectes, donnant lieu, dans une QCMC à des scores allant de -(k-1) à +(k-1), rendant la mesure plus subtile, plus Diagnostique*.

Le modèle 3 de Choppin va jusqu'au bout du concept de connaissance partielle et dit que quand un individu est placé devant une question (à choix multiple ou non), il commence par ranger les solutions possibles par ordre de plausibilité décroissante et, si la consigne l'oblige à ne fournir qu'une d'entre elles, alors il choisit celle dont la probabilité (subjective) est la plus élevée (à ses yeux). Ce modèle débouche sur le recours aux degrés de certitude car, comme le dit De Finetti (1965),

« seule la probabilité subjective peut donner une signification objective à toute méthode de mesure et de *scoring* » (p. 111).

Des modèles de Choppin, on aura compris les faiblesses de la *correction for guessing* classique. (1) Elle manque de validité Déontologique* car elle est injuste : elle pénalise aveuglément les personnes à qui on a interdit d'exprimer leur degré de doute. (2) Elle manque de validité Informative* pour les enseignants puisqu'elle ne leur apprend rien de plus. Enfin (3), et pour les mêmes raisons, elle manque de validité Conséquentielle* pour les étudiants car, à part « omettre plus souvent », elle n'a pas d'effet sur leur comportement. Cross et Frary (1977) ont en effet démontré (voir détails dans Leclercq, 1986) pourquoi cette procédure dissuade peu de « deviner ».

Les tenants des Degrés de Certitude (voir plus loin) soutiennent que cette procédure répond aux trois manques signalés ci-dessus.

Une rafale de critiques théoriques sur les processus mentaux mesurés et non mesurés

Les QCMC ne mesurent pas l'évocation de mémoire

Il est évident que les QCMC ne peuvent prétendre mesurer la capacité d'évoquer des connaissances, mais bien celle de les « reconnaître », ce qui n'est pas la même chose. Depuis longtemps, en effet, on sait (Luh, 1922) que la performance de recognition a un taux de réussite plus élevé que la performance d'évocation. Ces observations ont été maintes fois confirmées dans des contextes aussi différents que l'apprentissage de langues étrangères (Bahrick, 1984) ou de la médecine (Schurwirtz, 1998). Ajouter la solution « Aucune » (ou « Autre ») aux solutions possibles améliore la validité Théorique*.

Les QCMC invitent au raisonnement à rebours

Même avec la solution «Aucune » ou « Autre », les QCMC induisent un processus mental ne correspondant pas à celui que les étudiants doivent pratiquer dans la vie courante. Avec une QCMC, l'étudiant a tendance à d'abord considérer (et éliminer) les solutions proposées, puis seulement choisir la solution au lieu d'en évoquer une personnelle. C'est le modèle 2 de l'activité mentale décrit par Choppin. Or, ce que l'on veut mesurer, c'est sa capacité à évoquer la solution, puis seulement à la confronter à des solutions possibles. C'est le principe des QCL (Leclercq, 2005) ou Questions à Choix Larges : l'étudiant reçoit une liste de plusieurs centaines de solutions rangées par ordre alphabétique (comme l'index d'un livre) parmi lesquelles il doit choisir. Chaque solution possible est affectée d'un numéro d'ordre (par exemple de 1 à 700) et c'est par ce numéro en trois chiffres (lisible par le lecteur optique de marques) que l'étudiant répond. On garde ainsi les avantages de l'automatisation de la correction, en donnant une plus grande validité Théorique* (de *construct*). L'automatisation de la correction permettant de poser beaucoup de questions (plus d'une par minute, par exemple 100 en une heure) contribue d'une autre façon encore à la validité Théorique* mais dans son aspect « validité de contenu ».

Les QCL seront cependant de plus en plus abandonnées avec le recours aux réponses par clavier. Il suffit, dans ce cas-là, de taper le début du mot et le système propose la suite en choix large. Schurwirtz (1998) a appelé cela *Long Menu Questions*. Ceci constitue une amélioration de la validité d'Acceptabilité* - applicabilité de la technique.

Les QCMC ou QCMR renforcent le curriculum caché de l'école

Le curriculum caché est ce que personne n'enseigne mais que tout le monde apprend à l'école. On y apprend, notamment, que quand une question est posée, il faut y répondre ; or certaines questions, parce qu'elles sont absurdes ou excessivement intrusives, ne doivent ou ne peuvent recevoir de réponse ! On y apprend que quand l'autorité pose une question, elle est forcément pertinente, bien posée, etc. On y apprend que toute question a une réponse et que si on ne la connaît pas, on ne peut pas la retrouver par le raisonnement. Bref, le curriculum habituel (il y a heureusement de plus en plus d'exceptions) n'exerce pas à la vigilance cognitive, à la détection des anomalies, des incohérences, etc. notamment par ses modalités de testing, les QCMC en étant la plus représentative. Grave lacune dans la validité Théorique* de cette technique ! Pour toutes ces raisons, nous avons développé (Leclercq, 1986) les QCM à Solutions Générales Implicites ou QCM SGI. Ces solutions sont au nombre de quatre : Aucune, Toutes, Manque de données dans l'énoncé, Absurdité dans l'énoncé. Elles sont « générales » par ce qu'elles sont valables (et identiques) pour toutes les questions d'un test par QCM SGI. Elles sont « implicites » parce qu'elles ne sont présentées qu'une seule fois (au début du test) et ne sont pas répétées dans chaque question : l'évalué doit y penser tout seul. Du coup, cette procédure a aussi un impact sur la validité Informative* (ou diagnostique) car elle permet de distinguer deux niveaux de la taxonomie de Bloom : la compréhension (sans piège) et l'analyse (avec piège). Gilles (1999) a montré que les QCM SGI dont la réponse correcte est une SGI avaient une validité Prédictive* supérieure à celles dont la réponse correcte est une solution « visible » pour la réussite d'étudiants en médecine.

La rencontre entre QCM et DC (Degrés de Certitude)

Le recours aux Degrés de Certitude est indépendant des QCM. On peut très bien poser une question ouverte (du genre : « en quelle année a eu lieu la révolution française ? ») et demander à l'étudiant d'accompagner sa réponse d'un degré de certitude[2]. Shuford (1966), Van Naerssen (1965) et De Finetti (1965) ont montré que la consigne ne devait pas être verbale (« peu sûr », « moyennement sûr », « très sûr ») mais probabiliste (en pourcentages de chances). Nous avons en outre montré (e.g., Leclercq, 1993) qu'une précision plus grande que 20% était illusoire, d'où notre consigne en 6 degrés : 0%, 20%, 40%, 60%, 80%, 100%.

Avec les auteurs précités, nous pensons que ce procédé a une plus grande validité Ecologique* que le testing habituel qui empêche les étudiants d'exprimer leur doute. Choppin (1975) a décrit ce problème dans ses modèles 1, 2 et 3. Il dénonce la vision manichéenne (tout ou rien) de phrases telles que « répondez uniquement si vous savez ; omettez si vous ne savez pas », alors que nous sommes très souvent (et en particulier lors

---

[2] Dans le cadre de l'opération MOHICAN (Leclercq, 2003), qui a posé des QCM (+ Autre et Toutes) dans dix matières à 4000 étudiants entrant dans les universités de la Communauté française de Belgique, nous avons posé cette question sur la date de la révolution française. Il est intéressant de connaître non seulement le taux de réponses correctes, mais aussi la certitude moyenne (ou Confiance) accompagnant les réponses correctes ainsi que la certitude moyenne (Imprudence) accompagnant chacune des réponses incorrectes.

de situations d'apprentissage) dans des états de connaissance partielle (De Finetti, 1965). Le degré de doute explique les comportements de vérification (dans le dictionnaire par exemple) comme nous l'avons montré expérimentalement (Leclercq & Gilles, 1993).

Avec les QCM, les Degrés de Certitude résolvent en outre (mais c'est un heureux effet secondaire, pas le but principal) le problème du *guessing*, ce qui contribue à la validité d'Acceptabilité* (par les enseignants) des QCM.

Enfin, les Degrés de Certitude montrent leur importante contribution à la validité Informative* des QCM quand les solutions erronées sont plus choisies et surtout avec une certitude plus élevée que la (ou les) solution(s) correcte(s), ce qui est anormal. Cette situation est révélatrice de conceptions erronées (*misconceptions*).

Nous arrêterons ici cette dialectique entre les améliorations apportées aux QCM et les critiques qui continuent à leur être faites, les deux contribuant à améliorer divers aspects de la validité des mesures. L'histoire des QCM n'est pas finie. Nous invitons ceux qui s'en sentent le désir et le courage d'en écrire quelques pages.

4.2 LES OUTILS DE PRODUCTION

Les outils ouverts d'évaluation ou la nécessité de clés de fermeture

François-Marie Gerard

Les outils ouverts d'évaluation, aussi appelés « outils ou items de production » ou encore « items à réponses construites », s'opposent aux « outils de sélection » ou « items à réponses choisies ». Historiquement, les outils ouverts sont les plus anciens : il y a longtemps qu'on utilise, pour évaluer les acquis d'apprenants, des outils de production en demandant à l'apprenant de produire un comportement ou un discours qui témoigne de sa maîtrise.

Les travaux de la docimologie ont montré les limites de ces items de production et ont entraîné la création des items de sélection. Ceux-ci se caractérisent par deux éléments :
- d'une part, la réponse est fournie (parmi d'autres) à l'élève qui ne doit donc pas aller la chercher dans son répertoire cognitif mais l'identifier,
- d'autre part, en corollaire, l'item permet une correction « objective » puisqu'il suffit de constater que l'élève a bien sélectionné la réponse attendue.

L'identification de la (des) « bonne(s) réponse(s) » dans les items de sélection ne signifie pas nécessairement que cette (ces) réponses étai(en)t connue(s) du sujet. Ce problème ne se pose pas pour les items de production, mais celle-ci peut être limitée par les exigences de communication écrite qu'elle nécessite et qui peuvent occulter les connaissances réelles.

La problématique de base des « outils de production » est aussi posée : ils débouchent sur une évaluation subjective et cette subjectivité serait à bannir. La question est complexe et si plusieurs auteurs (Cardinet, 1992 ; Weiss, 1986) ont montré que non seulement la subjectivité est inévitable, mais qu'elle peut même constituer une composante essentielle de l'acte d'évaluation, il n'en reste pas moins qu'un enjeu important des outils ouverts d'évaluation est d'apporter des « clés de fermeture » susceptibles de réduire la part de subjectivité et surtout d'éviter de transformer celle-ci en arbitraire.

Face à ces éléments, de nouveaux « outils de production » ont été développés ces vingt dernières années pour participer à l'évaluation. Parmi d'autres, nous conduirons notre propos sur la base de trois outils, que nous présenterons d'abord brièvement :
- l'évaluation de la progression des apprentissages par le portfolio,
- l'évaluation de compétences à travers des situations complexes,
- l'évaluation de projets, de programmes ou de systèmes à l'aide de modèles d'analyse.

Trois outils ouverts

L'évaluation de la progression des apprentissages par le portfolio

S'il est bien un outil d'évaluation à propos duquel la littérature abonde depuis quelques années, c'est le portfolio (Allal, Wegmuller, Bonaiti-Dugerdil & Cochet Kaeser, 1998 ; Bélair, 2002).

Le portfolio est « un assemblage finalisé (*purposeful collection*) des travaux de l'élève qui démontrent ses efforts, ses progrès et ses acquisitions dans un ou plusieurs domaines. Il implique la participation de l'étudiant à la sélection des contenus, à la définition des critères de sélection et d'appréciation des travaux, ainsi que des manifestations d'auto-réflexion (*self-reflection*) de la part de l'étudiant » (*Northest Evaluation Association*, 1990, traduit par Allal et al., 1998, p. 7).

L'évaluation des compétences à travers des situations complexes

La principale caractéristique de l'approche par les compétences est le fait de susciter la mobilisation de ressources intégrées pour résoudre des situations-problèmes (De Ketele, 2000 ; Perrenoud, 1997 ; Roegiers, 2000). Dès lors, ces compétences ne peuvent plus être évaluées par des items isolés formulés en termes de contenus et/ou d'objectifs opérationnels (Dauvisis, 2006 ; De Ketele & Gerard, 2005).

L'outil le plus communément admis pour évaluer les compétences est la présentation d'une situation complexe relative à la famille des situations problèmes de la compétence, nécessitant de la part de l'élève une production complexe de résolution de la situation (Gerard, 2005 ; Rey, Carette, Defrance & Kahn, 2003).

Les questions principales que pose ce genre d'outil sont : comment valider les épreuves ? Comment assurer l'équivalence d'épreuves évaluant la même compétence ? Comment les corriger ?

L'évaluation de projets, de programmes ou de systèmes à l'aide de modèles d'analyse

L'évaluation existe aussi en dehors du champ scolaire, avec les mêmes problématiques en ce qui concerne l'élaboration des outils. L'évaluation de projets, de programmes ou de systèmes constitue un enjeu important mais rencontre de nombreuses difficultés techniques, psychologiques et financières.

Certains outils fermés existent en ce domaine, mais ils ont du mal à s'adapter à la variété des situations. Aussi, à la suite des travaux de l'équipe de Stufflebeam (1980), des outils d'évaluation ont été développés sous la forme de modèles structurant un certain nombre de critères permettant d'évaluer un projet ou un système selon toutes ses facettes et quel que soit le moment de son existence (Gerard, 2001 ; Roegiers, 1997 ; Sall & De Ketele, 1997).

Des caractéristiques communes pour des clés de fermeture

Ces outils, malgré leurs différences, ont un certain nombre de caractéristiques communes qui sont vraisemblablement liées à leur place et à leur spécificité dans l'évaluation. Certaines de ces caractéristiques conduisent à cadrer les outils, apportant ainsi des clés de fermeture qui contribuent à leur validité.

Les outils ouverts d'évaluation privilégient les trois fonctions de l'évaluation

Plus encore que pour un outil fermé, il importe de se demander à quoi sert l'évaluation réalisée avec des outils ouverts : poursuit-elle une fonction d'orientation, de régulation et/ou de certification ?

L'orientation peut être un élément crucial au niveau individuel, notamment lors de la Validation des Acquis de l'Expérience (VAE), par exemple lorsqu'un institut de formation pour adultes utilise une épreuve sur les compétences génériques pour orienter les candidats lors de la procédure d'admission (De Ketele, 2004). Lors de la même procédure, les candidats sont invités à présenter leurs expériences en y joignant des pièces probantes, à l'instar du portfolio. L'orientation est, à un niveau plus collectif ou systémique, une fonction essentielle de l'évaluation de projets à travers l'évaluation ex ante.

La régulation est au cœur de l'utilisation du portfolio. Dans ce cas, le portfolio est souvent appelé « dossier d'apprentissage » ou « dossier de progression ». L'évaluation des compétences par situations complexes poursuit aussi avant tout une fonction de régulation. Ainsi, les « modules d'intégration » mis en place dans le cadre de la pédagogie de l'intégration (Roegiers, 2000) consistent à confronter les élèves, tant à des fins d'apprentissage que d'évaluation, à des situations complexes à la suite d'apprentissages ponctuels. L'utilisation des critères et des indicateurs permet ensuite de dégager des stratégies personnalisées de remédiation. Enfin, les modèles d'évaluation intégrée de projets accordent une place importante à l'évaluation du processus, afin de régulariser l'ensemble du projet, notamment lors des évaluations à mi-parcours.

La certification est également visée par tous ces outils. Lorsque le portfolio s'appelle « dossier de présentation ou d'évaluation », c'est avant tout cette fonction qui est poursuivie. De plus en plus, des épreuves d'évaluation certificative, ou de type PISA[1], sont élaborées sur la base de situations complexes, appuyées par la construction de barèmes permettant de disposer d'une note. Enfin, les évaluations de projets accordent une grande importance à la certification, notamment quand il s'agit de décider de libérer ou non la dernière tranche budgétaire sur la base d'une évaluation finale, voire ex post. Cette dernière inclut l'évaluation de l'impact, essentielle pour garantir qu'un projet a servi à quelque chose, même si son interprétation est toujours difficile (Gerard, 2001).

---

[1] Programme international pour le suivi des acquis des élèves - OCDE.

Cette question de la fonction de l'évaluation est fondamentale pour les outils ouverts. C'est elle qui permettra de décider des caractéristiques premières de l'outil, d'orienter son élaboration et son utilisation. En quelque sorte, c'est une première clé de fermeture à apporter : savoir pourquoi et pour quoi on veut utiliser un outil.

Les outils ouverts d'évaluation deviennent des outils d'action

Cette évolution des outils d'évaluation est particulièrement sensible dans le cas du portfolio. Celui-ci devient lui-même outil d'apprentissage : en créant son portfolio, l'élève est supposé apprendre mieux et plus en profondeur, car conscient de ses apprentissages. Si cette idée généreuse, renforcée par le taux élevé de satisfaction des utilisateurs, n'a pas encore fait l'objet, à notre connaissance, de validations empiriques, il n'en va pas de même de l'utilisation de situations complexes : plusieurs études ont montré que leur utilisation dans le cadre de « modules d'intégration » permettait aux élèves de gagner environ 15 points sur 100 (Gerard, 2005).

Il importe de bien fixer le ou les buts qui sont poursuivis par les outils qu'on utilise, et notamment de savoir si on veut avant tout évaluer ou agir, sans quoi on risque de s'y perdre. Il s'agirait d'une deuxième clé de fermeture aux outils ouverts d'évaluation. Cette nécessité est peut être moins importante dans le cadre de l'évaluation de projets. Par exemple, c'est naturellement qu'un modèle d'évaluation de projet ou de système devient outil de pilotage de ce projet ou de ce système, car il fournit tous les éléments pour dégager - avant, pendant, à la fin et après - les nécessités d'action et de pilotage.

Les outils ouverts d'évaluation intègrent le sujet dans la démarche

Par définition, le portfolio fait de l'élève un acteur de son évaluation, dans une démarche de « co-construction de sens », qui peut inclure non seulement l'enseignant et l'élève, mais aussi ses parents. Ce rôle de l'élève acteur de son évaluation est moins présent dans le cadre des épreuves d'évaluation des compétences par situations complexes, quoique déjà en 1977, Tourneur et Bouillon aient fait état d'études qui ont montré qu'un moyen efficace pour apprendre à un élève à résoudre un problème était de lui demander de rechercher ou de construire lui-même des énoncés de problèmes.

Les outils d'évaluation de projets ont bien intégré, notamment dans le domaine de la santé ou des évaluations des universités, cette notion « d'évaluation participative » qui vise à considérer que les parties prenantes d'un projet, ses bénéficiaires, sont les meilleurs experts pour participer à la construction de sens recherchée par l'évaluation.

Les outils ouverts d'évaluation se fondent sur des critères et des indicateurs

Les spécialistes du portfolio insistent sur la détermination des critères de sélection et d'appréciation des travaux en montrant l'importance de l'implication de l'élève dans cette phase. L'évaluation de projets, même lorsqu'elle n'est pas entièrement participative, passe par une phase où les promoteurs et/ou bénéficiaires du projet définissent avec les évaluateurs les critères qui seront utilisés pour l'évaluation. Dans l'évaluation des compétences par situations complexes, la connaissance par les apprenants des critères sur lesquels ils seront évalués est essentielle, car c'est par rapport à ceux-ci qu'ils pourront optimiser leur performance.

Les critères sont un élément-clé de l'élaboration des outils ouverts. Souvent, dans un outil fermé, le critère est implicite, non formulé. Dans l'évaluation des acquis, ce critère caché est souvent l'exactitude de la réponse (Gerard, 2005). Mais ce critère ne peut fonctionner dans les outils ouverts, tout simplement parce que la réponse correcte n'existe pas. L'ouverture de ces outils tient à la diversité des productions qui peuvent être apportées. Pour pouvoir limiter une subjectivité arbitraire dans l'appréciation de ces productions, il est essentiel de disposer de critères qui détermineront de manière précise les qualités qui sont attendues de cette production. Des indicateurs concrets permettront d'opérationaliser ces critères de telle sorte que l'évaluateur sache exactement ce qu'il doit observer, la manière dont il doit gérer son observation et inférer à propos de la maîtrise de la compétence.

Les critères et les indicateurs sont une clé de fermeture supplémentaire - et fondamentale - des outils ouverts. Sans eux, ces outils ne seraient que des outils de recueil d'information.

Les outils ouverts d'évaluation portent sur des réalités multidimensionnelles

Les travaux qui peuvent apparaître dans un portfolio ou dans la résolution d'une situation complexe sont eux-mêmes complexes et flexibles, non réductibles à une seule et unique démarche ni à un seul et unique produit. Cette multidimensionnalité s'oppose au postulat de l'unidimensionnalité du trait mesuré qui fonde les techniques de la théorie classique des scores ou des théories de réponse à l'item (De Ketele & Gerard, 2005).

Cette caractéristique n'est pas sans poser des difficultés méthodologiques et peut conduire à devoir limiter l'inférence qui est faite au départ de l'observation d'une réalité. Ainsi, Rey et al. (2003) considèrent qu'il n'est pas possible d'inférer la maîtrise d'une compétence large à partir de la résolution d'une situation complexe. Ils ne remettent pas en cause l'utilisation de situations complexes pour évaluer une compétence, mais limitent la définition de celle-ci au « fait d'être capable d'accomplir une tâche déterminée », homogène dans sa finalité technico-sociale, sans qu'on puisse inférer de la complexité d'une situation à la multidimensionnalité d'une compétence. D'autres auteurs mettent cependant l'accent sur la nécessité d'une inférence multidimensionnelle, en se fondant sur la notion de famille de situations, non limitée à une tâche déterminée (Roegiers, 2000).

Travailler ces questions liées à cette multidimensionnalité des réalités évaluées par les outils ouverts constitue un défi important pour l'avenir de ces outils.

Les outils ouverts d'évaluation favorisent la communication

Allal et al. (1998) ont bien montré combien le portfolio est un outil précieux pour favoriser la communication entre les enseignants, les élèves et les parents. Le portfolio présente l'avantage de proposer de l'information brute. La personne qui a devant elle une production de l'élève est bien mieux renseignée sur la compétence de son auteur que par une note ou une appréciation. La discussion qui s'ensuit peut dès lors se concentrer sur l'essentiel, sur le concret de la production de l'élève.

Dès 1992, Cardinet soulignait qu'on évite ainsi deux sources d'erreur majeures : celle du codage du premier correcteur et celle du décodage de celui qui doit interpréter le rapport d'évaluation, le bulletin. On évite en même temps de perdre l'information concernant tous les aspects qualitatifs du travail.

Ce problème de codage-décodage est très présent au moment de la correction d'épreuves par situations complexes et représente vraisemblablement une difficulté essentielle de ce type d'outil, nécessitant des études complémentaires. Si le codage peut déboucher sur une note unique, non porteuse en elle-même de sens, il peut aussi s'inscrire dans une démarche plus descriptive que sommative. Ce qui importe, c'est de pouvoir mettre en évidence quels critères sont maîtrisés ou non, et pourquoi il en est ainsi. On peut ainsi déboucher sur un tableau susceptible de favoriser la communication, pour autant qu'il reste compréhensible par des utilisateurs profanes.

Conclusion

Les outils ouverts d'évaluation permettent de prendre en compte l'ensemble de la réalité, dans une approche holistique et intégrée.

Les outils discutés ici - l'évaluation de la progression des apprentissages par le portfolio, l'évaluation des compétences par situations complexes et l'évaluation de projets à l'aide de modèles d'analyse - ont chacun leur spécificité, mais présentent un ensemble de caractéristiques communes :
- ils privilégient les trois fonctions de l'évaluation,
- ils deviennent des outils d'action,
- ils intègrent le sujet dans la démarche,
- ils se fondent sur des critères et des indicateurs,
- ils portent sur des réalités multidimensionnelles,
- ils favorisent la communication.

Ces caractéristiques constituent un ensemble de « clés de fermeture » des outils ouverts, en ce sens qu'elles permettent de les cadrer, de définir leur portée et le sens qu'ils apportent à l'évaluation. En concrétisant chaque caractéristique - quelle fonction ? quelle action ? quel sujet ? quels critères ? quels indicateurs ? quelle réalité ? quelle communication ? - les acteurs de l'évaluation contribuent à accroître la pertinence, la validité et la fiabilité de leurs outils.

4.3 LES OUTILS TECHNOLOGIQUES

L'évaluation assistée par ordinateur

Réginald Burton et Romain Martin

Le développement épistémologique de l'évaluation assistée par ordinateur : d'une perspective sommative à une perspective diagnostique

Depuis l'introduction des premiers micro-ordinateurs dans le courant des années 70, nous avons assisté au développement continu des techniques d'évaluation assistée par ordinateur. Ce processus d'évolution s'appuie non seulement sur les progrès technologiques mais aussi sur les développements récents de la psychométrie et des sciences cognitives. Le développement n'est pas uniquement technologique ou technique, il intègre également les changements du statut épistémologique de l'évaluation dans le processus d'apprentissage en passant d'une perspective sommative à une perspective formative et diagnostique.

Pour retracer cette évolution, Bunderson, Inouye et Olsen (1989) distinguent quatre générations d'évaluation assistée par ordinateur. Selon ces auteurs, la forme la plus simple de la première génération en tests assistés par ordinateur consiste en la transposition pure et simple de tests papier-crayon sur un support informatisé. La deuxième génération de tests informatisés a vu le jour selon les modalités du testing adaptatif par ordinateur (TAO). Le caractère adaptatif des tests constitue une innovation et un atout majeur puisqu'il va permettre de raccourcir considérablement la longueur des tests sans perdre en précision de mesure. Néanmoins, dans cette seconde perspective, le résultat de la mesure reste toujours un positionnement statique de l'individu sur une dimension latente : il permet donc de déterminer le niveau de performance d'un sujet mais ne permet ni de diagnostiquer les raisons d'une réussite ou d'un échec, ni de préciser les mécanismes cognitifs mis en jeu. Les deux premières générations d'évaluation assistée par ordinateur se situent donc clairement dans une perspective d'évaluation sommative ou certificative. La troisième génération des tests informatisés décrite par Bunderson et al. (1989) est appelée mesure continue (*continuous measurement*, CM). Son fonctionnement technique est calqué sur celui du TAO, mais l'évaluation est censée être délivrée en continu, de manière à être intégrée dans le processus même d'apprentissage en vue de guider les apprenants. Le résultat de la mesure devient ainsi dynamique dans l'optique d'une évaluation formative. La quatrième génération des tests informatisés va encore aller plus loin dans cette direction en essayant d'automatiser les mesures de régulation à adopter suite aux évaluations continues qui sont réalisées. Dans cette quatrième génération, le système informatique devrait permettre de garder continuellement à jour un modèle de l'état cognitif actuel de l'apprenant qui sera comparé à un état cognitif souhaité. L'ordinateur réalise ainsi un diagnostic permettant de choisir les mesures de remédiation adaptées à l'apprenant dans une base de mesures pédagogiques préalablement mise au point. On est donc très proche, ici, du fonctionnement d'un tuteur intelligent (Orey & Nelson, 1994). Cette quatrième génération est d'ailleurs qualifiée de mesure intelligente (*intelligent measurement*, IM).

Le Testing Adaptatif par Ordinateur

C'est l'avènement du TAO (TAO, e.g., Dechef & Laveault, 1999 ; Wainer et al., 2000) qui conférera à l'évaluation assistée par ordinateur une dimension supplémentaire par rapport aux tests papier-crayon. La caractéristique principale du TAO consiste à proposer aux sujets des items dont la difficulté est adaptée à leur niveau de compétence. Ce caractère adaptatif a pour conséquence que des sujets différents vont se voir administrer des items différents. L'avantage d'une telle procédure est double. Elle permet, dans un premier temps, de réduire considérablement la longueur des tests pour estimer, avec un degré de précision déterminé, la compétence des sujets, d'où un gain de temps évident. Elle permet, dans un second temps, d'augmenter la qualité des mesures en évitant que les sujets ne se démotivent trop rapidement lors de la passation des tests en limitant, bien entendu, le nombre d'items mais surtout en ne présentant aux sujets que des items dont la difficulté se situe dans leur zone proximale de développement (Vygotski, 1984). Cette révolution n'est rendue possible que grâce au développement des Modèles de Réponse à l'Item (MRI, e.g., Hambleton, Swaminathan & Rogers, 1991 ; van der Linden & Hambleton, 1997) puisque la procédure suppose un modèle de mesure permettant d'estimer la compétence des sujets indépendamment des items qui sont administrés.

Dechef et Laveault (1999) distinguent cinq composantes essentielles à la réalisation d'un TAO : une banque d'items dont les paramètres sont connus, une procédure d'administration des items, une méthode de sélection des items, un critère de fin d'examen et une méthode d'estimation de la compétence des sujets.

Dans une procédure de TAO, un premier item de la banque est proposé au sujet. A défaut d'information plus précise sur le niveau de compétence attendu du sujet, on utilise généralement un item dont l'indice de difficulté est proche de la moyenne de la population à laquelle appartient le sujet. Pour le choix des items suivants, on utilise le plus souvent un algorithme basé sur le maximum d'informations. La méthode de sélection consiste à estimer, à chaque étape du processus, la compétence du sujet en fonction de son patron de réponse et de l'erreur standard associée, ces estimations étant réalisées généralement par la méthode du maximum de vraisemblance (e.g., Hambleton et al., 1991) ou par la méthode bayesienne de Owen (1975) dans le cadre des MRI. On choisit alors comme item suivant celui qui procurera la plus grande quantité d'informations au niveau de compétence considéré, c'est-à-dire celui qui conduira, dans une étape ultérieure, à minimiser l'erreur standard associée à l'estimation de la compétence. Pour déterminer la fin de la séance d'examen, on se donne en général un critère d'arrêt relatif au degré de précision visé par la mesure. Le test s'arrête donc si la précision voulue est atteinte ou si la banque d'items ne fournit plus d'items susceptibles de faire diminuer l'erreur de mesure.

Le TAO dans l'évaluation sommative et certificative

Dès la mise au point théorique du TAO, les avantages de cette forme d'informatisation des tests ont semblé évidents. Non seulement, on s'attendait à une individualisation du testing allant de pair avec une efficacité accrue de la passation (une meilleure précision de mesure avec moins d'items) mais, de plus, on voyait encore d'autres avantages dans la passation informatisée, comme une sécurité plus élevée du test, une possibilité d'évaluation automatique et immédiate et celle de développer de nouveaux formats d'items (Green, 1983). Ces perspectives alléchantes ont eu pour effet qu'au courant des années 90, on a vu, notamment aux Etats-Unis, qu'un certain nombre de programmes d'évaluation à grande échelle ont été transposés du format papier-crayon classique à un format TAO. Parmi ces programmes de testing américains, on trouve ainsi le *Graduate Record Examination*, le *Computerized Placement Test*, le *Test of English as a Foreign Language* ou le programme de certification du *National Council of State Boards of Nursing* (Zara, 1999) et du *National Board of Medical Examiners* (Luecht, 1996). En dehors des Etats-Unis et notamment en Europe, les programmes de testing basés sur le TAO sont beaucoup plus rares, mais commencent néanmoins à émerger, comme par exemple aux Pays-Bas où l'Institut national de la mesure en éducation vient de mettre au point un programme TAO pour assigner des apprenants à différents niveaux de formation en mathématiques (Eggen & Straetmans, 2000) ou au Luxembourg où l'unité de recherche *Educational Measurement and Applied Cognitive Science* de l'Université du Luxembourg a mis au point un système informatisé de placement des apprenants dans les groupes de niveau en relation avec le Cadre européen commun de référence (CECR) pour l'apprentissage des langues (Burton, 2004). Au niveau international, le *Programme for International Student Assessment* (PISA) prévoit en 2006 un premier module d'évaluation des compétences scientifiques assistée par ordinateur qui devrait constituer la première étape vers la mise au point d'un système TAO plus vaste. Les contenus de ces programmes d'évaluation montrent donc qu'ils se situent principalement dans un contexte éducatif et que l'optique est essentiellement celle d'une évaluation sommative ou certificative. Si on analyse les résultats obtenus par ces programmes (surtout les programmes américains qui fonctionnent depuis plusieurs années), on doit constater qu'ils ont connu un succès indéniable en ce qui concerne le volume des passations réalisées. Ainsi, Wainer (2000) indique un accroissement exponentiel dans la passation TAO depuis le début des années quatre-vingt-dix jusqu'à aujourd'hui.

Le TAO comme outil d'évaluation formative dans l'apprentissage de maîtrise

La première application du TAO en tant qu'outil d'évaluation formative s'intègre dans le cadre de la pédagogie de la maîtrise introduite par Bloom (1979). La procédure d'évaluation - le testing de maîtrise (*mastery testing*) - correspondant à l'apprentissage de maîtrise (*mastery learning*) peut être transposée sous forme de test adaptatif : on parlera dans ce cas de testing de maîtrise adaptatif (*adaptative mastery testing*, e.g., Weiss & Kingsbury, 1984). Le principe de l'apprentissage de maîtrise et du testing de maîtrise est assez simple (Guskey, 1987). Il s'agit en fait de déterminer un seuil de performance au-delà duquel on va considérer qu'il y a maîtrise des apprentissages visés. Ce seuil de performance séparant le niveau de maîtrise de celui de non-maîtrise est en général rendu opérationnel par un taux de réussite déterminé (en général assez élevé) sur les items d'un test couvrant le contenu d'apprentissage en question (on va, par exemple, considérer qu'une matière est maîtrisée par un sujet s'il arrive à répondre correctement à au moins 85% des questions d'un test couvrant cette matière). En général, la matière est organisée par modules hiérarchiques et c'est seulement après avoir acquis le niveau de maîtrise pour un module donné qu'on fait avancer les apprenants vers le module suivant. L'évaluation revêt ici un caractère formatif puisque l'objectif principal de l'évaluation est le feedback pour l'apprenant.

Lorsqu'on considère plus spécifiquement le problème de mesure qui est posé dans le cadre de l'apprentissage de maîtrise, on constate que l'objectif du test de maîtrise est en fait de réaliser une classification. On n'a donc pas forcément besoin de placer le sujet d'une manière précise sur un continuum latent, mais il faut qu'on puisse décider si le sujet se situe au-dessus ou en dessous du niveau de maîtrise. Or, on a constaté qu'en prenant un taux de réussite à un ensemble prédéterminé d'items comme critère d'attribution à ces deux groupes, on risque de commettre entre 40 et 60% d'erreurs de classification si les sujets sont proches du seuil de maîtrise et si on utilise des tests relativement courts (Frick, 1990). En effet, la fidélité limitée de tels tests implique des intervalles de confiance assez étendus pour les scores vrais des sujets, ce qui explique le grand nombre de classifications erronées dans ce cas de figure.

Différentes procédures alternatives de TAO ont été proposées pour arriver à une prise de décision plus fiable dans ce problème de catégorisation (e.g., Martin, 2003). Par exemple, la méthode mise au point par Weiss et Kingsbury (1984) consiste, dans un premier temps, à déterminer le seuil de maîtrise θ_m, initialement exprimé sous forme d'un pourcentage de réussite, sur une dimension latente définie par un MRI par l'intermédiaire de la fonction de réponse du test (e.g., Hambleton et al., 1991) qui établit une bijection entre le pourcentage de réponses correctes donné et le niveau de compétence correspondant. Ensuite, la procédure s'attache à réduire l'intervalle de confiance de l'estimation de la compétence du sujet (déterminé en fonction de la variance d'erreur calculée par la méthode du maximum de vraisemblance ou la méthode bayesienne de Owen) par l'administration successive de nouveaux items jusqu'à ce que l'intervalle de confiance ne contienne plus le seuil de maîtrise θ_m.

Le TAO comme outil d'évaluation formative dans l'évaluation diagnostique visant à guider les interventions pédagogiques

Même si le testing de maîtrise comporte déjà une dimension d'évaluation formative puisque l'objectif pédagogique est de donner un feedback aux apprenants qui leur permet de remédier à d'éventuelles lacunes, on doit néanmoins constater que le diagnostic de maîtrise versus non-maîtrise est en soi un constat statique qui ne permet pas de guider d'une manière plus précise la boucle de remédiation subséquente. Or, l'objectif d'une mesure continue, et plus encore d'une mesure intelligente, telles qu'elles étaient présentées par Bunderson et al. (1989), est de fournir des informations précises concernant le fonctionnement cognitif actuel de l'apprenant qui puissent être utilisées pour mieux cibler les interventions pédagogiques qu'on va lui proposer, afin qu'il puisse progresser au mieux à partir de son état cognitif actuel (e.g., Grégoire, 1996). Une telle évaluation diagnostique n'est certainement pas du ressort du testing de maîtrise adaptatif tel qu'il est présenté plus haut. Une procédure de TAO qui approche déjà plus le concept de mesure continue est exposée par Weiss et Kingsbury (1984) qui proposent de réaliser à l'aide d'un TAO des mesures successives du niveau de compétence des sujets au cours d'un processus d'apprentissage (ils parlent d'une « mesure adaptative des changements individuels de performance » - *adaptative measurement of individual changes in achievement*).

Or, même si on arrive à situer un sujet au cours d'un apprentissage à des positions successives précises sur la dimension latente qui est définie par les MRI, un tel positionnement permet bien de retracer un progrès d'apprentissage sur un continuum, mais ne permet pas de diagnostiquer, d'une manière précise, le fonctionnement cognitif d'un sujet, à un moment donné, qui puisse alors être relié d'une manière théoriquement fondée à des interventions pédagogiques particulièrement adéquates. Afin d'approcher cet objectif d'un diagnostic plus précis, il apparaît indispensable d'établir des liens plus étroits entre les procédures de TAO actuellement opérationnelles et les développements récents dans le domaine de la psychologie cognitive. Dans leur description des défis futurs auxquels le TAO devra faire face, Wainer et al. (2000) soulignent d'ailleurs que le TAO devrait s'efforcer de réaliser une intégration plus importante des résultats de la psychologie cognitive dans la mise au point des tests, notamment en vue d'une interprétation plus claire des résultats obtenus. Une telle approche de « psychométrie cognitive », visant l'intégration entre psychométrie et psychologie cognitive, afin d'établir des diagnostics plus précis des processus de résolution de problèmes mis en œuvre par des sujets sur une tâche spécifique, est recherchée depuis plusieurs années en dehors du domaine du TAO (e.g., Houssemand, 2001 ; Martin, 1999).

En TAO, il existe, à l'heure actuelle, différentes tentatives pour réaliser, au moins à l'échelle d'un environnement expérimental, une telle intégration de la psychologie cognitive (e.g., Martin, 2003) comme le modèle multidimensionnel de Rasch pour l'apprentissage et le changement de Embretson (1995) ou la méthode de l'espace-règles de Tatsuoka et Tatsuoka (1997).

Perspectives d'avenir

Les possibilités nouvelles offertes par l'ordinateur tant dans le domaine de l'évaluation formative que sommative tiennent avant tout aux possibilités multimédia, aux modalités d'interaction enrichies et aux possibilités d'un traçage comportemental très fin (données chronométriques, enregistrement des interactions comportementales, etc.). Ces caractéristiques devraient conduire à l'émergence de nouveaux dispositifs d'évaluation qui n'étaient pas envisageables sous format papier-crayon et qui présenteront des tâches dynamiques, éventuellement sous forme de simulations ou de jeux tout en impliquant une ou plusieurs personnes. Ces nouveaux dispositifs permettront des évaluations davantage centrées sur les processus cognitifs (et autres processus psychologiques) vus sous leur aspect dynamique et émergent. Ils ouvriront la porte à des domaines qui étaient, jusqu'à aujourd'hui, difficilement accessibles aux instruments psychométriques existants : compétences implicites, compétences sociales, comportements de résolution de problèmes complexes avec haute validité écologique, compétences professionnelles, etc.

Dans cette perspective, Martin et al. (2005) prévoient par exemple la conception d'un nouveau dispositif pour procéder à des évaluations dynamiques des compétences scientifiques en trois phases :
- une phase de « prétest » au cours de laquelle les connaissances initiales du sujet dans un domaine scientifique précis sont évaluées,
- une phase de « présentation des ressources d'information » au cours de laquelle le sujet a accès à un matériel multimédia concernant le phénomène sur lequel les questions de la première phase ont porté,
- une phase « d'auto-formation » pendant laquelle le sujet va pouvoir utiliser à sa guise le matériel qui est mis à sa disposition en vue de retravailler et de corriger les réponses données aux questions de la phase initiale.

Le système informatique comprend quant à lui quatre fenêtres interactives : une fenêtre principale d'affichage, une fenêtre contenant une arborescence permettant à tout moment de consulter les questions posées et d'y répondre, une fenêtre d'accès à des ressources d'informations (vidéo, texte, graphiques, etc.) contenant des éléments de réponse aux questions posées et, enfin, une fenêtre où s'inscrit en temps réel l'ensemble des opérations réalisées par le sujet qui peut ainsi définir avec précision les moments clés de son exploration. Lors de l'évaluation, les comportements d'exploration des sujets vis-à-vis des ressources d'information sont enregistrés par l'ordinateur (type de matériel consulté, temps passé sur chaque type de matériel, stratégie d'exploration). Ces données comportementales pourront être utilisées par la suite pour la réalisation d'analyses typologiques permettant d'identifier des stratégies d'utilisation et d'exploration des ressources d'informations.

Ainsi, au-delà des perspectives prometteuses, ces nouveaux dispositifs constitueront en même temps le plus grand défi pour la recherche en évaluation. En effet, ces dispositifs assistés par ordinateur vont engendrer des quantités de données très importantes et nous ne disposons pas, à l'heure actuelle, de modèles de mesure adéquats et validés pour procéder au traitement psychométrique de ces données de manière à aboutir à des mesures fiables et valides. Il n'est d'ailleurs pas certain que toutes les variables que l'on pourra enregistrer à l'aide de l'ordinateur soient des facteurs déterminants dans l'établissement d'un profil de traits psychométriques susceptibles de caractériser un sujet. Il faudra donc réaliser des efforts de recherche conséquents afin de pouvoir identifier les dispositifs et les données comportementales qui soient susceptibles de faire avancer nos connaissances au-delà des instruments classiques, et afin de mettre au point des modèles de mesure nouveaux qui permettront de tirer pleinement profit des données supplémentaires fournies par le TAO.

PARTIE III

EVOLUTION DU STATUT EPISTEMOLOGIQUE DE L'EVALUATION

1. LE ROLE DES DISCIPLINES DE REFERENCE DANS LA CONCEPTION DE L'EVALUATION

1.1 LA PSYCHOLOGIE COGNITIVE

Développement cognitif et évaluation des compétences[1]

Gérard Vergnaud

L'étude du développement des compétences mathématiques chez les élèves m'a conduit à m'intéresser, il y a une dizaine d'années, à l'élaboration d'un outil d'évaluation susceptible d'aider les enseignants du cycle 3 à mieux repérer où en sont leurs élèves dans plusieurs domaines des mathématiques : les structures additives, les structures multiplicatives et la géométrie (Vergnaud, 1997). L'évaluation est alors pour le maître un moyen de repérer ce qui est relativement bien compris, et par quels élèves, et ce qui au contraire pose problème, et pour quels élèves. L'évaluation est ainsi un guide concret pour l'action du maître. Encore faut-il qu'il puisse interpréter les données individuelles ainsi recueillies : il lui faut pour cela un cadre théorique. C'est ce cadre que je souhaite évoquer dans la présente contribution, qui se situe dans une perspective de psychologie développementale, non pas de psychologie différentielle : il s'agit moins de classer les élèves que de cerner avec plus de précision et de pertinence les progrès de chacun et les difficultés résistantes. Les grandes évaluations nationales sont d'un faible secours pour l'action du maître au jour le jour dans sa classe.

Les compétences, même si elles relèvent pour partie de processus généraux, demandent à être évaluées avec des outils qui fassent une place essentielle aux contenus des connaissances ; c'est en effet ce contenu qui détermine le plus directement la réussite ou l'échec. Ni l'idée de stade

---

[1] Ce texte reprend l'essentiel d'une contribution à l'ouvrage de Figari G. et Achouche M. : *L'activité évaluative réinterrogée*, Editions De Boeck Université, collection « Pédagogies en développement », Bruxelles, 2001.

général de pensée, ni celle de zone de proche développement ne sont suffisamment concrètes.

La formation des compétences, processus à long terme

La longue durée du processus de formation des compétences ne concerne pas que les enfants et les adolescents, pour lesquels on sait que les apprentissages s'étendent sur plus de dix ans, y compris pour des domaines apparemment circonscrits de la culture scolaire comme la compréhension de textes narratifs ou le choix des opérations dans la résolution des problèmes d'arithmétique (Vergnaud, 1994). Il faut aussi plus de dix ans à un ouvrier pour devenir un bon technicien d'entretien, ou à un jeune ingénieur de conception pour devenir un expert.

Les processus cognitifs organisent la conduite, la représentation, la perception et plus généralement l'activité ; ils organisent aussi le développement des compétences d'un sujet au cours de son expérience. Cette perspective développementale doit nous conduire à tirer les conséquences théoriques et pratiques du fait que, ce qui se développe au cours de l'expérience, c'est un vaste répertoire de formes d'organisation de l'activité : les gestes, les affects et les émotions, le langage, les relations avec autrui, les savoirs et savoir-faire scientifiques et techniques.

Par « conséquences théoriques », j'entends qu'il nous faut des concepts adéquats pour désigner ces formes d'organisation et en analyser le contenu. Par « conséquences pratiques », j'entends les leçons qu'on peut dégager pour l'éducation, la formation, l'organisation du travail, l'aide à l'apprentissage. Vaste programme évidemment, qui dépasse le problème de l'évaluation, mais qui repose en même temps sur elle.

Forme opératoire et forme prédicative de la connaissance

La plus grande partie de nos connaissances réside dans nos compétences. Nous ne sommes capables d'expliciter qu'une faible partie d'entre elles. Ce caractère implicite concerne tous les registres de l'activité, y compris le registre scientifique et le registre langagier. Nous ne sommes capables d'expliciter qu'une petite partie des connaissances que nous mettons en oeuvre dans un raisonnement ou dans un dialogue. On est étonné que des ouvriers, très compétents dans la conduite d'une machine, ne soient que très modestement en mesure d'en expliquer le fonctionnement et les éventuels dysfonctionnements, ou encore d'exprimer les relations entre les propriétés de leur action et les propriétés des effets obtenus. Il est moins connu que cette difficulté d'explicitation concerne aussi des ingénieurs de haut niveau, comme en témoigne une petite étude conduite il y a dix ans avec des ingénieurs de conception de lanceurs spatiaux. Les plus experts de ces ingénieurs, qui avaient acquis leur expertise au cours de dix ou quinze ans d'expérience, avaient une extrême finesse dans la différenciation des solutions techniques en fonction des caractéristiques particulières du problème posé (par exemple les caractéristiques des satellites à mettre en orbite). Leur expertise reposait sur un répertoire hiérarchisé de solutions alternatives, fonctions du sous-problème à résoudre. Une qualité essentielle, dans ce cas, est la pertinence du jugement, donc de l'évaluation et de l'analyse du problème. Or, ces experts, à qui il était demandé de rédiger des guides méthodologiques, en vue de la capitalisation par l'entreprise des compétences originales qu'ils avaient développées, et en vue de la formation des jeunes ingénieurs, ne restituaient qu'une petite partie de leur expertise. Dans leurs écrits, on observe peu de solutions alternatives, mais plutôt une forme linéaire de la méthode à suivre (on fait ceci, puis cela...), également peu de raisonnements sous conditions, alors que c'est dans ces raisonnements que réside justement leur expertise. On n'observe également aucune trace des pièges à déjouer, alors qu'eux-mêmes ont eu du mal parfois à se départir des fausses intuitions, des extrapolations et des interpolations indues. En bref, le décalage entre les connaissances mises en oeuvre dans l'action effective et celles qui sont aisément explicitées concerne tous les registres et tous les niveaux de compétence. Comme dans un iceberg, la partie immergée de nos connaissances est considérable.

Il faut aussi avoir conscience du changement de statut que représente leur explicitation. Une connaissance explicite peut être partagée et débattue ; une connaissance implicite peut éventuellement être partagée lorsqu'une pratique commune le permet ; elle ne peut pas être débattue. Le contrôle de la pertinence et de la vérité en souffre inévitablement.

Compétences, schèmes, invariants opératoires et champs conceptuels

La notion de compétence peut se décliner sous plusieurs formes complémentaires. Pour l'analyse, elle doit être rapportée à une classe de situations aussi bien définie que possible.
- Est plus compétent celui qui sait faire quelque chose qu'il ne savait pas faire (perspective développementale), ou que d'autres ne savent pas faire (perspective différentielle),
- Est plus compétent celui qui s'y prend d'une manière plus fiable, ou plus économique, ou plus générale, ou plus élégante, ou mieux compatible avec la manière de faire des autres (dans le travail en équipe par exemple),
- Est plus compétent celui qui dispose d'une plus grande variété de procédures pour traiter une classe de situations, en fonction des valeurs particulières prises par les variables de situation,
- Est plus compétent celui qui est moins démuni devant une situation nouvelle, jamais rencontrée auparavant.

En d'autres termes, l'évaluation de la compétence appelle non seulement l'analyse du résultat de l'activité (premier critère), mais aussi celle de l'organisation de l'activité (deuxième, troisième et quatrième critères). C'est justement cette idée d'organisation que recouvre le concept de schème. Qu'est-ce qu'un schème ?
- Un schème est une totalité dynamique fonctionnelle,
- Un schème est l'organisation invariante de l'activité et de la conduite pour une classe de situations donnée,
- Un schème est composé de quatre catégories d'éléments :
  - des buts, sous-buts et anticipations,
  - des règles d'action, de prise d'information et de contrôle,
  - des invariants opératoires : concepts-en-acte et théorèmes-en-acte,
  - des possibilités d'inférence.

La définition 1, déjà transparente dans les textes de Piaget, notamment lorsqu'il décrit les premières compétences du bébé, met en avant l'idée de fonctionnalité, et aussi l'idée qu'elle résulte de l'organisation d'ensemble de l'activité. Le qualificatif de « dynamique » renvoie au fait que cette organisation porte sur le décours temporel de l'activité.

La définition 2 se veut un peu plus précise. Elle est inspirée par la théorie des algorithmes, lesquels sont des schèmes particuliers. Deux idées sont importantes. La première est qu'un schème, comme un algorithme, s'adresse à une classe de situations ; la deuxième idée est que c'est l'organisation de la conduite qui est invariante, non pas la conduite elle-même. Cela signifie qu'un même schème peut engendrer des conduites différentes, selon les caractéristiques propres de la situation particulière rencontrée. Le schème est donc un universel, et il permet de comprendre la plasticité et l'adaptabilité de l'activité. Si les algorithmes sont des schèmes, les schèmes ne sont pas tous des algorithmes : il leur manque cette propriété, dite d'effectivité, d'aboutir nécessairement, en un nombre fini de pas, soit à une solution, soit à la démonstration qu'il n'y a pas de solution. Les algorithmes appris à l'école et dans la vie professionnelle se transforment souvent en schèmes, avec leur marge d'incertitude.

La définition 3 est plus analytique. Elle reprend l'idée de fonctionnalité et souligne en même temps l'organisation hiérarchique des buts et sous-buts à atteindre. Les règles forment la partie proprement générative du schème : elles engendrent la conduite au fur et à mesure de l'évolution de la situation. L'activité ainsi engendrée est constituée à la fois d'actions, de prises d'information et de contrôles. Les invariants opératoires forment la partie proprement épistémique des schèmes : ils consistent en catégories conceptuelles (concepts-en-acte) et en propositions tenues pour vraies (théorèmes-en-acte), dont la fonction est précisément de prendre et sélectionner l'information pertinente et de la traiter, pour en inférer buts, anticipations et règles. Les inférences sont indispensables pour rendre compte de ces opérations cognitives faites en situation.

On aperçoit ainsi la méthode : pas d'analyse des compétences sans analyse de l'activité et sans analyse des conceptualisations sous-jacentes, puisque ce sont elles qui, en dernier ressort, font la différence entre un niveau de compétence et un autre.

Illustration : l'apprentissage des structures additives

Les jeunes enfants, entre 3 et 7 ans, se forment une conception de l'addition à partir de deux types de situations, qu'on peut qualifier de prototypiques :

A1 - La réunion de deux parties en un tout. Connaissant le cardinal des deux parties trouver le cardinal du tout : *Pour fêter l'anniversaire de Sylvie, il y a 3 filles et 4 garçons ; combien d'enfants en tout ?*

A2 - L'augmentation d'une quantité initiale donnée : *Marie avait 3 poupées Barbie, sa mère lui en achète deux autres ; combien de poupées Barbie a-t-elle maintenant ?*

Pour la soustraction, les jeunes enfants ne disposent que d'une seule conception véritablement prototypique :

S1 - La diminution d'une quantité initiale donnée : *Paul avait 8 billes, il en perd 2 ; combien en a-t-il maintenant ?*

A partir de ces prototypes, façonnés par les classes de situations qu'ils savent traiter en premier (avec des petits nombres et des quantités familières), les enfants vont devoir étendre l'addition et la soustraction à des situations qui ne correspondent pas à ces prototypes. Par exemple :

A3 - *Jean vient de perdre 3 billes. Il en a maintenant 4. Combien en avait-il au début de la partie ?*

A4 - *Camille a 2 ans de moins que Romulo. Elle a 3 ans. Quel âge a Romulo ?*

S2 - *Au goûter d'anniversaire d'Ahmed, il y a 8 enfants en tout. Il n'y a que trois garçons. Combien y a-t-il de filles ?*

S3 - *Bruno vient de jouer deux parties de billes. Il en a perdu 7 à la première et gagné 3 à la seconde. Que s'est-il passé en tout ? A-t-il gagné ou perdu ? Et combien de billes ?*

L'exemple A3 représente la recherche d'un état initial inconnu. Il faut pour cela non seulement les concepts-en-acte d'état initial, de transformation et d'état final comme dans A2 ou dans S1, mais aussi un théorème-en-acte supplémentaire qui consiste à appliquer à l'état final l'opération inverse de celle qui relie l'état initial à l'état final.

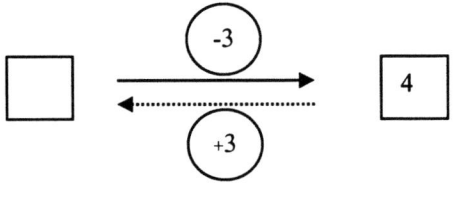

Le raisonnement d'inversion est indiqué en pointillés. Il correspond à un théorème-en-acte qu'on peut exprimer sous la forme générale suivante : si l'état final F résulte de l'application à l'état initial I d'une transformation T, alors l'état initial peut être retrouvé en appliquant à l'état final la transformation T-1 inverse de T.

Un problème comparable se pose pour l'exemple A4 mais, cette fois, il s'agit de l'inversion d'une relation de comparaison quantifiée : « 2 ans de moins que » inversé en « 2 ans de plus que ».

L'exemple S2 paraît être le pendant naturel du prototype A1. Mais il est résolu par les enfants avec un décalage dans le temps, à la fois par rapport au prototype A1 de l'addition et au prototype S1 de la soustraction : ce n'est donc pas un prototype et sa solution appelle un théorème-en-acte qui ne va pas de soi pour la majorité des enfants de cours préparatoire :

$$T = P_1 + P_2 \longrightarrow P_2 = T - P_1$$

Si le cardinal du tout T est la somme des cardinaux des parties P1 et P2, alors le cardinal d'une partie P2 est égal au cardinal du tout diminué du cardinal de l'autre partie P1.

Ces exemples montrent l'intérêt d'une définition précise des invariants opératoires. En effet, les mêmes concepts-en-acte sont à l'œuvre dans les situations prototypiques A1, A2 et S1, et dans les situations non prototypiques A3 et S2 : ce sont notamment les concepts d'état initial, de transformation, d'état final, de partie, et de tout. Mais les théorèmes-en-acte nécessaires sont plus complexes pour A3 et S2 (Vergnaud, 1981).

Définitions

Concept-en-acte : objet ou prédicat tenu pour pertinent dans l'action en situation ;

Théorème-en-acte : proposition tenue pour vraie dans l'action en situation.

Ces définitions ne sont pas fécondes seulement pour les activités mathématiques, mais aussi pour les activités scientifiques et techniques, professionnelles, langagières et sociales.

La perspective développementale conduit à considérer un concept comme un triplet de trois ensembles (S, I, L) :

- S : l'ensemble des situations qui donnent du sens au concept,
- I : l'ensemble des invariants opératoires sur lesquels repose l'opérationnalité des schèmes,
- L : l'ensemble des formes langagières et symboliques qui permettent de représenter ces invariants.

Pour comprendre la formation d'un concept, il faut donc étudier un ensemble structuré de situations différentes. On est ainsi conduit à étudier en même temps la formation d'un ensemble de concepts : d'où l'expression de « champ conceptuel ». Le développement cognitif peut alors être pensé comme une structure d'ordre partiel entre compétences, entre schèmes, entre invariants opératoires et entre formes de symbolisation. Il faut alors porter attention aux glissements de sens et généralisations qui permettent de comprendre les filiations, et bien entendu aux ruptures, changements qualitatifs et autres obstacles épistémologiques, qui sont autant de difficultés pour l'apprenant. Si l'école apparaît comme un lieu où de tels phénomènes sont particulièrement concentrés, il faut aussi comprendre que les mêmes processus de filiation et de rupture concernent la vie professionnelle et la vie tout court.

Conclusion

L'évaluation n'est rien sans l'analyse. Comme d'autres domaines de recherche en psychologie et en sciences humaines, celui de l'évaluation a été fortement contaminé, dès ses débuts, par des biais behavioristes et plus généralement positivistes. La présente contribution vise à montrer qu'il est possible d'échapper à ces biais sans renoncer à être précis et concret. Malheureusement, les concepts d'activité, de schème, d'invariant opératoire et de système symbolique ne sont pas aisément accessibles aux enseignants, formateurs et autres responsables dont le métier comporte pourtant de nombreux actes d'évaluation. Cela commande la prudence.

Pour changer les choses, il est essentiel de s'appuyer sur les hommes et les femmes qui, par leur pratique, sont le moins susceptibles d'accepter une vision trop réductionniste de l'évaluation, les enseignants. Il paraît prioritaire de leur fournir, en même temps que les outils d'évaluation susceptibles de les aider, les moyens d'en comprendre les ressorts. La vision qu'on peut ainsi les aider à partager sera toujours réductrice. Le défi en la matière consiste à être le moins réducteur possible et à rester pratique et concret.

1.2 LA PSYCHOLOGIE SOCIALE

Le concept de « valeur sociale »

Nicole Dubois

Les psychologues sociaux se sont peu intéressés aux conduites sociales d'évaluation. L'activité évaluative a en effet longtemps été cantonnée à la sphère éducative (en particulier au domaine scolaire) et au monde du travail. Il faudra attendre les années quatre-vingt-dix pour que les pratiques d'évaluation se voient réinterrogées d'un point de vue social. Les angles d'approche ont été très différents en fonction des objectifs. L'un d'eux a consisté à considérer l'activité évaluative comme une pratique quotidienne, ou, comme l'écrit Monteil (1989) comme « une psychologie de tous les jours dont les chercheurs en psychologie sociale ont fait un objet d'étude pour en comprendre les mécanismes et en prévoir les effets » (p. 40). Sans prétendre ici à l'exhaustivité, nous nous proposons de montrer comment la prise en compte de certains concepts (notamment celui de valeur sociale) et de certaines approches (notamment l'approche sociocognitive des normes de jugement) conduit à porter un regard tout à fait différent sur l'évaluation.

L'activité évaluative comme traitement de l'information

Evaluer, c'est porter un jugement qui peut prendre différentes formes : une note, une appréciation (élève éveillé, personne immature...), une orientation, une sélection, etc. Ce jugement résulte d'informations diverses obtenues par l'observation des comportements, par des techniques diverses : entretien, examen, test, etc. Evaluer autrui, c'est donc traiter des informations. A partir du moment où l'on accepte cette définition, on doit alors envisager les nombreux biais, distorsions qui ont été mis à jour, dès les années soixante, dans le traitement des informations et qui conduisent le plus souvent, on le sait, à des jugements erronés. La liste de ces biais est longue (Dépret & Filisetti, 2001 ; Schadron, 1997 ; Yzerbyt & Schadron, 1996). Ils résultent de multiples causes ; nous allons en envisager trois :

- porter un jugement évaluatif, c'est se livrer à une activité d'inférence. On sait que dans cette activité interviennent nos théories implicites,

nos préjugés, ce qui a pour conséquence, entre autres, une sélection des informations et ce, dès le recueil des informations. Nous n'accordons pas le même poids à toutes les informations. Ainsi, aurons-nous tendance, par exemple, à privilégier les informations qui sont susceptibles de confirmer nos attentes (biais de confirmation) ;
- évaluer, c'est souvent travailler de mémoire. C'est ce qui se passe lorsqu'on rédige un rapport sur la base de quelques notes. On sait alors qu'intervient ce qui a été appelé le biais de distorsion systématique qui consiste à dresser le portrait de la personne évaluée en associant davantage les traits et les comportements sur la base des théories implicites que nous partageons tous que sur la réalité observée ;
- évaluer, c'est aussi adopter des stratégies d'économie cognitive, autrement dit des heuristiques, c'est-à-dire des modes de raisonnement courts, qui nous permettent de fonctionner rapidement dans la vie quotidienne. Ainsi jugeons-nous à partir de nos stéréotypes, de nos préjugés, avec toutes les conséquences que cela entraîne.

Ces quelques exemples illustrent l'existence de ces biais inhérents à l'activité de traitement des informations sociales. De ce point de vue, ils conduisent à une évaluation biaisée, voire erronée. De plus, on sait qu'on y est soumis sans en être conscients (Ross, Amabilé & Steinmetz, 1977). Mais porter un jugement évaluatif, est-ce seulement traiter de l'information ?

L'activité évaluative comme attribution de valeur

L'activité évaluative est un acte social

Comme le soulignent Dépret et Filisetti (2001) : « Non seulement l'évaluateur et l'évalué sont toujours dans une relation interpersonnelle, mais ils occupent des positions sociales qui prescrivent leurs conduites respectives et le rapport social d'évaluation qui les lie est lui-même inscrit dans un contexte social, organisationnel et culturel, dont les normes et les valeurs dirigent les processus d'évaluation » (p. 207). D'ailleurs, par situation d'évaluation, il faut entendre toute situation dans laquelle se trouve une personne conduite à penser qu'un évaluateur, doté d'un pouvoir social, peut se faire une idée de sa valeur à partir de ce qu'elle fait ou / et des propos qu'elle tient. Le meilleur exemple de ce type de situation est la situation de recrutement. Dans cette situation, le recruteur a pour rôle formel d'évaluer les personnes auditionnées et lesdites personnes ont pour objectif essentiel de se faire apprécier du recruteur, autrement dit, de passer pour quelqu'un de bien. Cet objectif est amplement suffisant, pensons-nous, pour amener les gens à avancer des propos qui, même s'ils ne reflètent pas nécessairement ce qu'ils pensent réellement, voire même s'ils traduisent une opinion contraire à la leur, les conduiront à être bien vus, bien jugés, afin d'être sélectionnés. Juger, c'est donc attribuer de la valeur à la personne jugée. En quoi consiste cette valeur ?

La valeur comme expression d'affects

Il est classique en psychologie sociale de considérer la valeur qu'on attribue à une personne comme l'expression de notre attitude à l'égard de cette personne. Dire « j'ai une attitude positive à l'égard de Luc », ce qui signifie lui attribuer de la valeur, est considéré comme équivalent au fait de dire « je considère que Luc est quelqu'un de bien ou quelqu'un qui a de la valeur ». Cette assimilation entre attitude et valeur a au moins deux conséquences.

L'une consiste à considérer l'attribution de valeur à une personne par une autre comme un phénomène relevant essentiellement de l'affectivité de celle qui porte le jugement, ceci parce que l'attitude elle-même est appréhendée comme un phénomène principalement affectif. La focalisation sur la seule dimension affective conduit à considérer que, lorsqu'on exprime une attitude à l'égard d'une personne ou d'une chose, donc lorsqu'on lui attribue de la valeur, on exprime ses affects ; on dit si on est pour ou contre, si on l'aime ou si on ne l'aime pas. C'est là une position acceptée par de nombreux chercheurs en psychologie.

Une autre conséquence est que l'évaluation d'une personne apparaît comme un fait unidimensionnel. Cela signifie que tout évaluateur, même le mieux informé, par exemple celui qui connaît bien l'effet de halo (effet décrit par Thorndike en 1920 qui conduit à apprécier de la même façon une même personne sur des critères variés) et qui s'efforce de ne pas l'appliquer, ne peut se départir de l'idée selon laquelle il doit aboutir à un jugement cohérent surtout lorsque ce jugement doit déboucher sur une décision (embauche / pas d'embauche).

Un certain nombre de recherches réalisées en France en psychologie sociale depuis les dix dernières années permettent de revenir sur cette conception de la valeur.

La valeur sociale et ses deux dimensions : désirabilité et utilité

Le point de départ de ces recherches a été la remise en cause de cette conception unidimensionnelle du concept de valeur. En 1995, Beauvois dénonce le caractère réducteur de cette conception qui, en posant le concept de valeur comme une simple nécessité psychologique, empêche de le considérer comme une nécessité du fonctionnement social. Autrement dit, ce que Beauvois dénonce c'est le fait de considérer qu'une personne a de la valeur uniquement parce que certaines de ses caractéristiques personnelles correspondent à ce qu'aiment les gens, en excluant totalement le fait qu'une personne puisse avoir de la valeur, et ici de la valeur sociale, parce que certaines de ses propriétés sont socialement utiles. Il insiste donc sur la nécessité de distinguer deux dimensions du concept de valeur :
- une dimension qui permet d'inférer l'aptitude d'un objet (notamment d'une personne) à satisfaire, dans la vie sociale les relations interpersonnelles, les motivations des gens ou au contraire à ne pas les satisfaire (approche/évitement) : c'est la « désirabilité sociale »,
- une dimension qui permet d'inférer l'aptitude d'un objet à performer dans l'environnement qui est le sien (et notamment pour une personne, dans l'environnement social qui est le sien) ou au contraire à échouer dans cet environnement : c'est « l'utilité sociale ».

Beauvois considère que ces deux dimensions sont indépendantes : un objet, une personne peuvent être plus ou moins désirables et, indépendamment, plus ou moins utiles.

Deux ensembles de recherches illustreront l'intérêt de cette conception de la valeur pour mieux comprendre l'activité d'évaluation et ses conséquences.

Les traits de personnalité et l'attribution de valeur sociale

Nous ne reprendrons pas ici l'analyse critique du concept de trait de personnalité que Beauvois développe depuis une trentaine d'années (cf. Beauvois 1984, 2005). Nous nous contenterons de rappeler que cette analyse le conduit à avancer que les traits ne sont pas des concepts descriptifs qui traduisent des caractéristiques générales de la personne, mais sont des critères d'évaluation qui ne font que refléter les valeurs en jeu dans les situations dans lesquelles la personne a été observée. Nous retiendrons donc que lorsqu'ils décrivent une personne à l'aide de traits de personnalité, les gens transmettent, comme information principale, la valeur sociale de cette personne.

Si nous évoquons ici cette conception, c'est en raison de l'importance de ses conséquences en matière d'évaluation. Il a en effet été montré que l'attribution arbitraire d'un trait, donc d'une valeur, à une personne a des effets à terme sur cette personne : elle la conduit (qu'il s'agisse d'enfants ou d'adultes) a se comporter ultérieurement de façon conforme au trait induit. Il a ainsi été montré (Grusec, 1999) que des élèves à qui l'on dit de façon arbitraire « vous êtes des enfants propres et ordonnés » conduit ces élèves, comparativement à d'autres auxquels on explique l'importance de la propreté et de l'ordre, à jeter à terre moins de papiers d'emballage des sucres qu'on leur avait distribués. De la même façon, il a été montré (Beauvois, 2001) que des enfants arbitrairement étiquetés de « courageux » se portent significativement plus volontaires que des enfants non étiquetés, non seulement pour tester de nouvelles aiguilles destinées à la vaccination des enfants, mais aussi pour tester les plus grosses de ces aiguilles. Il est également montré que ces enfants étiquetés par un trait en viennent à fournir des explications plus internes de leur acceptation.

Les résultats de ces deux expérimentations attestent non seulement le bien-fondé de la conception du trait comme attribution de valeur, mais aussi l'importance de cette conception pour comprendre les comportements que peuvent émettre les personnes à la suite des évaluations énoncées par le biais des traits de personnalité. Soulignons que si, dans ces expérimentations, les traits manipulés étaient tous (déontologie oblige !) des traits à connotation positive, ceci est loin d'être le cas dans les évaluations quotidiennes, qu'elles soient formelles ou non.

On doit alors s'interroger sur les conséquences que peut avoir pour la personne l'internalisation de la dévaleur apportée par un trait à connotation négative.

La normativité et l'attribution de valeur sociale

Nous avons dit précédemment qu'une situation d'évaluation était une situation conduisant les évalués à avancer des propos qui maximisent leurs chances d'être bien jugés. Comment alors ne pas penser que dans une telle situation les évalués tiennent des propos correspondant aux normes sociales en vigueur, quelle que soit d'ailleurs la nature de celles-ci : norme de jugement, norme comportementale, vestimentaire, etc.

Vingt années de recherches ont permis non seulement d'attester l'existence, dans notre société, de normes sociales de jugement comme la norme d'internalité[1] (Dubois, 1994, 2003), mais aussi leur intervention dans toute situation d'évaluation. Il a ainsi été largement montré que les personnes exprimant des jugements normatifs (des explications causales internes par exemple) étaient systématiquement mieux évaluées que les personnes exprimant des jugements contrenormatifs (des explications externes). Il a même été trouvé que l'information concernant la normativité d'un candidat comme son internalité pouvait compenser une information attestant de compétences seulement moyennes. En fait, l'émission d'explications internes agirait un peu, ainsi que le soulignent Pansu, Bressoux et Louche (dans Dubois, 2003) comme un « critère

---

[1] Norme qui donne lieu à une valorisation sociale des jugements qui accentuent le poids de l'acteur comme facteur causal tant en ce qui concerne les explications causales de ce que font les gens qu'en ce qui concerne les explications causales de ce qui leur arrive : « Pierre a réussi son examen parce qu'il a travaillé dur » versus « Pierre a réussi son examen parce qu'il a eu de bons profs ». Ajoutons que les travaux plus récents ont permis de montrer l'existence d'autres normes comme la norme d'autosuffisance (qui donne lieu à une valorisation sociale des jugements exprimant une préférence pour le fait de trouver en soi-même plutôt que grâce à l'aide des autres, les réponses aux questions qu'on se pose et les moyens de satisfaire ses besoins) et la norme d'ancrage individuel (qui donne lieu à une valorisation sociale des jugements ancrés dans une identité personnelle ou individuelle (« je ne sais pas si tout le monde est comme moi, mais *moi je pense que*..... ») plutôt que des jugements ancrés dans une identité catégorielle ou groupale (« *en tant qu'homme, je pense que....* »).

d'excellence », une sorte de garantie qui serait centrale dans les théories implicites de la personnalité des évaluateurs.

Les travaux les plus récents ont eu pour objectif de chercher à savoir quel type de valeur sociale les évaluateurs attribuent aux personnes normatives. Il a été trouvé (Dubois, 2005) que si les personnes privilégiant les propos internes et autosuffisants sont vues comme plus utiles que désirables, celles privilégiant les jugements ancrés dans une identité individuelle sont vues comme plus désirables qu'utiles.

Conclusion

Les travaux de psychologie sociale que nous venons de présenter apportent des éclairages différents sur la conception de l'évaluation. A ne s'en tenir qu'aux premiers qui montrent qu'en traitant les informations dont ils disposent pour émettre leur jugement, les évaluateurs sont soumis à des biais, à des erreurs, à des distorsions, on est conduit à penser qu'une connaissance de ces travaux peut permettre d'être plus lucide dans ses pratiques d'évaluation. Mais, si l'on prend en compte les derniers travaux que nous avons évoqués, travaux qui montrent que les évaluateurs privilégient systématiquement les personnes exprimant des jugements internes ou autosuffisants, qu'on sait par ailleurs être des jugements socialement utiles, on est alors conduit à penser qu'une connaissance de ces travaux permet de comprendre que les juges, dans leurs pratiques quotidiennes d'évaluation, ne sont nullement soumis à des biais. Ils ne font qu'exercer leur rôle, à savoir promouvoir ceux qui font montre de normativité, donc d'utilité sociale.

La sociologie, une approche évaluative, ou l'évaluation, une approche sociologique ?

Marie Duru-Bellat

Quitte à apparaître comme un plaidoyer pro domo de la part d'une sociologue de l'éducation, ce texte entend poser la question de savoir s'il est concevable de conduire une/des évaluations dans le domaine de l'éducation sans adopter, pas nécessairement dans chaque recherche bien sûr, mais à un moment ou un autre, une perspective sociologique. Réciproquement, mais ce serait l'objet d'un autre texte, on pourrait se demander si la sociologie (et la sociologie de l'éducation), dès lors qu'elle entend tester ses hypothèses, peut se passer d'une démarche évaluative.

Il est trivial de rappeler que l'évaluation a une double fonction, d'optimisation de l'action d'une part, de production de connaissances d'autre part, et c'est de cette seconde dimension que nous traiterons ici. Le chercheur, à la différence de l'acteur engagé dans une action éducative, ne s'intéresse pas tant aux performances des élèves en tant que telles, qu'en ce qu'elles constituent le résultat d'un processus pédagogique plus général dont il va chercher à éclairer la genèse, à des fins purement scientifiques et/ou pour orienter de manière adéquate les actions ultérieures, à des fins de régulation. L'évaluation est alors un analyseur du fonctionnement des institutions d'enseignement et des jeux d'acteurs qui y prennent place (Demailly, 2000b).

Comparer, pour mieux comprendre...

On imagine mal une évaluation sans perspective comparative : comprendre un processus éducatif, c'est comprendre pourquoi tel élève apprend mieux que tel autre, pourquoi l'on apprend mieux grâce à tel dispositif spécifique, pourquoi les performances varient d'un établissement ou d'un pays à l'autre, etc... Cette perspective évaluative est également au cœur de la démarche sociologique : le sociologue va faire son miel de la variété des comportements individuels d'un collectif à l'autre, d'un site à l'autre, précisément pour montrer que la variété des comportements individuels n'est jamais entièrement affaire d'aléas individuels, mais est structurée systématiquement par des caractéristiques collectives.

Revenons à l'exemple de l'évaluation d'un apprentissage. On peut se limiter à l'évaluation de progressions moyennes, notamment quand, dans une perspective psychologique, on cherche à élucider les mécanismes cognitifs généraux sous-jacents. Mais tout apprentissage n'en est pas moins situé - il se produit avec tel dispositif pédagogique, versus tel autre - et il est le plus souvent marqué de différences inter-individuelles. Même les approches les moins sociologiques tiennent compte, souvent de manière routinisée, de paramètres tels que l'âge ou le sexe des élèves, sans que l'on sache toujours pourquoi ces variables-là, et pas d'autres, sont contrôlées. Car elles ne parlent pas toutes seules ; si l'âge peut avoir une signification génétique assez claire, le sexe ne revêt de sens que par rapport à une socialisation antérieure ou des processus contemporains de représentations sociales, de différentiels fins dans les interactions, bref de processus clairement sociaux. Ici commence donc une perspective sociologique qui va explorer les diverses sources de variations comme autant de pistes pour enrichir la compréhension de la genèse du phénomène en question. Mais c'est aussi le cœur d'une démarche évaluative que de comprendre pourquoi les choses varient.

Quelle spécificité du sociologue ?

De manière immédiate, on caractérisera l'approche du sociologue par la prise en compte systématique de certaines caractéristiques des personnes en présence, quel que soit le phénomène éducatif étudié, en particulier la position sociale actuelle ou d'origine. En fait, le sociologue ne s'intéresse pas aux personnes mais aux acteurs sociaux qui, de par leur position dans l'espace social, partagent un certain nombre de représentations, une communauté d'expériences, une place (un rôle) dans une institution.

Prenons quelques exemples. Quand le sociologue s'intéresse aux biais sociaux de l'évaluation des élèves - le fait, maintes fois observé (cf. notamment Merle, 1998), que les élèves obtiennent des notes inégales, à performance comparable, selon leur origine sociale ou leur sexe - il va s'efforcer d'en rendre compte en analysant la situation scolaire comme une interaction entre des acteurs qui partagent un certain nombre de représentations et ont un rôle à jouer (maintenir l'ordre dans la classe, pour les enseignants, pour les élèves, se montrer compétents…). C'est dire que l'essentiel n'est pas alors la fonction officielle de l'évaluation (produire une juste mesure de ce que savent les élèves), mais ce qui se joue à travers elle, dans une institution, dans un contexte social. Le contexte pris en compte peut être très général et la sociologie « macro » des années soixante-dix a pu lire les verdicts scolaires comme le produit de la fonction même de l'institution scolaire (transformer les classements sociaux en classements scolaires, comme le disaient Bourdieu et Passeron). Aujourd'hui, les sociologues se font plus attentifs au contexte « micro » de la classe, mais ce qui se joue dans la classe est toujours lu non pas comme des échanges entre individualités animées de telle ou telle intention mais comme des jeux d'acteurs, pris dans des rôles et/ou mettant en jeu des stratégies qui débordent le cadre strictement scolaire.

C'est également très net si on s'intéresse aux « biais » qui affectent les phénomènes d'orientation. On sait par exemple qu'à réussite scolaire identique, les filles et les garçons s'orientent différemment, et que ceci se comprend en sortant du contexte de la classe ou du conseil de classe (Duru-Bellat, 2004). Car interviennent en effet aussi bien les représentations du masculin et du féminin que les enseignants partagent avec la société, que les visées actives des jeunes qui cherchent à s'insérer au mieux dans un marché du travail et un univers qui offre telle ou telle place aux individus des deux sexes. Pour le sociologue, ces biais d'orientation sont donc un « phénomène social total » (pour reprendre l'expression de Mauss), et ils révèlent des représentations et des rôles sociaux autant qu'un fonctionnement purement scolaire.

Une autre spécificité de l'approche sociologique est de travailler au niveau de « collectifs », ce qui permet de dissocier des processus qu'il n'y aurait pas de sens de dissocier au niveau individuel. Par exemple, dans les inégalités sociales ou sexuées de carrières scolaires, on fera la part entre ce qui tient aux inégalités de réussite et ce qui tient aux inégalités d'orientation (Duru-Bellat & Mingat, 1993). Et tant pour la réussite que pour l'orientation, on distinguera ce qui tient aux inégalités individuelles et ce qui tient aux inégalités proprement contextuelles. Avec ce dernier terme, on désigne des variables comme la composition sociale de la classe, le climat de l'établissement, la localisation géographique de l'offre d'enseignement, autant de variables qui n'ont pas de contrepartie individuelle. L'influence de ces variables peut échapper aux acteurs dont l'action prend place dans un site donné, et qui ne sont donc pas en mesure de percevoir qu'ailleurs cela fonctionne différemment. La notion de variable contextuelle est typique de l'approche sociologique ; d'une part parce qu'elle s'intéresse au cadre des actions, avec, plus ou moins marqué selon les auteurs, un « déterminisme statutaire » (on explique les actions par les rôles sociaux, par la configuration des interactions dans tel contexte) ; d'autre part parce qu'elle examine les effets de composition ou d'agrégation des comportements individuels qui donnent aux collectifs des propriétés spécifiques.

Ces variables interviennent de mille manières dans les processus éducatifs. On sait, par exemple, que les progressions d'élèves par ailleurs identiques (au niveau individuel) sont affectées par le niveau scolaire moyen et le degré d'hétérogénéité de leur classe, ou encore sa composition sociale. On sait aussi que ces effets contextuels interagissent avec les caractéristiques individuelles (les progressions des élèves faibles sont davantage affectées par les caractéristiques du contexte que celles des élèves forts). Ceci vaut aussi pour les pratiques pédagogiques mises en œuvre ou encore les politiques d'orientation...

Un apport spécifique du regard sociologique, les effets pervers...

Parfois, au niveau agrégé, les phénomènes individuels se muent en phénomènes non désirés, voire indésirables et on parle d'effets pervers. On ne se situe alors plus du tout dans une logique évaluative classique, confrontant objectifs et résultats, mais dans une perspective qui prend en compte non seulement les effets individuels mais aussi les effets collectifs, non seulement les effets visés et prévisibles mais les effets non voulus qui peuvent être contraires aux effets escomptés. Parmi les exemples les plus nets d'effets pervers dans le domaine éducatif, il y a cette accumulation de stratégies rationnelles d'étudiants qui, pour se placer au mieux, allongent sans cesse leurs études, avec à la clef un effet global de dévaluation des diplômes, voulu par aucun étudiant mais subi par chacun (Boudon, 1973 ; Duru-Bellat, 2006).

La notion d'effet pervers a par extension de nombreuses implications. Tout d'abord, elle invite à examiner de manière distincte les phénomènes au niveau micro (des individus) et au niveau macro (de la société). Pour revenir à l'exemple des effets de l'éducation, on distinguera les effets au niveau micro (l'éducation comme investissement rentable, comme facteur de meilleure intégration ou de civisme, etc…) et les effets au niveau macro (au niveau des sociétés) qui peuvent s'avérer relativement divergents ; les comparaisons internationales montrent, par exemple, que les pays dont le niveau d'éducation est le plus élevé ne sont pas forcément ceux où la croissance est la plus élevée, où la participation politique est la plus intense et la criminalité la plus faible (Baudelot & Leclercq, 2005).

La notion d'effet pervers invite aussi le sociologue évaluant une action éducative à observer les effets de cette action en allant bien au-delà de ce qui était immédiatement visé. Par exemple, évaluer l'introduction d'un nouvel enseignement (une langue vivante en primaire, en France, dans la période récente) exigera non seulement d'observer ce que cet enseignement précis apporte aux élèves, mais aussi s'il n'y a pas des effets collatéraux sur d'autres apprentissages qui, les journées n'ayant que 24 heures, auraient été de fait sacrifiés à ce nouvel enseignement.

Des instruments (relativement) spécifiques…

Ne pouvant recourir à l'expérimentation, la sociologie, quand elle se veut évaluative, utilise fréquemment la modélisation statistique qui va être l'instrument privilégié pour se libérer des contraintes du réel. Elle permet en effet de construire des comparaisons pertinentes, substitut aux expérimentations impossibles. Les modèles multi-variés autorisent par exemple à simuler ce qu'apprend un élève de tel niveau scolaire ou de telle origine sociale dans une classe plus ou moins hétérogène, ou encore comment varie l'orientation d'un élève de caractéristiques données selon la tonalité sociale de son établissement (cf. Duru-Bellat & Mingat, 1993). La notion même d'effet contextuel ne peut être pensée et a fortiori évaluée sans ce type de raisonnement statistique, et elle bénéficie aujourd'hui de l'apport des modélisations multi-niveaux (Bressoux, Coustère & Leroy-Audouin, 1997).

Il convient évidemment de garder un certain bon sens sociologique, sans se laisser fasciner par ces méthodes : la clause « toutes choses égales par ailleurs » sur laquelle les modèles se fondent présente un risque de « sociologie fiction » redoutable (discuté notamment par Passeron, 1991). L'estimation de modèles multi-variés est de fait une fiction de raisonnement expérimental, dont on connaît le caractère souvent « limite », précisément parce qu'il est très éloigné de la réalité. Si on admet qu'on peut introduire, pour expliquer les choix d'orientation, à la fois les notes scolaires et le sexe (variables corrélées), pour évaluer un effet du sexe, toutes choses égales par ailleurs (restant lui-même à expliquer), on sera plus gêné devant l'introduction simultanée de l'origine sociale et de l'origine ethnique, débouchant sur la mesure d'un effet de l'origine ethnique « toutes choses égales par ailleurs ». Parce que cela ressemble trop à de la sociologie fiction... La conséquence, c'est que les résultats sont nécessairement contextualisés : ils sont produits dans un contexte caractérisé par telles ou telles « conditions initiales » ou telle ou telle association entre des variables qu'il faut décrire, en associant des tableaux aux analyses modélisées les plus complexes.

Sans que cela soit nécessaire au niveau de chaque recherche prise isolément, mais plus globalement, on aura donc soin d'articuler des approches descriptives, historiques, « qualitatives » et des modélisations plus abstraites. L'essentiel, et c'est le cœur de l'approche sociologique, c'est de comprendre comment « les petites choses deviennent de grandes choses » (phrase attribuée à Durkheim), en sachant passer d'un niveau à l'autre, et s'intéresser autant aux régularités statistiques qu'aux processus fins qui les produisent.

Résistances à l'évaluation, résistances à la sociologie…

Il reste que la sociologie de l'éducation, notamment quand elle se fait quantitative et évaluative, suscite fréquemment des résistances, tout comme d'ailleurs l'évaluation de manière générale. Ceci vaut particulièrement pour ce qui est de l'évaluation des politiques, et plus encore de l'évaluation qui se fonde sur les résultats (pour les débats récents en la matière, cf. Lessard & Meirieu, 2005 ; Duru-Bellat & Jarousse, 2001). De fait, l'évaluation par les résultats peut être considérée comme une démarche classique et cruciale de la sociologie elle-même :

quand Bourdieu et Passeron entendent dévoiler les fonctions effectives de l'institution scolaire, ils font de l'évaluation par les résultats avant la lettre... Si l'on n'adopte plus guère, aujourd'hui, cette tonalité soupçonneuse qui fait rechercher du complot ou du cynisme, de nombreuses critiques questionnent le sens des évaluations des politiques éducatives eu égard précisément à ce que la sociologie révèle du fonctionnement des systèmes éducatifs. Ainsi (e.g., Perrenoud, 1996), la démarche d'évaluation par les résultats ferait comme si tous les enseignants partageaient des finalités identiques, celles mises en avant par les textes. Il est sans doute vrai que face à des textes, des directives, des programmes souvent ambigus, les enseignants s'adaptent, voire pratiquent une résistance passive, quand ils n'en partagent pas la philosophie. Il serait alors simpliste de prétendre évaluer les politiques affichées dans les textes dans des contextes concrets où les objectifs initiaux n'ont plus forcément cours, tant ils ont été réinterprétés, détournés... ou ignorés.

Il est vrai aussi que certaines réformes ont des objectifs souvent implicites, perçus parfois comme peu avouables, des objectifs de remobilisation par exemple, plus importants que ceux toujours mis en avant d'amélioration des résultats des élèves. D'autres réformes ne recouvrent pas forcément un consensus général (l'objectif de démocratisation du système par exemple), au-delà du « politiquement correct » de rigueur.

Mais n'est-ce pas là un apport de la sociologie de l'éducation, que de pointer les conflits d'intérêts qui peuvent advenir au sein de l'école (entre enseignants et « usagers », entre catégories de parents...) ? Il est certain que ceci débouche sur une vision moins consensuelle que certaines approches pédagogiques voire pédagogistes (ou même scientistes) pensant qu'il suffit d'évaluer et de montrer les voies les plus efficaces pour qu'elles soient suivies... Il est certain aussi que l'évaluation introduit un regard externe de la collectivité qui finance les actions, rappelant que le système n'appartient pas aux seuls enseignants. On comprend alors que ces derniers aient tendance à vivre ces évaluations comme un contrôle, voire une remise en cause, de leur activité et de leur autonomie. En arrière-plan, il y a la crainte que l'évaluation n'affecte les rapports de force au sein du système éducatif. En France, il est clair que le contrôle de conformité pratiqué actuellement à doses homéopathiques par les inspecteurs est une forme bien plus « douce » d'évaluation que ce qui serait une évaluation externe et publique des résultats des élèves, impulsée par un « Etat évaluateur » ou, mieux encore, une agence autonome spécifiquement chargée de l'évaluation des politiques éducatives.

Enfin, les résistances multiformes à l'évaluation tiennent aussi, sinon plus, aux difficultés de la diffusion, dans une institution telle que l'école, d'un modèle « technocratique » du changement, où la science définit la voie à suivre, à laquelle les « exécutants » n'auront qu'à se rallier... Car on connaît la faible portée des directives insufflées d'en haut, vu l'autonomie importante dont jouissent les enseignants dans leur classe (e.g., Suchaut, 1996). On sait aussi que l'efficacité d'une pratique pédagogique est souvent relative à un contexte (efficace avec tel type de public, ou à tel niveau scolaire seulement), ce qui rend les évaluations inévitablement indexées aux conditions dans lesquelles elles ont été réalisées.

Plus généralement, il est clair que ces écarts entre l'évaluation et ses usages sociaux ne sont pas étonnants dans une perspective sociologique dénonçant le postulat (simpliste) sous-tendant les pratiques d'évaluation, comme quoi « l'action organisée peut être pensée comme lien simple et instrumental entre des objectifs clairs et des résultats mesurables, ce qui est une vision très administrative de la réalité sociale » (Demailly, 2000a). Mais ceci recouvre aussi une résistance courante à l'encontre du regard extérieur des sciences sociales en général ; et surtout, on ne saurait attendre que les sociologues aient mis en pleine lumière la complexité de l'action sociale et toutes les dérives possibles de l'utilisation des évaluations, l'écart entre leur fonction manifeste et leur fonction latente, pour engager ce type d'analyse. Car des décisions sont prises tous les jours, dans les systèmes éducatifs, dont il n'est pas exclu qu'elles aient quelque impact sur les élèves. Le chercheur en évaluation, comme le chercheur en sociologie de l'éducation ont bien comme vocation commune de regarder « derrière le décor », et nous espérons voir montré que leurs démarches respectives se recouvrent très largement. Ce qui les distingue, c'est peut-être que le second peut se permettre de se cantonner (ce qui n'est pas rien) dans le domaine de la production de connaissances, alors que le premier, dès lors que l'évaluation est une science de l'action, a davantage le devoir de s'interroger sur la portée de ses travaux en termes d'action, jamais acquise d'avance. Mais c'est une question de degré.

2. LE RECOURS A DES « PARADIGMES » DE L'EVALUATION

Logiques d'évaluation en relation avec des conceptions élargies du monde et de la connaissance

Pedro Rodrigues

Ce texte se propose de délimiter différentes logiques d'évaluation et l'esquisse de leurs relations avec des perspectives plus élargies du monde, de l'homme, de la société, de la connaissance, de l'action sociale et de l'éducation elle-même. Ensuite, le texte cherche à déduire différentes manières d'évaluer l'évaluation dans le contexte de l'analyse des présupposés ontologiques, axiologiques, épistémologiques, éthiques et politiques, sous-jacentes à ces perspectives. A ce propos, il s'agit de montrer que les principes qui régissent l'évaluation et qui soutiennent les « standards » ou les normes de référence de cette activité correspondent aux critères en fonction desquels l'évaluation elle-même peut être jugée (ou critères de méta-évaluation) et qu'ils ont une signification différente, se traduisant en des procédures diverses, selon la perspective choisie. En adoptant ici une des acceptions de paradigme, proposée par Kuhn, un « ensemble de postulats - conceptuels, théoriques, instrumentaux et méthodologiques - fournissant des problèmes et des modèles de solution à une communauté de praticiens pendant un certain temps » (cité par Estrela, 1986, p. 123), nous pouvons affirmer que les perspectives évoquées inspirent différents paradigmes d'évaluation.

En effet, une grande partie du débat sur l'évaluation de programmes se développe autour de sa dimension méthodologique (Cardinet, 1990a ; Cook & Reichardt, 1986 ; Lecomte & Rutman, 1982). L'utilisation et l'impact de l'évaluation, en ce qui concerne le fait d'être bénéfique ou pas, ont, en outre, été à l'origine d'un débat éthique et politique (House, 1980 ; MacDonald, 1983). D'ailleurs, ces trois axes (méthodologie, éthique et politique) encadrent les quatre catégories de standards de l'évaluation de programmes : (1) la rigueur, (2) l'utilité, (3) la justice ou probité, (4) la faisabilité (*Joint Committee on Standards for Educational Evaluation,* 1994). House (1980), MacDonald et Norris (1981) s'orientent vers l'articulation de ces trois dimensions, une thèse aussi énoncée par certains auteurs dont les analyses dépassent le domaine de l'évaluation (comme Popkewitz, 1981).

La cohérence entre les dimensions d'évaluation est, ainsi, solidaire avec la cohérence entre les différentes pratiques qui la composent : la référentialisation, le contrôle, la recherche, le recueil d'information et la mesure (De Ketele & Roegiers, 1999 ; Figari, 1996). Elle est aussi solidaire avec la cohérence entre l'évaluation et les pratiques qui s'articulent avec elle à tous les niveaux : la planification et le pilotage du système éducatif, le développement du curriculum, l'administration et l'innovation scolaires, la gestion de la formation, l'enseignement, l'éducation... D'ailleurs, comme le souligne Ruiz (2000), l'évaluation est l'élément central qui oriente les autres éléments.

En général, les analyses identifient trois positions que l'on appellera ici : objectiviste, subjectiviste, dialectique.

La perspective objectiviste ou technique

Cette position part du principe que le monde social, comme le monde physique, est stable et constitué de situations qui se répètent et qui ne dépendent pas de la volonté des sujets. Par conséquent, la réalité semble être passible d'une approche extrospective et d'une connaissance objective. Il devient ainsi possible de comprendre que l'on cherche à expliquer les phénomènes sociaux surtout en termes de causalité linéaire, dont l'étude fera appel à des plans d'inspiration expérimentale.

Ce mode de concevoir la recherche institue une division du travail entre chercheurs et objets de la recherche, une forme d'interaction et une relation de pouvoir asymétriques, corrélatives d'une relation entre théorie et pratique envisagée en termes d'application autoritaire et prescriptive.

L'apparente stabilité des situations sociales présuppose une organisation sociale stable et hiérarchisée, reposant sur des valeurs présumées être universellement acceptées. Elles peuvent donc être exclues de la problématique de la recherche scientifique et de l'intervention. C'est dans ce contexte que l'action sociale peut être conçue comme technique, en des termes purement instrumentaux, avec la séparation des moyens (passibles de recherche scientifique) et des fins, qui se trouvent hors de la question. Un être social simplement compris comme un objet d'influences extérieures correspondra à une position d'objet de recherche, à une morale hétéronome et à une position d'objet sur lequel l'éducation est exercée. Un objectivisme ontologique et axiologique aura donc comme correspondance un objectivisme épistémologique et technique, les piliers d'une éthique, d'une politique et d'une pédagogie autoritaires.

L'évaluation est ici identifiée à un processus de contrôle externe. Par conséquent, elle aura recours à des dispositifs d'observation qui permettent de vérifier une fidèle réalisation de l'intervention éducative, aux termes déjà éprouvés par des recherches expérimentales.

La perspective subjectiviste ou pratique

Dans ce cas-ci, la parité entre le monde physique ou naturel et le monde humain et social est rejetée, tandis que la complexité et l'irréversibilité des situations construites par les personnes, à partir d'intérêts et valeurs divers et en conflit, sont postulées. La compréhension des phénomènes requiert donc la connaissance des intentions des intervenants et de la manière dont ils interprètent les situations.

Par conséquent, la connaissance intègrera des éléments subjectifs qui imposeront à l'observateur une position interne de participation à la situation étudiée pour comprendre cette situation, comme le propose l'ethnographie. Selon cette perspective, ni la connaissance, ni les actions et situations auxquelles elle se rapporte, ne seront axiologiquement neutres. Donc, sur le plan des valeurs et des objectifs, il faut admettre qu'une correspondance pourra ne pas exister entre les situations étudiées et celles où les acteurs se retrouvent. Dans ce contexte, concevoir la relation théorie-pratique en termes d'application (automatique et aveugle) n'a plus de sens.

Le subjectivisme épistémologique, corrélatif du subjectivisme ontologique et axiologique, ira inévitablement s'associer à l'idée d'une gestion sociale négociée et à une éthique contractuelle. Il devient ainsi possible de comprendre que l'éducation se centre sur l'élève ou le formé et que l'évaluation assume une fonction d'autorégulation.

L'individu, sujet social, est le sujet de la formation et de l'évaluation et il deviendra la source du référentiel d'évaluation, détenant le droit de participer à l'organisation, gestion, exécution et contrôle du processus d'évaluation, ainsi qu'à l'action subséquente.

Cependant, si les différents intérêts et valeurs sont perçus comme importants et valables et si on considère que ceux qui les proposent sont aussi bien organisés et capables de les défendre dans un processus de négociation similairement postulé comme exempt de toute contrainte, en supposant encore une situation d'égalité à ce niveau, nous courons des risques. Et les risques sont, justement, de contribuer à la reproduction des inégalités de départ et de contribuer à empêcher la réalisation de la dite égalité (House, 1980 ; Weigand, 1989). De plus, si le conflit et la négociation sont conçus en termes essentiellement individuels, non insérés dans le contexte social et politique, l'organisation sociale se maintient hors de la question. A souligner que l'évaluation émancipatoire elle-même (*empowerment evaluation*), telle que présentée par Fetterman (2001), cherche à s'adapter aux structures et à l'organisation sociale existantes au préalable.

La perspective dialectique et critique

Selon cette approche, les actions sociales ne sont pas perçues comme totalement dépendantes des personnes. Les individus se trouvent socialement insérés et ils font l'objet d'influences et de pressions sociales extérieures. De la sorte, les interprétations relatives à ces situations peuvent contribuer à les déterminer, malgré le fait qu'elles ne soient pas suffisantes à les expliquer, car les conditions elles-mêmes et les institutions sociales imposent des limitations à la manière de les percevoir (et d'envisager leur transformation).

Selon l'optique de la position dialectique et critique, la signification des situations devra être historiquement et socialement encadrée. La connaissance scientifique requiert ainsi une rupture épistémologique par rapport aux représentations et aux croyances découlant d'une position sociale particulière à chaque individu. Elle reposera donc sur un processus où l'observateur et l'observé chercheront à prendre leurs distances face à leurs propres positions et interprétations. Le traditionnel dualisme sujet/objet sera ainsi dépassé aussi sur le plan de la recherche comme le soutient Estrela (1986).

Et, s'il s'agit de l'action sociale, une analyse des valeurs et intérêts des individus s'imposera et, de même, en ce qui concerne les processus, les institutions sociales et les rapports de domination-soumission où ils s'insèrent. Il faut remarquer que l'évaluation réaliste, présentée par Pawson et Tilley (1997), dans la ligne du réalisme critique, comprend, dans une « causalité générative », l'intentionnalité des acteurs et l'influence du contexte qui limite la marge de liberté des individus. Cependant, cette approche de l'évaluation considère que les programmes ne sont pas des mouvements sociaux et, par conséquent, un changement de l'ordre culturel et de l'organisation sociale existants n'est pas envisagé.

Une vision dialectique de la réalité sociale et de l'activité axiologique implique une vision dialectique de la recherche et de la connaissance scientifique. Une telle conception du savoir et de la manière d'y avoir accès se répercute sur une pédagogie réflexive et critique. Elle se répercute aussi sur une vision dialectique de la relation entre théorie et pratique. Dans le cadre de cette approche, la source du référentiel de l'évaluation ne sera ni externe, ni interne, l'attribution d'une valeur absolue à une de ces deux positions ne se justifiant pas. Elles sont perçues comme les deux pôles d'une relation dialectique (Ardoino, 1992 ; Hadji, 1994).

D'ailleurs, le référentiel de l'évaluation s'élabore et se reconstruit au fur et à mesure que le processus d'évaluation se développe (Ardoino & Berger, 1989). Et, dans le cadre de l'évaluation, le contrôle sera collaboratif, au lieu d'être exogène ou endogène (Guba & Lincoln, 1989).

Trois modes d'interprétation des critères de la méta-évaluation

A partir des diverses perspectives susmentionnées et des positions ontologiques, axiologiques, épistémologiques, éthiques et politiques qu'elles supposent, nous pouvons déduire différentes manières d'interpréter les catégories qui regroupent les « standards » de l'évaluation de programmes (cf. tableau 1).

Tableau 1 : Trois modes d'interprétation des critères de la méta-évaluation

Critères	Interprétation		
	Objectiviste	Subjectiviste	Dialectique
crédibilité et rigueur (validité ontologique et épistémologique)	manipulation et contrôle des variables (groupes de comparaison équivalents) accord entre observateurs	introspection (dans un contexte facilitateur et exempt de contraintes) confirmation par les participants	éclaircissement et prise de conscience (par la critique des diverses perspectives) acceptation par les interlocuteurs
utilisation, utilité et impact (validité catalytique et pragmatique)	prescription, application et adoption (fidèle, efficiente et efficace)	considération (dans la négociation qui mène à la décision)	transformation (par la confrontation avec le nouveau contexte)
justice, justesse ou probité (validité axiologique, éthique et politique)	définie et imposée autoritairement par la hiérarchie (primauté de l'intérêt de la hiérarchie) obligation légale	négociée, contractuelle (encadrée par des engagements et des consensus) acceptation morale	libération des relations de domination et de soumission (par la critique des intérêts et valeurs en jeu) justification éthique, politique et axiologique

Ces 30 normes (qui ne seront pas traitées séparément), développées par le Comité mixte sur les normes d'évaluation en éducation, sous mandat de l'Association américaine de recherche en éducation (AERA), de l'Association américaine de psychologie (APA) et du *National Council on Measurement in Education* (NCME), ont été certifiées en 1989 par l'Institut national américain des normes (ANSI) qui leur a accordé le statut de normes nationales américaines (*Joint Committee on Standards for Educational Evaluation*, 1994). Elles ont pour but l'aide à l'orientation, à la régulation et à l'évaluation de l'évaluation par l'évaluateur lui-même. Mais elles peuvent aussi fonder un audit externe de l'évaluation, mené par un autre évaluateur ou équipe d'évaluation. De toutes façons, il est souhaitable qu'elles soient utilisées pour discuter la valeur de l'évaluation avec tous les intéressés.

De telles normes, définissant les caractéristiques d'une « évaluation de qualité », constituent donc des normes de méta-évaluation et elles se regroupent autour des critères suivants : la rigueur, l'utilité, la probité (et la faisabilité, qui ne sera pas traitée ici, car nous la jugeons subordonnée aux critères précédents). En appliquant les perspectives susmentionnées à l'analyse de ces critères, nous débouchons sur une diversité d'interprétations ou d'acceptions qui se traduisent par des pratiques différentes (cf. tableau 1).

La crédibilité et la rigueur méthodologiques (validité ontologique et épistémologique)

Dans le cadre de l'approche objectiviste de la crédibilité, l'accord des observateurs est requis. D'autre part, les plans à inspiration expérimentale cherchent à éliminer l'influence de tous les facteurs au-delà de celui dont l'effet est à déterminer (ceci pouvant réussir à travers la comparaison de groupes équivalents, parmi lesquels un seul groupe sera soumis au traitement expérimental).

Selon le courant subjectiviste et interprétatif qui prend en compte les intentions et les représentations des acteurs sociaux, la crédibilité des résultats appelle, à son tour, la confirmation par les personnes intervenantes dans la situation étudiée. Ici, la triangulation méthodologique aura comme objectif la composition d'une vision d'ensemble, plus élargie, qui englobe les différentes perspectives. Elle mettra ainsi en évidence un caractère additif, au lieu d'un caractère soustractif, comme dans la perspective objectiviste qui propose l'élimination des éléments sur lesquels l'accord des observateurs n'est pas vérifiable.

Finalement, selon l'approche critique, la crédibilité des résultats dépendra de la confrontation entre les représentations des différents participants, entre ceux-ci et l'observateur/évaluateur et entre la théorie et la pratique. Ici, la triangulation concernera la critique réciproque des différentes perspectives conduisant à leur déconstruction qui permettra qu'une perspective plus adéquate puisse se (re)construire.

L'utilisation, l'impact et l'utilité (validité catalytique et pragmatique)

Selon l'approche objectiviste ou technique, l'utilisation des résultats de l'évaluation sera conçue en termes de prescription et d'adoption.

L'optique subjectiviste envisage, à son tour, une utilisation qui considère l'évaluation au moment de la négociation pour la prise de décision.

Finalement, la perspective critique perçoit l'utilisation en termes dialectiques, dans un processus de confrontation avec le nouveau contexte.

La justice, la justesse et la probité (validité axiologique, éthique et politique)

Quant à la justice, la justesse et la probité de l'évaluation (qui encadre l'utilisation et l'utilité), dans la perspective objectiviste ou technique, la résolution des conflits d'intérêts est décidée par la hiérarchie, en fonction des normes qu'elle définit. La justification est légale.

Dans le cadre de la perspective subjectiviste, cette question est dépassée par le biais des contrats signés, advenant des négociations et des engagements assumés. Elle repose sur une acceptation morale.

La troisième perspective exigera l'élucidation des facteurs historiques, institutionnels et sociaux qui conditionnent les représentations des sujets, en limitant les façons de concevoir la transformation des situations où ils se trouvent. Les conflits de valeurs et d'intérêts sont ici dépassés à partir d'impératifs axiologiques, éthiques et politiques.

Conclusion

Les trois types de rationalité de l'action sociale, susmentionnés, reposent sur des positions ontologiques, épistémologiques, axiologiques, éthiques et politiques qui sont interdépendantes. C'est une telle articulation qui explique l'isomorphie de l'organisation sociale des différentes pratiques (y compris l'évaluation). Il sera, néanmoins, nécessaire de reconnaître soit la simplicité des analyses soit la complexité des situations où sont parfois perçues des incohérences associables à la coexistence des différentes logiques. Cette coexistence peut provenir, par exemple, du développement décalé des conceptions et des pratiques concernant différents plans de l'activité éducative, comme le stipule Shepard (2000) à propos du rapport entre le développement du curriculum, l'enseignement, l'apprentissage et l'évaluation des apprentissages.

3. LA NECESSAIRE META-EVALUATION

Evaluer les évaluations

Lise Demailly

Evaluer a son utilité, c'est vraisemblable. Nombreux sont les arguments pour démontrer les bienfaits que les organisations, les pouvoirs politiques, les professionnels, les usagers peuvent retirer de l'évaluation de l'action publique. L'existence même de la loi de 1991, en France, repose sur le postulat de l'intérêt de l'évaluation pour le fonctionnement des politiques publiques. Et pourtant, il existe des critiques et des plaintes concernant l'évaluation. Parfois aussi un étourdissant silence. Il est trop facile de renvoyer ces plaintes à une « résistance au changement ». Elles signalent des dysfonctionnements, des insuffisances, des effets pervers, qui doivent être analysés. D'où la nécessite d'une méta-évaluation.

Pourquoi évaluer l'évaluation

Les offreurs d'évaluation

Les « offreurs » d'évaluation sont multiples. On peut faire intervenir ici quelques résultats de la recherche internationale *Reguleducnetwork*[1] sur les systèmes scolaires. Elle montre que les services pédagogiques en Angleterre et en Hongrie sont essentiellement des services privés, agissant sur un marché concurrentiel. En Hongrie, après la destruction de l'administration scolaire publique suite au changement de régime politique et le manque d'expertise des municipalités en charge des établissements, il faut faire des appels d'offres au sein du marché des services pédagogiques pour acheter un conseil pédagogique ou une évaluation. En Angleterre, l'évaluation est obligatoire, mais également privée et payante pour les établissements. La tendance dominante est la pratique d'évaluation techniciste par rapport à des *targets* détaillés. En Belgique, l'évaluation des formations, comme celle des actions

---

[1] 5eme PCRDT. Responsable : Christian Maroy, Université de Louvain la Neuve. Belgique, Lise Demailly, responsable de l'équipe de l'IFRESI-CNRS, Lille.

pédagogiques et des établissements, est très peu développée. En France comme au Portugal, c'est l'administration publique, ainsi que les professionnels de la hiérarchie qui sont les principaux opérateurs de l'évaluation.

Les méthodes et les rapports aux évalués sont donc divers. Cependant, dans tous les pays, et à tous les niveaux, la tentation épistémologique est une mise en forme rationnelle des actes pédagogiques de formation selon un canevas de type « objectifs, moyens, résultats », selon un récit ordonné, mettant ainsi en jeu une théorie sociologique spontanée de l'action comme production linéaire. Les résultats sont alors mesurés en termes de compétences et de savoirs, sur le modèle des évaluations scolaires internationales, ou en termes de satisfaction, sur le modèle d'une enquête de satisfaction auprès des usagers d'un service.

L'évaluation des politiques publiques est ainsi sujette au technicisme, confrontée à la « dérive de l'indicateur », autrement dit à la fabrication d'indicateurs « simples ». Entraînés par les problèmes de faisabilité et de traitement de l'information, les évaluateurs oublient en cours de route ce qu'ils voulaient mesurer, brouillent les rapports entre indicateurs et variables, ne retenant de leur objet que ce qui est facilement évaluable (ils cherchent la clé sous le lampadaire, pour reprendre une métaphore bien connue). D'où, comme nous avons déjà pu l'observer, la précipitation sur les questionnaires et les diagrammes et la confusion sur les objectifs de l'action à évaluer et ceux de l'évaluation.

Parmi les dispositifs d'évaluation, qu'ils soient internationaux, nationaux, locaux, externes ou semi-internes, peu sont perçus par les acteurs concernés comme « réussis », la plupart étant vus comme « inutiles ». Les évaluations récapitulatives qui intéressent directement les décideurs et les chercheurs (et le citoyen) intéressent souvent peu les professionnels de base. Mais ce n'est pas là le plus grave. Le plus souvent, les évaluations censées concerner directement les acteurs de terrain sont implicitement ou explicitement considérées par eux, ou au moins une partie d'entre eux, comme « mal faites ». Coûteuses, abstraites et insuffisamment informées des savoirs et des questions des praticiens, elles suscitent l'ironie ; inutiles, redondantes, sans cesse recommencées à quelques années d'intervalles sans que leurs résultats ne soient pris en compte, elles dorment dans des tiroirs. D'autres provoquent des conflits, des amertumes ; d'autres enfin ne sont perçues par la base ou par les cadres que comme des rituels d'auto-légitimation. Dans certains cas, comme des rituels institutionnels lourds et coûteux pour lesquels une évaluation intuitive rapide aurait suffi. Les évaluations coûtent parfois inutilement du temps et de l'argent. Elles coûtent de l'espoir également, quand des acteurs professionnels en escomptent des changements d'importance, des enrichissements de pratiques ou des prises de décision pertinentes et sont finalement déçus, soit par manque d'informations initiales, soit parce que l'évaluation est mal faite.

Il est donc important, pour une démocratie, pour une institution, pour une organisation, d'évaluer et de réguler ses propres évaluations. Pour cela, il est important qu'elle s'interroge sur les critères de réussite d'une évaluation : à quelles conditions une évaluation sera-t-elle considérée comme réussie, pertinente ? A ce point du raisonnement, on proposera la notion de *méta-évaluation*, qui s'organise sous deux dimensions :
- l'étude scientifique, et plus particulièrement sociologique, comme on le verra, des dispositifs d'évaluation existants ;
- la réflexion politique sur l'ensemble des dispositifs d'évaluation pour une politique publique donnée. Il s'agit (en s'appuyant sur les études précédentes) de construire un bilan critique et normatif des dispositifs, des convergences, complémentarités, redondances, contradictions et superpositions qui caractérisent leur articulation concrète, afin d'augmenter la cohérence de cette politique.

Comment évaluer l'évaluation

Modes d'approche

L'étude scientifique des effets sociaux des dispositifs d'évaluation relève d'une analyse sociologique des évaluations. Qu'est, pour un sociologue, un dispositif d'évaluation ? C'est une banalité, mais dont le rappel est utile, de dire que l'évaluation fait partie de la conduite de l'action. Elle est intimement liée à l'action, même si elle en est analytiquement et matériellement détachable comme moment séparé et identifiable, ce qui est bien visible dans le cas des évaluations externes. De ce point de départ, découle une série de corollaires.

1. Le premier est que, en tant qu'elle appartient à l'ordre de l'action et de la décision, l'évaluation est un acte stratégique (même si elle est aussi production de savoirs) (Crozier & Friedberg, 1977).
2. Le second est que l'évaluation implique des processus de fabrication individuelle et collective de représentations cognitives et normatives : c'est le travail de fabrication, en cours d'action, d'une représentation d'un état des choses ou d'une représentation de changements, discours négocié de soi à soi et/ou produit dans un ensemble d'interactions sociales.
3. L'évaluation est, pour le sociologue, un processus, une histoire, un événement, même si, pour le méthodologue, c'est un dispositif. L'analyse d'une évaluation ne se réduit pas à l'analyse de sa méthodologie mais implique celle de ses effets, de ses traces.
4. Enfin, il n'y a pas de différences de principes entre grandes et petites évaluations (Demailly, 2000b). Il s'agit d'analyser sociologiquement les pratiques, dans leurs formes ordinaires, qu'elles soient sophistiquées ou peu normalisées, locales ou de grande envergure, appareillées ou intuitives, menées ou non par des chercheurs, des experts ou des profanes. Cette égalité de regard est importante, en particulier pour des raisons pratiques, par rapport à la méta-évaluation. Ce ne sont parfois pas les évaluations les plus sophistiquées ni les plus récapitulatives qui ont le plus de retombées sur les agents de l'éducation nationale, même si elles ont été importantes au niveau de l'administration centrale. Il faut toujours préciser de quels acteurs on parle quand on affirme qu'un dispositif est utile.

En ce sens, l'approche sociologique est étude du processus et des jeux d'acteurs que construit un dispositif d'évaluation, de son sens et ses enjeux, et repérage de ses effets sociaux, institutionnels, professionnels, effets qui ne sont pas à confondre avec les objectifs du dispositif ni avec l'intention de ses promoteurs. Elle est menée avec les méthodes habituelles ressortissant de la sociologie des organisations ou du travail (observation directe ou participante, entretiens approfondis, documentation, production de données statistiques, discussion de groupe, etc.).

Des concepts pour analyser les retombées de l'évaluation

Nous avons besoin de quelques concepts analytiques pour explorer de manière méthodique la question de l'efficacité sociale des évaluations.

La pertinence scientifique. C'est celle qui renvoie à la rigueur épistémologique du dispositif méthodologique, qui permet de produire des connaissances validées et à haut degré de certitude.

L'efficacité stratégique. Elle renvoie à l'adéquation des effets de l'opération d'évaluation à une stratégie de pouvoir (que ce soit celle du commanditaire ou de catégories d'acteurs qui utilisent l'évaluation à leur profit). Elle est donc relative à l'acteur considéré. Cette efficacité stratégique se joue aux différents moments du processus d'évaluation : la décision de la commande (qui peut elle-même prendre du temps et être le produit de tâtonnements et de négociation), le déroulement de l'investigation, le mode de traitement des données, la discussion autour du pré-rapport (de forme orale ou écrite), la diffusion des résultats. L'efficacité stratégique peut être très faible, sans n'être jamais nulle, par postulat, mais il faut identifier les bénéficiaires.

La crédibilité renvoie au fait que le contenu du rapport d'évaluation n'est pas mis en cause par les acteurs concernés. La crédibilité peut être interprétée par l'observateur de différentes façons, la représentation consensuelle pouvant être routinière ou au contraire en rupture avec les savoirs habituellement partagés.

L'efficacité formative est un élément de l'efficacité que Monnier (1992) juge primordial. On désigne par là le rôle que joue le processus d'évaluation dans la transformation des représentations et des pratiques des acteurs concernés. Elle est ce en quoi un dispositif d'évaluation fonctionne de fait comme outil de formation. Monnier montre que l'effort d'identification des effets et l'interrogation sur les possibilités de les mesurer ont deux types de retombées indirectes : ils aident à reformuler, en terme instrumental, les objectifs de la politique ou à souligner le caractère flou et non opérationnel de ces objectifs ; ils produisent des effets formatifs en amenant les décideurs et acteurs de terrain à s'interroger plus concrètement sur les résultats de leur action. Ces phénomènes ont été particulièrement observés dans Demailly, Gadrey, Deubel et Verdiere (1998).

L'efficacité de transformation (ou efficacité pour le changement) enfin renvoie au fait que l'évaluation a fonctionné effectivement comme outil d'orientation de l'action, d'amélioration de la maîtrise collective de l'action, de rationalisation au sens large du terme, qu'elle a contribué effectivement à des changements de représentations et à la prise de décisions individuelles et collectives qui sont en congruence avec des objectifs publics faisant partie d'un compromis social négocié. Cette évaluation ouvre les possibles.

Les quatre axes d'une méta-évaluation

Contrôler épistémologiquement les évaluations

La qualité épistémologique[2] d'une évaluation n'est pas séparable de la qualité de la théorie sociologique implicite qui la sous-tend et qui informe une représentation du social et notamment de l'action organisée, les méthodes de construction de l'objet, un choix de méthodes d'investigation. Tous les évaluateurs, qu'ils soient non-chercheurs (gestionnaires, administratifs, praticiens) ou chercheurs (sociologues, économistes…) ont ainsi une sociologie spontanée.

Des pratiques d'évaluation postulent par exemple que l'action organisée peut être pensée comme lien simple et instrumental entre des objectifs clairs et des résultats mesurables, ce qui est une vision très administrative de la réalité sociale. Les évaluations d'origine locale sont souvent très pauvres méthodologiquement : méconnaissance d'autres formes d'enquête que le questionnaire, usage exclusif du questionnaire fermé, non-recours à l'anonymat sont souvent leurs trois caractéristiques qui révèlent la prégnance d'une pensée par « cases », une faible culture statistique et une certaine naïveté par rapport à la situation d'enquête elle-même. Mais les évaluations internationales posent aussi de redoutables problèmes méthodologiques.

---

[2] Il s'agit ici d'aller plus loin qu'une simple vérification de la rigueur scientifique interne des rapports, travail très bien assuré par le Conseil scientifique de l'évaluation (cf. CSE 1992).

Analyser leurs effets prévus ou imprévus

La qualité épistémologique n'est ni nécessaire ni suffisante par rapport à l'efficacité de transformation. Ni suffisante car la possibilité d'évaluations efficaces pour le changement reste plus largement suspendue à un ensemble de conditions sociales et institutionnelles, notamment les caractéristiques de l'organisation commanditaire. Ni nécessaire - à partir, bien sûr, d'un certain seuil minimum de qualité épistémologique et méthodologique - car certains dispositifs d'évaluation présentent quelques erreurs méthodologiques, mais d'une grande richesse d'investigation par ailleurs, sont capables de produire des effets sociaux intéressants (sinon des effets de connaissance scientifique), parfois imprévus, tels qu'une mobilisation ou le déblocage de coopérations (Demailly et al., 1998).

Analyser les résistances à l'évaluation comme défauts du dispositif d'évaluation

La résistance à la formation a de bonnes raisons et il est important que les formateurs et les autres cadres du travail enseignant le comprennent et prennent ces raisons au sérieux. Il y a, aux conduites de non changement, une intelligibilité, une finalité : maintien de l'équilibre actuel qu'a construit la personne, type d'économie des forces - type de défense contre l'angoisse - hérité de l'histoire personnelle et de l'histoire collective du corps professionnel (Cauterman, Demailly, Suffys & Bliez-Sullerot, 1999).

La résistance des enseignants à l'évaluation peut être interprétée dans trois cadres théoriques, en termes d'intérêt (Bourdieu, 1992), en termes de valeurs (Boltanski & Thévenot, 1991), en termes de dissonances cognitives (Boudon 1995 ; Demeulenaere, 2001). Les différentes hypothèses théoriques sont partiellement compatibles sur le plan théorique. Elles impliquent cependant des conceptions différentes des acteurs de base et donc des visions différentes des politiques de changement efficaces qui devraient éventuellement être alors articulées.

Leur mise en jeu dans des recherches concrètes nous a appris qu'il faut les faire jouer tour à tour, selon les lieux et les moments, en commençant par l'hypothèse stratégique (Demailly, 2005) et en repérant ce qu'elle n'explique pas. L'enquête sur le management de la relance des ZEP[3] a montré que, après la phase de défense des intérêts devant un manager peu légitime, c'est la question de la confiance et de l'accord sur les valeurs qui est finalement devenue déterminante pour comprendre les conduites d'implication des acteurs de base dans le processus de changement.

Analyser la configuration d'ensemble d'une série de dispositifs par rapport à une politique donnée

Il s'agit de repérer les points de redondance utile, de redondance inutile, les points aveugles d'un système de dispositifs d'évaluation concernant une politique donnée.

Conclusion

La méta-évaluation, réflexion à la fois technique, éthique et politique sur les dispositifs d'évaluation, est aussi difficile que l'évaluation. C'est un travail qui engage les capacités des acteurs à dialoguer et négocier démocratiquement et rationnellement. Elle relève d'un long et difficile apprentissage collectif.

---

[3] Zone d'éducation prioritaire.

EN CONCLUSION :

LA RECHERCHE SUR L'EVALUATION EN EDUCATION AU CONFLUENT DE DEUX CULTURES

1. LES ECHANGES SCIENTIFIQUES DE PART ET D'AUTRE DE L'ATLANTIQUE

Une étude des articles parus dans « Mesure et évaluation en éducation », la revue de l'ADMEE

Dany Laveault

A l'occasion du dixième anniversaire de l'ADMEE-Europe, Cardinet et Laveault (1996) concluaient un premier bilan de la collaboration entre l'ADMEE-Europe et l'ADMEE-Canada en ces termes : « on assiste à la multiplication des champs d'application, comme des fonctions attendues de l'évaluation, et il en résulte naturellement une multiplication des modèles proposés » (p. 18). Dix ans après, la table des matières de ce collectif constitue un remarquable écho de ce phénomène alors émergent. En effet, nous y retrouvons trois grandes parties qui témoignent de cette complexification : diversification des problématiques, approfondissement des méthodologies et évolution du statut épistémologique de l'évaluation.

Il a semblé normal aux promoteurs de cet ouvrage de terminer sur le thème de la recherche sur l'évaluation au confluent de deux cultures. A la complexification des objets d'étude s'ajoute aujourd'hui la complexification qui résulte de la diversité et de l'accessibilité accrue des sources de références par l'intermédiaire des nouvelles technologies de l'information. Une telle réflexion aurait été difficile il y a seulement 10 ans. En effet, Cardinet et Laveault (1996) avaient préféré traiter de l'union des travaux en évaluation des deux côtés de l'Atlantique (« lignes de force »), plutôt que leurs apports mutuels. En 2006, le corpus des articles de la revue *Mesure et évaluation en éducation* (MEE) représente un matériel suffisamment abondant pour situer les apports de l'une et de l'autre culture, d'en suivre un peu plus les rouages et les mécanismes des échanges. Dorénavant, une réflexion de type méta-analytique est envisageable.

Ce texte se propose d'analyser la recherche en évaluation dans les pays francophones à travers l'étude des articles parus dans la revue MEE (volumes 19 à 27) et des références citées à la fin de ces articles. Ce genre de recherche est facilement réalisable pour les revues scientifiques anglo-saxonnes, lesquelles disposent de nombreuses bases de données sur les références citées (par revue, par auteur et par article). De plus, celles-ci sont facilement accessibles sur le Web (*Web of knowledge, Web of science*). En français, de telles bases de données n'existent pas. C'est donc de manière tout à fait artisanale que j'ai procédé au regroupement des références citées dans la revue pour en faire ressortir les tendances récentes.

Ce texte se propose cependant d'aller au-delà d'un simple dénombrement des articles et de leurs références pour proposer quelques hypothèses explicatives pouvant contribuer à donner un sens à ces résultats. J'assume au départ que l'analyse de la distribution des 1619 références citées dans les 65 articles publiés au cours de la période 1999-2005 permettra de dégager les apports mutuels de deux grandes cultures de l'évaluation : l'apport anglo-saxon et l'apport francophone tels qu'ils se sont exprimés dans la revue. La catégorisation des références, selon l'origine des auteurs mais aussi des périodiques et des maisons d'édition, fera ressortir les aspects suivants :
- les apports de la recherche européenne publiée en français,
- les apports de la recherche canadienne publiée en français,
- les apports de la recherche anglo-saxonne, principalement des Etats-Unis.

Toute catégorisation implique une simplification des données et certaines mises en garde s'imposent au départ. Des références ont été regroupées lorsque leurs effectifs étaient trop petits. Des catégories importantes telles que « autres périodiques européens en français » ont été créées. Un soin particulier a été consacré cependant à répertorier les périodiques les plus courants en éducation et en évaluation.

L'origine nationale des articles n'a pas posé de problème. La revue indique l'affiliation institutionnelle des auteurs. Etant donné que 55,4% des articles n'impliquaient qu'un seul auteur et que 43,1% des autres articles impliquant plus d'un auteur mettaient en présence des auteurs de même nationalité, il n'est demeuré que peu d'articles représentant des cas spéciaux : un article (1,5%) représente une collaboration canado-européenne, un seul article représente une collaboration entre deux pays européens (1,5%) et enfin deux articles proviennent d'Afrique (3%). Pour la période 1999-2005, les articles se répartissent de la façon suivante entre les pays : Canada (35%), France (28%), Belgique (19%), Suisse

(12%) et autres (6%). On compte donc 6% des articles qui n'ont pas été pris en considération pour décrire les échanges entre l'ADMEE-Canada et l'ADMEE-Europe, non pas parce que ces articles ne sont pas importants en eux-mêmes, mais parce qu'ils sont encore trop peu nombreux.

Résultats

Si les articles proviennent essentiellement d'auteurs francophones, les références des articles proviennent presqu'autant de sources de langue française que de langue anglaise. En effet, le tableau 1 permet de constater que les sources les plus fréquemment citées proviennent presqu'autant de livres publiés par des maisons d'édition européennes de langue française (23%) que de périodiques de langue anglaise (26%). Viennent ensuite les livres des maisons d'édition de langue anglaise (18%), les périodiques européens de langue française (9%) et les autres publications européennes (thèses, rapports de recherche, publications gouvernementales, etc.) de langue française (11%). Ces cinq premières catégories comptent pour près de 87% des références citées (41% en anglais et 46% en français). Les autres sources proviennent des périodiques et des maisons d'édition canadiennes qui publient en français. Donc, bien qu'une pluralité d'auteurs provienne du Canada (35,4%), les références de sources canadiennes dans la revue ne comptent que pour 10%. Par contre, les références de source européenne en français comptent pour 46%, un poids qui correspond davantage à la représentation des auteurs européens des articles (59% de l'ensemble).

Tableau 1 : Répartition des références citées dans les articles de la revue MEE

Sources	Canada	France	Belgique	Suisse	Total	%
Périodiques (anglais)	256	34	75	32	397	26,1%
Éditeurs européens (français)	25	173	86	69	353	23,2%
Éditeurs (anglais)	188	17	55	9	269	17,7%
Autres publications européennes (français)	31	60	47	30	168	11,0%
Périodiques européens (français)	9	75	31	23	138	9,1%
Autres publications canadiennes (français)	57	19	10	7	93	6,1%
Éditeurs canadiens (français)	34	9	5	5	53	3,5%
Mesure et évaluation en éducation	9	3	3	16	31	2,0%
Périodiques canadiens (français)	15	2	1	2	20	1,3%
Total	624	392	313	193	1522	100,0%

L'apparent équilibre des sources de langue française et de langue anglaise masque toutefois une grande différence dans les proportions avec lesquelles ces sources sont rapportées par les auteurs canadiens et les auteurs européens. Alors que pour les auteurs européens, 40% des sources proviennent de livres en français (maisons d'édition européennes et dans une moindre mesure canadiennes), cette proportion n'est que de 13% chez les auteurs canadiens. Par contre, chez ceux-ci, les sources de langue anglaise (livres et périodiques) représentent 71% des références contre 25% chez les auteurs européens. Somme toute, les auteurs canadiens francophones ont tendance à utiliser comme sources des périodiques, surtout ceux rédigés en anglais. De leur côté, les auteurs européens ont tendance à citer des livres de maisons d'édition de langue française.

Parmi l'ensemble de ces sources, quel est l'impact de la revue MEE ? Le tableau 1 indique que les auteurs de la revue la citent dans 2% des cas. Ce pourcentage de citations d'articles de la revue peut sembler faible. Par contre, lorsque l'on compare la revue uniquement à l'ensemble des périodiques de langue française (tableau 2), celle-ci compte pour 16% des références. C'est le plus fort pourcentage recensé pour une revue.

Tableau 2 : Distribution des périodiques de langue française cités dans la revue

Périodique	Canada	Europe	Total	%
Autres périodiques européens (français)	9	111	120	63,5%
Mesure et évaluation en éducation	9	22	31	16,4%
Autres périodiques canadiens (français)	12	2	14	7,4%
Revue française de pédagogie	0	12	12	6,3%
Revue des sciences de l'éducation	3	3	6	3,2%
Éducation et formation	0	6	6	3,2%
Total	33	156	189	100,0%

Le tableau 2 révèle également que les auteurs de la revue puisent à une grande variété de périodiques de langue française. C'est ce qui ressort des pourcentages fort élevés de références regroupées dans les catégories « autres périodiques européens » et « autres périodiques canadiens ». Une situation similaire prévaut pour les périodiques de langue anglaise (tableau 3). Une forte proportion (85%) provient de périodiques variés qui n'ont pas toujours un lien direct avec la mesure et l'évaluation, mais plutôt avec le monde de l'éducation en général.

Les similitudes entre tableaux 2 et 3 s'arrêtent là. Les auteurs canadiens citent plus souvent des revues de langue anglaise en mesure ou en recherche éducationnelle, telles que *Applied Psychological Measurement* (16 références) et *Educational Psychological Measurement* (9 références). Du côté européen, si l'on met ensemble toutes les références de ce genre aux périodiques de langue anglaise, on parvient à un total inférieur au nombre de références à la revue (14 au lieu de 22 pour la revue). Les auteurs canadiens ont cité ces périodiques à 44 reprises, soit trois fois plus que les auteurs européens et ce, même si la proportion d'articles d'origine européenne est presque le double de celle du Canada (59% comparativement à 35%).

Tableau 3 : Distribution des périodiques de langue anglaise cités dans la revue

Périodique	Canada	Europe	Total	%
Autres périodiques anglo-saxons	212	127	339	85,4%
Applied Psychological Measurement	16	1	17	4,3%
Journal of Educational Psychology	4	8	12	3,0%
Educational Psychological Measurement	9	2	11	2,8%
Journal of Educational Measurement	8	2	10	2,5%
Educational Researcher	7	1	8	2,0%
Total	256	141	397	100,0%

Le tableau 4 détaille la distribution des références de langue française selon les maisons d'édition. Ce tableau présente une situation tout à fait différente du tableau 3. On y constate que 86% des références à des livres de langue française l'ont été par des auteurs européens. Les auteurs canadiens, lorsqu'ils citent des livres de langue française, utilisent des sources d'origine canadienne à 58%. Les auteurs européens citent des sources d'origine européenne (Belgique, France, Suisse) dans une proportion de 95%.

Tableau 4 : Distribution des sources selon les maisons d'édition de langue française

Maison d'édition	Canada	Europe	Total	%
De Boeck	15	90	105	25,7%
Autres éditeurs francophones	5	85	90	22,0%
PUF	2	37	39	9,5%
ESF	1	30	31	7,6%
Autres éditeurs canadiens (français)	16	14	30	7,3%
Presses de l'Université du Québec	12	4	16	3,9%
Peter Lang	1	14	15	3,7%
L'Harmattan	0	14	14	3,4%
Delachaux et Niestlé	0	12	12	2,9%
Seuil	0	12	12	2,9%
Éditions de l'organisation	0	11	11	2,7%
Armand Colin	1	7	8	2,0%
Hachette	0	7	7	1,7%
Mardaga	0	6	6	1,5%
Dunod	0	6	6	1,5%
Presses de l'Université Laval	3	1	4	1,0%
ERPI	3	0	3	0,7%
Total	59	350	409	100,0%

Bilan des apports

Quel sens devrions-nous accorder à ces résultats ? L'étude du corpus des références de la revue permet de mieux définir les voies qu'empruntent les échanges de connaissances entre l'Europe et le Canada, entre véhicules canadiens et européens de langue française et véhicules de langue anglaise, surtout des Etats-Unis. En l'absence de repères précis, plusieurs « évaluations » sont possibles. Voici quelques réflexions à ce sujet :
- L'on ne peut que se réjouir, à mon humble avis, que dans son ensemble, les références répertoriées dans la revue fassent appel à une grande diversité de sources et qu'il n'y ait pas de grande disproportion dans le pourcentage de références de sources anglophones et francophones. Peu de revues internationales offrent une représentation aussi large d'un corpus scientifique dans deux langues reconnues. Mais lorsque l'on étudie cette répartition des sources à un niveau plus

« micro », par pays ou par article, cette diversification des sources n'est pas aussi évidente. Canadiens et européens manifestent des préférences et des usages marqués : les livres de langue française du côté européen, les périodiques de langue anglaise du côté canadien.
- Nous pourrions chercher les manifestations des apports mutuels entre deux cultures d'évaluation dans le nombre d'articles écrits en collaboration par des auteurs de pays différents. Or, un tel événement ne s'est produit qu'une seule fois. Il faut noter, cependant, l'existence de trois numéros thématiques (26, 1-2 ; 26, 3 ; 27, 2) regroupant sous un même thème des auteurs de différentes nationalités.
- On pourrait également rechercher des indices de ces apports mutuels dans la capacité de la revue MEE à inspirer ses propres auteurs. D'une part, nous pourrions déplorer que les références à la revue ne représentent que 2% de l'ensemble. Pour juger de ce taux, il faudrait d'abord se demander ce qui constituerait un taux « souhaitable » ? S'il y avait trop peu de références, on pourrait craindre une dispersion de l'objet d'étude. Par contre, s'il y avait trop de références à la revue, nous pourrions l'interpréter comme une « ghettoïsation » disciplinaire.

Conclusion

A la diversification des objets d'étude de l'évaluation s'ajoute aujourd'hui la diversification des sources qui traitent de ces objets. Tout scientifique cherche à valider ses modèles. Lorsque plusieurs chercheurs parviennent par des arguments, des méthodologies et des références différentes, à établir un consensus sur un objet, la crédibilité de cet objet n'en est que plus forte. La revue MEE constitue à cet effet un carrefour remarquable de « triangulation » des sources.

Il faut voir l'évolution de ces apports mutuels dans une perspective de progrès scientifique à long terme. L'accès à une plus grande variété de sources ne tient pas uniquement à un besoin d'exhaustivité, mais aussi au « devoir » du chercheur d'exposer des points de vue différents du sien. La rigueur méthodologique et l'exercice d'une pensée libre et critique s'exercent à ce prix. On peut citer une référence pour dire que l'on est d'accord ou pour signifier son désaccord. Si citer l'autre permet d'appuyer un point de vue ou encore le nier, ne pas citer l'autre permet d'éviter de remettre en question des paradigmes limités sur le plan théorique, mais aussi « géographique ». Une étude approfondie des échanges scientifiques permetrait de mieux comprendre l'origine, mais aussi les forces et les faiblesses des postulats et des méthodologies de recherche de part et d'autre.

En 1997, Linda Allal rédigeait un éditorial dans la revue intitulée *La mesure : variations culturelles sur le thème ADMEE*. Elle observait alors avec une pointe d'humour : « ... on relève dans les deux derniers volumes des contributions sur la 'mesure du climat d'apprentissage' (Busugutsala, 1995), la 'mesure des croyances des enseignants' (Louis & Trahan, 1995), la 'mesure du style parental' (Deslandes, Bertrand, Royer & Turcotte, 1995). Pour les européens qui doutent encore que l'on puisse mesurer valablement la maîtrise de l'algorithme de la soustraction, la témérité des chercheurs canadiens est... étourdissante ! » (p. 3).

Cette prédominance de l'intérêt pour la mesure relevée par Allal (1997) est toujours bien vivante du côté canadien. Elle reflète l'importante influence nord-américaine et anglo-saxonne dans les sources utilisées par les auteurs canadiens. Elle traduit un parti pris prononcé pour la recherche expérimentale et l'utilisation de données à des fins d'interprétation. C'est un apport de la recherche américaine et canadienne. Attali et Bressoux (2002) abondent dans ce sens : « Les travaux sur l'efficacité des pratiques éducatives ont été très peu nombreux en France. Ce relatif désintérêt contraste fortement avec la grande masse de travaux qui ont été produits dans les pays anglo-saxons sur cette question, surtout à partir des années 1960 » (p. 30).

En 2004, près de sept ans après l'éditorial de Linda Allal, l'ADMEE-Canada a décidé de donner le même sens à son acronyme que celui de l'ADMEE-Europe. L'Association pour le développement de la mesure et de l'évaluation en éducation est devenue, tout comme en Europe, l'Association pour le développement des méthodologies de l'évaluation en éducation. J'y vois là une reconnaissance de l'apport de l'ADMEE-Europe à l'étude de l'évaluation dans sa diversité, ainsi qu'un heureux contrepoids à l'influence anglo-saxonne fort axée sur la mesure. Mais, il ne suffit pas de changer le sens d'un acronyme pour que changent les pratiques. Le recensement des références employées par les auteurs canadiens révèle toujours un penchant prononcé pour la mesure, un penchant qu'ils partagent avec les chercheurs anglo-saxons et qui vaut la peine qu'on s'y attarde.

Les apports mutuels de chaque grande culture d'évaluation semblent pouvoir se résumer ainsi : du côté européen, un intérêt pour des modèles qui prennent en compte l'évaluation dans sa globalité et qui s'exprime surtout par des références à des livres ; du côté anglo-saxon et en particulier canadien, un intérêt pour la vérification de modèles par des méthodes qui accordent une large importance à la mesure et qui s'exprime davantage par des références à de courts articles publiés dans des périodiques scientifiques. Ces deux cultures sont complémentaires et s'enrichissent mutuellement. Le choix d'une dénomination commune pour les deux ADMEE en témoigne.

2. Une conceptualisation de l'evaluation dans la recherche francophone en Europe

La fonction de régulation de l'évaluation : constructions théoriques et limites empiriques

Linda Allal

En contraste avec la contribution de Dany Laveault qui traite des apports mutuels des recherches sur l'évaluation conduites des deux côtés de l'Atlantique, mes réflexions portent, à la suggestion des coordinateurs de ce volume anniversaire, sur l'une des principales lignes de force des travaux de la communauté de l'ADMEE-Europe. Il s'agit d'une relecture, forcément personnelle, de la place du concept de *régulation* dans les écrits publiés depuis quarante ans, pendant la période qui a précédé la fondation de l'ADMEE-Europe et pendant celle qui a suivi cette création. Le concept de régulation n'est pas le seul repère théorique à avoir marqué les travaux sur l'évaluation en Europe francophone, mais il est sans doute le fil conducteur le plus ancien. Mes propos sur ce thème s'organiseront en trois parties. J'évoquerai l'émergence du concept de régulation dans les écrits des années 1970-80 et l'élargissement qu'ils ont apporté à la conception de l'évaluation. Je décrirai ensuite la diversification des constructions théoriques élaborées pour traiter les rapports entre régulation et évaluation. Je relèverai enfin le décalage entre l'importance des efforts de théorisation et l'investissement restreint consenti aux recherches empiriques sur la fonction de régulation de l'évaluation.[1]

L'émergence du concept de régulation

On peut situer l'émergence du concept de régulation, en tant que fonction de l'évaluation, dans un texte de Jean Cardinet, paru d'abord comme rapport de l'Institut romand de recherche et de documentation

---

[1] Dans ce court exposé, mes propos seront centrés sur les travaux menés en Europe francophone sans décrire tous les apports enrichissants de nos échanges avec les chercheurs de l'ADMEE-Canada.

pédagogique en 1977, dont une version préliminaire circulait dès 1976. Ce texte remarquable, révisé et publié 10 ans plus tard (Cardinet, 1986a), a servi de document préparatoire pour la première Rencontre belgo-suisse sur l'évaluation, tenue à l'Université de Mons en 1977. Cette rencontre était le début d'une série de colloques annuels, élargis progressivement aux chercheurs français, puis à ceux d'autres pays, qui ont conduit à la création de l'ADMEE-Europe en 1986, en concertation avec l'association sœur, plus ancienne, de l'ADMEE-Canada.

Le texte de Cardinet de 1977 a proposé de différencier trois fonctions de l'évaluation en les reliant aux catégories définies dans le *Handbook* de Bloom, Hastings et Madaus (1971). La fonction de régulation a été associée à l'évaluation formative, la fonction de certification à l'évaluation sommative, la fonction d'orientation à l'évaluation prédictive. Se référant aux modèles cybernétiques et à la notion de « boucles d'adaptation », Cardinet a décrit la fonction de régulation de l'évaluation formative dans les termes suivants : « pour reprendre le parallèle avec la recherche spatiale, c'est l'orientation de la fusée plutôt que sa position dans l'espace que l'on cherche à contrôler et à réajuster [...] On suivra la motivation de l'élève, la régularité de son effort, sa représentation du domaine, sa façon d'aborder la tâche, sa stratégie [...] On cherchera à analyser la procédure qu'il a voulu suivre et à la situer dans la progression désirée [...] en vue de le guider vers une procédure plus élaborée » (p. 82). A la seconde Rencontre belgo-suisse organisée à l'Université de Genève en 1978, plusieurs intervenants ont cherché à approfondir la perspective ouverte par Cardinet, dans le cadre général des théories de l'apprentissage (Allal, 1979) et dans les contextes plus spécifiques d'un enseignement différencié en français (Weiss, 1979) et en mathématiques (Brun, 1979).

Mon intervention à la rencontre de 1978 a été élaborée en continuité avec les idées de Cardinet sur deux plans : premièrement, dans la réinterprétation de l'évaluation formative selon un modèle constructiviste de l'apprentissage, qui se distinguait du modèle néo-behavioriste initial de Bloom (1968) ; deuxièmement, dans la proposition du concept de « régulation interactive » qui accordait aux différentes formes de médiation sociale (interactions enseignant-élèves, interactions entre élèves, interactions des élèves avec des outils) un rôle privilégié dans la régulation des activités d'apprentissage. Sur un autre point, en revanche, mes propositions s'écartaient de celles de Cardinet. Plutôt que d'associer la fonction de régulation uniquement à l'évaluation formative, j'ai proposé de la considérer comme l'attribut essentiel de toute évaluation. Cette idée s'est exprimée comme suit : « les modalités d'évaluation adoptées par un système de formation ont toujours une fonction de régulation […] Cette fonction de régulation peut prendre, cependant, des formes différentes » (Allal, 1979, p. 131). Résumé schématiquement, dans l'évaluation sommative et pronostique (prédictive, dans la terminologie de Cardinet), les régulations visent à vérifier si « les caractéristiques des élèves répondent aux exigences du système », à l'entrée (admission, orientation) et à la sortie du système (certification), alors que dans l'évaluation formative, les régulations visent à « assurer que les moyens de formation correspondent aux caractéristiques des élèves » (p. 132). Je dirais aujourd'hui : assurer que les moyens de formation répondent aux « exigences » des élèves, du point de vue de leurs besoins et de leurs projets.

La question s'est posée d'emblée des tensions, inévitables, éventuellement irréconciliables, entre ces deux visées de régulation. Perrenoud (1993a) a abordé cette question, et plus généralement le caractère systémique de la régulation, dans un article analysant les tensions entre les pratiques d'évaluation formative, qui cherchent à promouvoir des régulations individualisées des parcours d'apprentissages et les évaluations institutionnelles, qui régulent les processus d'orientation/sélection et les rapports famille-école. Il a conclu en soulignant les interdépendances, problématiques mais incontournables, entre les différentes boucles de régulation et modalités d'évaluation.

En parallèle aux travaux issus des rencontres belgo-suisses, les formateurs et chercheurs réunis autour de Jean-Jacques Bonniol (1981), à l'Université d'Aix-Marseille, ont développé une conception de l'évaluation qui a également placé la régulation au centre. Dans l'ouvrage de synthèse publié par Bonniol et Vial (1997), évaluation et régulation sont unies dans un même vocable « évaluation-régulations », le pluriel voulant marquer que « c'est un système constitué de plusieurs types de régulations » (p. 299). La généralité de la fonction de régulation de l'évaluation est réaffirmée dans la postface du livre : « Evaluer c'est réguler. Car réguler, c'est articuler, c'est faire un va et vient, passer de l'un à l'autre et vice versa, mettre en boucles, faire jouer... Une boucle de régulation ne peut se comprendre et se concevoir qu'en tant que jeu d'interactions avec d'autres régulations [...] En tension, car rien n'est plus étranger à la notion de repos que le concept de régulation » (Bonniol, 1997, p. 357).

Malgré les différences entre les deux courants (que je ne relèverai pas ici), le rôle qu'ils ont attribué à la régulation a permis un important élargissement de la conception de l'évaluation par rapport aux modèles anglo-saxons, qu'il s'agisse de celui de Bloom (1968) ou de la définition plus récente du feedback évaluatif de Black et Wiliam (1998). Parmi les élargissements principaux, décrits plus en détails ailleurs (Allal & Mottier Lopez, 2005), il faut mentionner :
- l'intégration de l'évaluation et de sa fonction de régulation dans chaque situation d'enseignement/apprentissage,
- l'implication active de l'apprenant dans les processus d'évaluation et de régulation (démarches d'autoévaluation, d'évaluation mutuelle entre pairs, de co-évaluation entre enseignant et apprenant),
- l'appropriation par les apprenants d'outils et de ressources disponibles dans l'environnement afin d'enrichir et de mieux gérer leurs démarches d'apprentissage,
- la négociation des significations de l'évaluation dans un dialogue continu entre l'enseignant et les personnes en formation (discussion des objectifs, des critères, des interprétations respectives, construction de représentations partagées des finalités, des méthodes, etc.).

Constructions théoriques

Les travaux en Europe francophone sur la fonction de régulation de l'évaluation se caractérisent par une grande richesse de constructions conceptuelles. On peut identifier au moins cinq catégories de cadrages théoriques qui ont orienté et alimenté l'analyse des régulations liées à l'évaluation.

1. Les théories d'apprentissage constructivistes et cognitives permettent de comprendre les représentations et les démarches des apprenants (Crahay, 1986 ; Grégoire, 1999) et mettent en évidence le rôle clé des

régulations métacognitives dans la dynamique de l'apprentissage (Allal, 1993 ; Campanale, 1997 ; Noël, 1991/1997).

2. Les apports de la psychologie sociale et de la sociologie éclairent les processus de communication et de négociation entre acteurs et les enjeux institutionnels des contextes dans lesquels se déroulent les évaluations (Cardinet, 1988b ; Hadji, 1989 ; Perrenoud, 1993b).

3. Les approches didactiques montrent comment les démarches d'évaluation et de régulation se construisent et se transforment dans le rapport triadique entre enseignant, apprenant et objet de savoir (Chevallard, 1986 ; Schneuwly & Bain, 1993).

4. Les théories de la complexité et de la systémique (Le Moigne, Morin, Varela) sous-tendent la notion d'une évaluation-régulations ouverte, créatrice de nouvelles configurations d'apprentissage et d'interprétation intersubjective, telle qu'envisagée par Vial (2000) et par Jorro (1997).

5. Les concepts empruntés aux sciences des organisations et de la politique éducative servent à conceptualiser la régulation et le pilotage des systèmes de formation, à partir d'indicateurs d'efficacité, d'efficience, d'équité (Crahay, 2000 ; Sall & De Ketele, 1997), et des démarches évaluatives d'une « organisation apprenante » (Gather Thurler, 2000).

Que faire de toutes ces pistes conceptuelles intéressantes qui nous entraînent dans des directions assez différentes ? Il n'est pas aisé de les articuler dans une vue d'ensemble. Il n'est pas certain que leurs présupposés se prêtent à une construction cohérente.

On peut tenter, pour commencer, d'élaborer quelques constructions intégratives partielles. Perrenoud (1991) a proposé, il y a un certain temps déjà, une approche « pragmatique » dans laquelle les perspectives cognitives, sociales et didactiques s'articulent dans un cadre général de la régulation qui inclut mais dépasse les régulations liées spécifiquement à l'évaluation.

Poursuivant cette idée, je considère que la perspective de la cognition et de l'apprentissage situés offre un cadre théorique prometteur pour englober et coordonner de nombreux aspects des relations entre évaluation et régulation (Allal, 2002). Un apport majeur de cette perspective réside dans la thèse de la co-constitution des plans sociaux et individuels des activités d'une communauté (des activités d'enseignement, d'apprentissage, d'évaluation, dans le cas d'une communauté classe) dont les rapports seraient de nature dialectique et « réflexive » (Cobb & Bauersfeld, 1995 ; chapitre de Mottier Lopez dans cet ouvrage). Concernant la fonction de régulation de l'évaluation, cette thèse implique un rapport dialectique entre les facteurs contextuels de la régulation (structure des situations d'évaluation, interactions entre acteurs, outils d'évaluation utilisés) et les processus d'autorégulation liés aux démarches autoévaluatives des apprenants. Autrement dit : « Les facteurs contextuels soutiennent, guident et contraignent les processus d'autorégulation déployés par chaque apprenant. En même temps, les capacités autorégulatives de chaque apprenant favorisent ou limitent sa manière de s'engager dans la situation et de tirer parti efficacement des ressources de régulation à disposition » (Allal, à paraître). Dans cette approche, la distinction entre régulations externes et internes ou entre *teacher-regulation* et *student-regulation* (Vermunt & Verloop, 1999) s'estompe et toute régulation, en situation d'enseignement, apprentissage, évaluation, est reconnue comme processus de *co*-régulation.

Limites empiriques

Dans quelle mesure les constructions théoriques relatives à la fonction de régulation de l'évaluation, telles qu'élaborées par les chercheurs en Europe francophone, ont-elles conduit à la mise en œuvre de recherches empiriques, impliquant la récolte et l'analyse de données quantitatives et/ou qualitatives ? Le bilan fait par Figari et Achouche (1997) du colloque marquant le dixième anniversaire de l'ADMEE-Europe a relevé les nombreuses directions des travaux mais aussi, citant les propos de Charles Hadji, les rapports ambigus entre recherche et évaluation. Une revue de littérature préparée pour l'OCDE (Allal & Mottier Lopez, 2005) a permis d'analyser les caractéristiques des travaux publiés dans la revue *Mesure et évaluation en éducation* sur le thème de l'évaluation formative ou sur d'autres problématiques liées à la régulation des apprentissages. Cette analyse, portant sur 105 articles, a mis en évidence plusieurs caractéristiques des publications francophones sur l'évaluation et plus particulièrement, pour mon propos ici, de celles provenant d'auteurs européens.[2]

On constate, premièrement, que les écrits des membres de la communauté de l'ADMEE-Europe consistent souvent en articles de conceptualisation ou de réflexion sur les rapports entre régulation et évaluation, dans lesquels se trouvent peu d'éléments empiriques. Les concepts et les modèles sont illustrés par des observations anecdotiques, souvent pertinentes et intéressantes, mais ne s'appuient pas sur une démarche systématique de récolte et d'analyse de données.

Des études expérimentales qui tenteraient de démontrer les effets de régulation résultant de dispositifs d'évaluation contrastés sont très rares. On relève une seule étude de ce type conduite à Genève et deux études réalisées au Canada. Les recherches ayant pour but le développement d'instruments d'évaluation ou de procédures visant la régulation des apprentissages (y compris des dispositifs informatisés) sont plus nombreuses. Lorsqu'elles sont conduites sur la base d'une méthodologie de validation empirique (essai pilote avec un échantillon de taille adéquate, analyses d'items, étude de fiabilité, de validité, etc.), il s'agit généralement de travaux réalisés par des chercheurs canadiens. Les publications européennes comprennent souvent des observations informelles du fonctionnement des instruments et procédures dans un contexte d'enseignement ou de formation, ainsi que des descriptions des principes de construction des instruments et procédures, mais font rarement état d'un corpus empirique bien délimité.

Les études des attitudes et des pratiques effectives des enseignants en matière d'évaluation et de régulation se basent parfois sur des enquêtes

---

[2] Notre revue, préparée pour un ouvrage sur l'évaluation formative, n'a pas tenu compte d'articles sur la régulation des systèmes de formation. L'analyse des articles ayant trait à la régulation des apprentissages a été complétée par l'examen des chapitres des principaux ouvrages issus des colloques de l'ADMEE-Europe, mais les mémoires et les thèses sur l'évaluation et la régulation n'ont pas été répertoriés. La revue a concerné les numéros de la revue de 1978 à 2002 (dernière année disponible au moment d'effectuer l'analyse). Le bref résumé présenté ici ne mentionnera pas les nombreuses références qui sont citées dans Allal et Mottier Lopez (2005).

systématiques par questionnaire ou sur une série d'entretiens. Ce type d'approche est néanmoins moins fréquent que des études de cas et comptes-rendus de pratiques illustrant la dynamique des régulations mises en place par des enseignants expérimentés, travaillant en concertation avec des chercheurs.

Quelques mots de conclusion

Les travaux des chercheurs appartenant à la communauté de l'ADMEE-Europe ont contribué à un important élargissement conceptuel de la fonction de régulation de l'évaluation. Leurs propositions théoriques n'ont pas été conçues dans une tour d'ivoire. Elles sont souvent le fruit de contacts intensifs avec les enseignants et les formateurs du système scolaire et des écoles professionnelles, de leur implication directe dans des réformes et innovations, d'observations globales de la vie de classe et de la culture des écoles. En revanche, les tentatives d'étude systématique des effets des régulations liées à l'évaluation sont restées peu nombreuses, trop épisodiques et dispersées dans divers contextes pour en tirer des leçons décisives. Les promesses théoriques des travaux sur la fonction de régulation de l'évaluation auraient de toute évidence besoin d'un ancrage empirique plus solide, plus approfondi. Voici donc un défi majeur pour la nouvelle génération de chercheurs dont on fera le bilan des travaux, dans trois décennies, au $50^{\text{ème}}$ anniversaire de l'ADMEE-Europe.

BIBLIOGRAPHIE GENERALE

Allal, L. (1979). Stratégies d'évaluation formative : conceptions psycho-pédagogiques et modalités d'application. In L. Allal, J. Cardinet & P. Perrenoud (Ed.), *L'évaluation formative dans un enseignement différencié* (pp. 153-183). Berne : Peter Lang.

Allal, L. (1993). Régulations métacognitives. In L. Allal, D. Bain, & P. Perrenoud (Ed.), *Evaluation formative et didactique du français* (pp. 81-98). Neuchâtel : Delachaux et Niestlé.

Allal, L. (1997). La mesure : variations culturelles sur le thème ADMEE. *Mesure et évaluation en éducation, 19 (3)*, 1-4.

Allal, L. (1999). Impliquer l'apprenant dans les processus d'évaluation : promesses et pièges de l'autoévaluation. In C. Depover & B. Noël (Ed.), *L'évaluation des compétences et des processus cognitifs, modèles, pratiques et contextes* (pp. 35-56). Bruxelles : De Boeck.

Allal, L. (2002). Evaluation dans le contexte de l'apprentissage situé : peut-on concevoir l'évaluation comme un acte de participation à une communauté de pratiques ? Conférence donnée au 15ème colloque de l'ADMEE-Europe, Université de Lausanne.

Allal, L. (à paraître). Régulations des apprentissages : orientations conceptuelles pour la recherche et la pratique en éducation. In L. Allal & L. Mottier Lopez (Ed.), *Régulation des apprentissages en situation scolaire et en formation*. Bruxelles : De Boeck.

Allal, L. & Mottier Lopez, L. (2005). Formative assessment : A review of publications in French. In *Formative assessment: improving learning in secondary classrooms* (pp. 241-264). Paris: OECD.

Allal, L. & Pelgrims Ducrey, G. (2000). Assessment of - or in - the zone of proximal development. *Learning and Instruction, 10*, 137-152.

Allal, L., Wegmuller, E., Bonaiti-Dugerdil, S. & Cochet Kaeser, F. (1998). Le portfolio dans la dynamique de l'entretien tripartite. *Mesure et évaluation en éducation, 20 (3)*, 5-31.

Alvidrez, J. & Weinstein, R. S. (1999). Early teacher perceptions and later student academic achievement. *Journal of Educational Psychology, 91* (4), 731-746.

Ardoino, J. (1990). Les postures ou impostures respectives du chercheur, de l'expert et du consultant. In *Les nouvelles formes de la recherche en éducation* (pp. 22-34). Paris : Matrice.

Ardoino, J. (1992). D'une ambiguïté propre à la recherche-action aux confusions entretenues par les pratiques d'intervention. In A. Estrela & M.-E. Falcão (Ed.), *Investigação-acção em educação. Problemas e tendências* (pp. 15-29). Lisboa : AIPELF/AFIRSE-Secção Portuguesa & Faculdade de Psicologia e de Ciências da Educação da Universidade de Lisboa.

Ardoino, J. & Berger, G. (1986). L'évaluation comme interprétation. *Pour, 107,* 120-127.

Ardoino, J. & Berger, G. (1989). *D'une évaluation en miettes à une évaluation en actes. Le cas des universités.* Paris : ANDSHA-Matrice.

Attali, A. & Bressoux, P. (2002). *L'évaluation des pratiques éducatives dans les premier et second degrés.* Rapport pour le haut conseil de l'évaluation de l'école.

Aubert, J. (1995). Psychologie de l'évaluation. In D. Gaonach & C. Golder (Ed.), *Profession enseignant : manuel de psychologie pour l'enseignement* (pp. 540-555). Paris : Hachette.

Aubriet-Morlaix, S. (1999). *Essais sur l'allocation et l'optimisation du temps scolaire. La transition entre école primaire et collège.* Thèse de doctorat en Sciences de l'éducation, Université de Bourgogne.

Bacher, F. (1973). La docimologie. In M. Reuchlin (Ed.), *Traité de psychologie expérimentale* (tome 6, pp. 27-88). Paris : PUF.

Bain, D. (Ed.). (1996). *Fonctionnement de l'évaluation dans la formation. Evaluation du fonctionnement de la formation.* Genève : CRPP.

Baudelot, C. & Leclercq, F. (2005). *Les effets de l'éducation.* Paris : La Documentation française.

Baye, A. (2005). Entre efficacité et équité : ce que les indicateurs de l'OCDE veulent dire. In M. Demeuse, A. Baye, M. H. Straeten, J. Nicaise & A. Matoul, *Vers une école juste et efficace. 26 contributions sur les systèmes d'enseignement et de formation* (pp. 539-558). Bruxelles : De Boeck.

Baye, A., Hindryckx, G., Libon, C. & Jaspar, S. (2005). *Mesurer la transition entre l'école et la vie active en Wallonie : cadre conceptuel et canevas d'indicateurs internationaux.* Namur : Institut wallon de l'Evaluation, de la Prospective et de la Statistique, Discussion papers n°0505.

Beauvois, J.-L. (1984). *La psychologie quotidienne.* Paris : PUF.

Beauvois, J.-L. (1995). La connaissance des utilités sociales. *Psychologie française, 40,* 375-387.

Beauvois, J.-L. (2001). Rationalization and internalization : The role of internal explanations in the generalization of an obligation. *Swiss Journal of Psychology, 60,* 223-239.

Beauvois, J.-L. (2005). *Les illusions libérales, individualisme et pouvoir social. Petit traité des grandes illusions.* Grenoble : Presses Universitaires de Grenoble.

Behrens, M. (Ed.). (2006). *Analyse de la littérature critique sur le développement, l'usage et l'implémentation de standards dans un système éducatif.* Neuchâtel : IRDP.

Bélair, L. M. (2002). L'apport du portfolio dans l'évaluation des compétences. *Evaluation et formation. Questions vives, 1* (1), 17-38.

Berner, E. & Stolz, S. (2006). *Literaturanalyse zu Entwicklung, Anwendung und insbesondere Implementation von Standards in Schulsystemen.* Consulté en mai 2006 :
http://www.cdep.ch/PDF_Downloads/Harmos/Literaturanalyse_3.pdf.

Black, P. & Wiliam, D. (1998). Assessment and classroom learning. *Assessment in Education, 5* (1), 7-74.

Blanchard-Laville, C. & Fablet, D. (1996). *L'analyse des pratiques professionnelles.* Paris : L'Harmattan.

Bloom, B. S. (1968). Learning for mastery. *Evaluation Comment, 1* (2), 1-12.

Bloom, B. S. (1979). *Caractéristiques individuelles et apprentissages scolaires.* Paris : Nathan.

Bloom, B. S., Hasting, J. T., & Madaus, G. F. (1971). *Handbook on formative and summative evaluation of student learning.* New York : McGraw-Hill.

Boltanski, L. & Thévenot, L. (1991). *De la justification.* Paris : Gallimard.

Bonboir, A. (1972). *La docimologie.* Paris : PUF.

Bonniol, J.-J. (1965). Les divergences de notation tenant aux effets d'ordre de correction. *Cahiers de psychologie, 8,* 181-188.

Bonniol, J.-J. (1981). *Déterminants et mécanismes des comportements d'évaluation d'épreuves scolaires.* Thèse de doctorat ès Lettres et Sciences Humaines, Université de Bordeaux.

Bonniol, J.-J. (1992). Le consultant fonction publique : logique de l'intervention, logique de la recherche. *Actes de l'université d'été de Toulon,* Marseille, France.

Bonniol, J.-J. (1997). Postface. In J.-J. Bonniol & M. Vial, *Les modèles de l'évaluation* (pp. 351-358). Bruxelles : De Boeck.

Bonniol, J.-J. & Vial, M. (1997). *Les modèles de l'évaluation.* Bruxelles : De Boeck.

Bosker, R. & Scheerens, J. (1989). Issues in the interpretation of the results of school effectiveness studies. *International Journal of Educational Research, 13,* 741-751.

Bosker, R. & Scheerens, J. (1994). Alternative models of school effectiveness put to the test. *International Journal of Educational Research, 21,* 159-180.

Bottani, N. (2001). Editorial. *Politiques d'éducation et de formation. Analyses et comparaisons internationales, 3,* 7-12.

Bottani, N. & Tuijnman, A. (1994). Les indicateurs internationaux de l'enseignement : cadre, élaboration et interprétation. In Centre pour la recherche et l'innovation dans l'enseignement, *Evaluer l'enseignement. De l'utilité des indicateurs internationaux.* Paris : Organisation de Coopération et de Développement économique.

Boudon, R. (1973). *L'inégalité des chances.* Paris : Colin.

Boudon, R. (1995). *Le juste et le vrai.* Paris : Fayard.

Bourdieu, P. (1992). Intérêt et désintéressement. *Méthodologica, 1, 19-36*.
Bourdieu, P. & Boltanski, L. (1976). La production de l'idéologie dominante. *Actes de la recherche en sciences sociales, 2/3*, 4-73.
Bourdieu, P. & Passeron, J.-C. (1970). *La Reproduction*. Paris : Minuit.
Bourgeois, E. & Chapelle, G. (Ed.). (2006). *Apprendre et faire apprendre*. Paris : PUF.
Bressoux, P. (1993). *Les performances des écoles et des classes : le cas des acquisitions en lecture*. Paris : Direction de l'Evaluation et de la Prospective (Education et formations, n° 30).
Bressoux, P. (2001). Réflexions sur l'effet-maître et l'étude des pratiques enseignantes. *Les dossiers des sciences de l'éducation, 5*, 35-52.
Bressoux, P. & Bianco, M. (2004). Long-term teacher effects on pupils' learning gains. *Oxford Review of Education, 30* (3), 327-345.
Bressoux, P. & Pansu, P. (2003). *Quand les enseignants jugent leurs élèves*. Paris : PUF.
Bressoux, P., Coustère, P. & Leroy-Audouin, C. (1997). Les modèles multiniveaux dans l'analyse écologique : le cas de la recherche en éducation. *Revue française de sociologie, 38* (1), 67-96.
Bressoux, P., Leroy-Audouin, C. & Coustère, P. (1998). Les extensions des modèles multiniveaux et leur application pour l'évaluation en éducation. *Mesure et évaluation en éducation, 21* (1), 39-59.
Brun, J. (1979). L'évaluation formative dans un enseignement différencié de mathématique. In L. Allal, J. Cardinet, & P. Perrenoud (Ed.), *L'évaluation formative dans un enseignement différencié* (pp. 170-181). Berne : Peter Lang.
Bruner, J. S. (1983). *Le développement de l'enfant, savoir dire, savoir faire*. Paris : PUF.
Brunswick, E. (1943). Organismic achievement and environment probability. *Psychological Review, 50*, 255-272.
Bunderson, V. C., Inouye, D. K. & Olsen, J. B. (1989). The four generations of computerized educational measurement. In R. L. Linn (Ed.), *Educational measurement : Third edition* (pp. 367-407). New York : Macmillan.
Bureau, M.-C. & Marchal, E. (2005). *Au risque de l'évaluation. Salariés et candidats à l'emploi soumis aux aléas du jugement*. Villeneuve d'Ascq : Septentrion.
Burton, R. (2004). L'évaluation des compétences langagières dans la formation professionnelle selon le Cadre Européen Commun de Référence. *Actes du 17ème colloque international de l'ADMEE-Europe*, Lisbonne, Portugal.
Campanale, F. (1997). Autoévaluation et transformation de pratiques pédagogiques. *Mesure et évaluation en éducation, 20* (1), 1-24.

Campanale, F. (2003). L'évaluation mutuelle interrogée par les principes d'efficacité et d'équité. *Actes du 16ème colloque international de l'ADMEE-Europe*, Liège, Belgique.

Canario, R. (2006). Formation et acquis expérientiels entre la personne et l'individu. In G. Figari, P. Rodrigues, M. P. Alves & P. Valois (Ed.), *Evaluation des compétences et apprentissages expérientiels* (pp. 23-34). Lisboa : Educa-Formaçao.

Cardinet, J. (1972). *L'adaptation des tests aux finalités de l'évaluation* (R72-09). Neuchâtel : IRDP.

Cardinet, J. (1979). L'élargissement de l'évaluation. *Education et recherche, 1* (1), 15-34.

Cardinet, J. (1986a). *Evaluation scolaire et mesure*. Bruxelles : De Boeck.

Cardinet, J. (1986b). *Pour apprécier le travail des élèves*. Bruxelles : De Boeck.

Cardinet, J. (1988a). *Evaluation scolaire et pratique*. Bruxelles : De Boeck.

Cardinet, J. (1988b). La maîtrise, communication réussie. In M. Huberman (Ed.), *Assurer la réussite des apprentissages scolaires? Les propositions de la pédagogie de maîtrise* (pp. 155-195). Neuchâtel : Delachaux et Niestlé.

Cardinet, J. (1989). Evaluer sans juger. *Revue française de pédagogie, 88*, 41-52.

Cardinet, J. (1990a). Choisir la démarche d'évaluation qui convient. In J. Colomb & J. Marsenach (Ed.), *L'évaluateur en révolution* (pp. 121-137). Paris : INRP.

Cardinet, J. (1990b) Remettre le quantitatif à sa place en évaluation scolaire. In AFIRSE, *Les nouvelles formes de la recherche en éducation* (pp. 58-66). Paris : Matrice Ansha.

Cardinet, J. (1991). L'apport sociocognitif à la régulation interactive. In J. Weiss (Ed.), *L'évaluation : problème de communication* (pp. 199-213). Cousset : DelVal.

Cardinet, J. (1992). L'objectivité de l'évaluation. *Formation et technologies. Revue européenne des professionnels de la formation, 0*, 17-26.

Cardinet, J. & Laveault, D. (1996). Dix années de travaux européens et nord-américains sur l'évaluation : quelles lignes de force? *Mesure et évaluation en éducation, 18 (3)*, 1-25.

Cardinet, J. & Tourneur, Y. (1985). *Assurer la mesure : guide pour les études de généralisabilité*. Berne : Peter Lang.

Carroll, J. B. (1963). A model for school learning. *Teacher College Record, 64*, 723-733.

Carroll, J. B. (1989). The Carroll model. A 25 year retrospective and prospective view. *Educational Researcher, 18* (1), 20-31.

Cauterman, M.-M., Demailly, L., Suffys, S. & Bliez-Sullerot, N. (1999). *La formation continue des enseignants est-elle utile ?* Paris : PUF.

Chatel, E. (2004). Compétences et entrée dans l'activité professionnelle. *Actes du 17ème colloque de l'ADMEE-Europe,* Lisbonne, Portugal.

Chevallard, Y. (1986). Vers une analyse didactique des faits d'évaluation. In J.-M. De Ketele (Ed.), *L'évaluation : approche descriptive ou prescriptive ?* (pp. 31-59). Bruxelles : De Boeck.

Choppin, B. H. (1975). Guessing the answer on objective tests. *British Journal of Educational Psychology, 45,* 206-213.

Cifali, M. (2005). L'envers et l'endroit d'une « obligation de résultats ». In C. Lessard & P. Meirieu (Ed.), *L'obligation de résultats en éducation* (pp. 243-256). Bruxelles : De Boeck.

Clot, Y. (1999). *La fonction psychologique du travail.* Paris : PUF.

Cobb, P. & Bauersfeld, H. (1995). Introduction : The coordination of psychological and sociological perspectives in mathematics education. In P. Cobb & H. Bauersfeld (Ed.), *The emergence of mathematical meaning : Interaction in classroom cultures* (pp. 1-16). Hillsdale, NJ : Laurence Erlbaum Associates.

Cochran-Smith, M. (2003). The unforgiving complexity of teaching. Avoiding simplicity in the age of accountability. *Journal of Teacher Education, 54* (1), 3-5.

Conseil scientifique de l'évaluation. (1992). *L'évaluation en développement : rapport annuel sur l'évaluation des pratiques d'évaluation des politiques publiques.* Paris : La Documentation française.

Cook, T. & Reichardt, C. (Ed.). (1986). *Métodos cualitativos y cuantitativos en investigación evaluativa.* Madrid : Morata.

Crahay, M. (1986). Evaluation formative et théorie constructiviste du développement. In J.-M. De Ketele (Ed.), *L'évaluation : approche descriptive ou prescriptive ?* (pp. 135-187). Bruxelles : De Boeck.

Crahay, M. (2000). *L'école peut-elle être juste et efficace ? De l'égalité des chances à l'égalité des acquis.* Bruxelles : De Boeck.

Crahay, M. (2003). *Peut-on lutter contre l'échec scolaire ?* (2ᵉ éd. rev. et aug.). Bruxelles : De Boeck.

Cransac, J. & Dauvisis, M.-C. (1975). La rigueur du professeur de mathématiques et la notation. *Bulletin de l'APMEP, 300,* 517-529.

Cranton, P. (2001). Interpretative and critical evaluation. *New Directions for Teaching and Learning, 88,* 87-97.

Cronbach, L. & Meehl, P. (1955). Construct validity in psychological tests. *Psychological Bulletin, 52,* 281-302.

Cronbach, L., Gleser, G., Nanda H. & Rajaratnam, N. (1972*). The dependability of behavioral measurement : Theory of generalizability for scores and profiles.* New York : John Wiley.

Cross, L. & Frary, R. (1977). An empirical test of Lord's theoretical results regarding formula scoring of multiple choice tests. *Journal of Educational Measurement, 14*, 313-321.

Crozier, M. & Friedberg, E. (1977). *L'acteur et le système*. Paris : Editions du Seuil.

Cytermann, J. R. & Demeuse, M. (2005). *La lecture des indicateurs internationaux en France*. Paris : Rapport établi à la demande du Haut conseil de l'évaluation de l'école.

Darling-Hammond, L. (1994). L'usage politique des indicateurs. In CERI (Ed.), *Evaluer l'enseignement. De l'utilité des indicateurs internationaux* (pp. 387-410). Paris : OCDE, Centre pour la recherche et l'innovation dans l'enseignement.

Dauvisis, M.-C. (1982). *Objectifs de l'enseignement des mathématiques et docimologie*. Thèse d'état en Sciences de l'éducation, Université Toulouse-le-Mirail.

Dauvisis, M.-C. (1992). Des titres et des nombres en quête de valeurs : de la docimologie à l'évaluation. In AFIRSE, *Les évaluations* (pp. 113-135). Toulouse : EUS.

Dauvisis, M.-C. (2006). *L'évaluation des compétences au risque des barèmes et des notes scolaires*. Communication à la journée d'étude « Usages sociaux de la notion de compétence », organisée par CNAM-CRF-MRPP-CEREQ-IUFM Champagne-Ardenne-ENSIETA, Paris.

Dauvisis, M.-C., Millot, J., Frossard, G. & Droyer, N. (2003). L'équité : un idéal, mais quelle réalité dans les pratiques d'évaluation dans les Bac ? *Actes du 16ème colloque de l'ADMEE-Europe*, Liège, Belgique.

Davis, F. B. (1946). *Analyse des items*. Louvain : Nauwelaerts.

De Finetti, B. (1965). Methods for discriminating levels of partial knowledge concerning a test item. *British Journal of Mathematical and Statistical Psychology, 18*, 87-123.

De Fraine, B., Van Damme, J., Van Landeghem, G. & Opdenakker, M.-C. (2003). The effect of schools and classes on language achievement. *British Educational Research Journal, 29* (6), 841-859.

De Ketele, J.-M. (1982). *Docimologie*. Louvain-la-Neuve : Cabay.

De Ketele, J.-M. (Ed.). (1986). *L'évaluation : approche descriptive ou prescriptive ?* Bruxelles : De Boeck.

De Ketele, J.-M. (1993). L'évaluation conjuguée en paradigmes. *Revue française de pédagogie, 103*, 59-80.

De Ketele, J.-M. (2000). En guise de synthèse : Convergences autour des compétences. In C. Bosman, F.-M. Gerard & X. Roegiers (Ed.), *Quel avenir pour les compétences ?* (pp. 187-191). Bruxelles : De Boeck.

De Ketele, J.-M. (2001). Evolution des problématiques issues de l'évaluation formative. In G. Figari & M. Achouche (Ed.), *L'activité évaluative réinterrogée, regards scolaires et socioprofessionnels* (pp. 102-108). Bruxelles : De Boeck.

De Ketele, J.-M. (2004). La reconnaissance et la validation des acquis de l'expérience dans le cadre de la formation d'adultes à l'Université de Louvain. *Actes du 17ème colloque de l'ADMEE-Europe,* Lisbonne, Portugal.

De Ketele, J.-M. & Gerard, F.-M. (2005). La validation des épreuves d'évaluation selon l'approche par les compétences. *Mesure et évaluation en éducation, 28* (3), 1-26.

De Ketele, J.-M. & Roegiers, X. (1993). *Méthodologie du recueil d'informations.* Bruxelles-Paris : Editions De Boeck.

De Ketele, J.-M. & Roegiers, X. (1999). *Metodologia da recolha de dados. Fundamentos dos métodos de observações, de questionários e de estudo de documentos.* Lisboa : Instituto Piaget.

de Landsheere, G. (1971). *Evaluation continue et examens. Précis de docimologie.* Bruxelles-Paris : Labor-Nathan.

de Landsheere, G. (1979). *Dictionnaire de l'évaluation et de la recherche en éducation.* Paris : PUF.

de Landsheere, G. (1994). *Le pilotage des systèmes d'éducation.* Bruxelles : De Boeck.

de Landsheere, V. (1992). *L'éducation et la formation.* Paris : PUF.

Debeauvais, M. (2002). Indicateur. In D. Groux, S. Perez, L. Porcher, V. D. Rust & N. Tasaki, *Dictionnaire d'éducation comparée* (pp. 312-314). Paris : L'Harmattan.

Dechef, H. & Laveault, D. (1999). Le testing adaptatif par ordinateur. *Psychologie et psychométrie, 20* (2-3), 151-179.

Dejours, C. (1995). *Le facteur humain.* Paris : PUF.

Dejours, C. (2003). *L'évaluation du travail à l'épreuve du réel.* Paris : INRA éditions.

Demailly, L. (1999). L'évaluation et l'autoévaluation des établissements : un enjeu collectif. Le cas des audits d'établissements scolaires de l'académie de Lille. *Politique et management public, 17* (1), 37-58.

Demailly, L. (2000a). Ce que peut apporter une approche sociologique des dispositifs d'évaluation. In G. Solaux (Ed.), *L'évaluation des politiques d'éducation* (pp. 67-78). Dijon : CNDP.

Demailly, L. (2000b). *Evaluer les politiques éducatives.* Bruxelles : De Boeck.

Demailly, L. (2001). La rationalisation du traitement social de l'expérience professionnelle. *Revue des sciences de l'éducation. 27,* 523-542.

Demailly, L. (2005). Pour une représentation politique de l'acteur au travail. *CLES, 45*, 153-174.
Demailly, L., Gadrey, N., Deubel, P. & Verdiere, J. (1998). *Evaluer les établissements scolaires : enjeux, expériences, débats*. Paris : l'Harmattan.
Demeulenaere, P. (2001). *Croyances et actions normatives*. Paris : Sorbonne.
Demeuse, M. & Blondin, C. (2001). Construire des indicateurs de la qualité en éducation au niveau européen. *Education comparée, 56*, 233-240.
Dépret, E. & Filisetti, L. (2001). Juger et estimer la valeur d'autrui : des biais de jugement aux compétences sociales. *L'orientation scolaire et professionnelle, 30*, 297-315.
Dewey, J. (1938). *Expérience et éducation*. Paris : A. Colin.
Droyer, N. & Frossard, G. (2000). Plaidoyer pour une coexistence. *Cahiers pédagogiques : « les examens », 387*, 53-54.
Dubois, N. (1994). *La norme d'internalité et le libéralisme*. Grenoble : Presses Universitaires de Grenoble.
Dubois, N. (2003). *A sociocognitive approach to social norms*. Londres : Routledge.
Dubois, N. (2005). Normes sociales de jugement et valeur : ancrage sur l'utilité et ancrage sur la désirabilité. *Revue internationale de psychologie sociale, 18*, 43-79.
Dubois, N. & Marceau, R. (2005). Un état des lieux théoriques de l'évaluation : une discipline à la remorque d'une révolution scientifique qui n'en finit pas. *The Canadian Journal of Program Evaluation, 20* (1), 1-36.
Dubs, R. (2004). Bildungsstandards - ein erfolgversprechender Paradigmawechesel ? ein Umsetzungsversuch als Diskussionsgrundlage im Fach Volkswirtschaftslehre. In M. Wosnitza, A. Frey & R. S. Jäger (Hrsg.), *Lernprozess, Lernumgebung und Lerndiagnostik : Wissenschaftliche Beiträge zum Lernen im 21 Jahrhundert* (pp. 38-55). Landau : Empirische Pädagogik.
Duru-Bellat, M. (1988). *Le fonctionnement de l'orientation. Genèse des inégalités sociales à l'école*. Paris : Delachaux et Niestlé.
Duru-Bellat, M. (2004). *L'école des filles*. Paris : L'Harmattan.
Duru-Bellat, M. (2006). *L'inflation scolaire. Les désillusions de la méritocratie*. Paris : Seuil.
Duru-Bellat, M. & Jarousse J.-P. (2001). Portée et limites d'une évaluation des politiques et des pratiques éducatives par les résultats. *Education et société, 2*, 97-110.
Duru-Bellat, M. & Mingat, A. (1993). *Pour une approche analytique du fonctionnement du système éducatif*. Paris : PUF.
Easton, B. (2006). *Metrology and the economy*. Commissioned report for the Ministry of Consumers Affairs, New Zealand. Consulté en avril

2006 : www.consumeraffairs.govt.nz/policylawresearch/wordpapers/METRO LOG1.doc.

Ebel, R. L. (1969). Expected reliability as a function of choices per item. *Educational and Psychological Measurement, 29*, 565-570.

Eggen, T. J. & Straetmans, G. J. (2000). Computerized adaptive testing for classifying examinees into three categories. *Educational and Psychological Measurement, 60* (5), 713-734.

Elley, W. B. (1992). *How in the world do students read? IEA study of Reading Literacy*. The Hague : IEA publications.

Elley, W., Hall, C. & Marsh, R. (2005). Rescuing NCEA : Some possible ways forward. *New Zealand Annual Review of Education, 14*, 5-25.

Embretson, S. E. (1995). A measurement model for linking individual learning to processes and knowledge : Application to mathematical reasoning. *Journal of Educational Measurement, 32* (3), 277-294.

Estrela, M.-T. (1986). Novos Paradigmas e velhos problemas. Reflexões a propósito da investigação educacional. *Revista Portuguesa de Pedagogia, 20*, 123-134.

Fetterman, D. (2001). *Foundations of empowerment evaluation*. Thousand Oaks : Sage.

Figari, G. (1993). Quel système de références pour évaluer une mésostructure éducative ? In D. Massé (Ed.), *L'évaluation institutionnelle en milieu scolaire* (pp. 27-54). Sherbrooke : Edition du CRP.

Figari, G. (1994). *Evaluer : quel référentiel ?* Bruxelles : De Boeck.

Figari, G. (1996). *Avaliar. Que referencial ?* Porto : Porto Editora.

Figari, G. (2001). Us et abus de la notion de référentiel. In G. Figari & M. Achouche (Ed.), *L'activité évaluative réinterrogée, regards scolaires et socioprofessionnels* (pp. 310-314). Bruxelles : De Boeck.

Figari, G. (2006). *Evaluer l'expérience ?* Communication au symposium du groupe de travail RVAE (ADMEE-Europe). Biennale de l'Education et de la Formation, Lyon.

Figari, G. & Achouche, M. (1997). Dix ans de travaux de recherche en évaluation (1986-1996 - Bilan des travaux du 10ème colloque ADMEE-Europe, septembre 1996). *Mesure et évaluation en éducation, 19* (3), 5-40.

Figari, G. & Achouche, M. (2001). *L'activité évaluative réinterrogée : regards scolaires et socioprofessionnels*. Bruxelles : De Boeck.

Flavell, J.-H. (1976). Metacognitive aspects of problem solving. In L. B Resnick (Ed), *The nature of intelligence* (pp. 231-235). Hillsdale : Laurence Erlbaum associates.

Focant, J. & Grégoire, J. (2005). Les stratégies d'autorégulation cognitive : une aide à la résolution de problèmes arithmétiques. In M. Crahay, L. Verschaffel, E. De Corte & J. Grégoire (Ed.), *Enseignement et apprentissage des mathématiques. Que disent les recherches psychopédagogiques ?* (pp. 201-221). Bruxelles : De Boeck.

Frick, T. W. (1990). A comparison of three decision models for adapting the length of computer-based mastery tests. *Journal of Educational Computing Research, 6* (4), 479-513.

Gather Thurler, M. (2000). *Innover au coeur de l'établissement scolaire.* Issy-les-Moulineaux : ESF.

Genthon, M. (1991). Communiquer... quoi, pourquoi faire et comment, dans un processus d'évaluation. In J. Weiss (Ed.), *L'évaluation : problème de communication* (pp. 175-188). Cousset : DelVal.

Gerard, F.-M. (2001). L'évaluation de la qualité des systèmes de formation. *Mesure et évaluation en éducation, 24* (2-3), 53-77.

Gerard, F.-M. (2005). L'évaluation des compétences par des situations complexes. *Actes du 18ème colloque de l'ADMEE-Europe*, Reims, France.

Gilles, J. L. (1999). Apports des mesures métacognitives lors d'un test de compréhension d'un article scientifique. *Actes du 12ème colloque de l'ADMEE-Europe*, Mons, Belgique.

Gilly, M. (1980). *Maître-élève. Rôles institutionnels et représentations.* Paris : PUF.

Giordano, G. (2005). *How Testing Came to Dominate American Schools : The History of Educational Assessment.* New York : Peter Lang.

Goldstein, H. (2004). Measuring educational standards. *Significance, 1* (3), 103-105.

Good, T. L. & Brophy, J. E. (1986). School effects. In M. C. Wittrock (Ed.), *Handbook of Research on Teaching* (pp. 570-602). New York : Macmillan.

Green, B. F. (1983). The promise of tailored tests. In H. Wainer & S. Messick (Ed.), *Principals of modern psychological measurement* (pp. 69-80). Hillsdale, NJ : Lawrence Erlbaum Associates.

Green, D. R. (1998). Consequential aspects of the validity of achievement tests : A publisher's point of view. *Educational Measurement, 17* (2), 16-19, 34.

Grégoire, J. (Ed.). (1996). *Evaluer les apprentissages : les apports de la psychologie cognitive.* Bruxelles : De Boeck.

Grégoire, J. (1999). Que peut apporter la psychologie cognitive à l'évaluation formative et à l'évaluation diagnostique? In C. Depover & B. Noël (Ed.), *L'évaluation des compétences et des processus cognitif : modèles, pratiques et contextes* (pp. 17-33). Bruxelles : De Boeck.

Grasser, B. & Roze J. (2000). L'expérience professionnelle, son acquisition et ses liens à la formation. *Formation emploi, 71*, 5-17.

Grisay, A. (1988). *Du mythe de la « bonne école » à la réalité (fuyante) de « l'école efficace ».* Liège : Service de pédagogie expérimentale de l'Université.

Grisay, A. (1997). *Evolution des acquis cognitifs et socio-affectifs des élèves au cours des années de collège*. Paris : Direction de l'évaluation et de la prospective.

Grisay, A. (1999). Comment mesurer l'effet des systèmes éducatifs sur les inégalités entre élèves ? In D. Meuret (Ed.), *La justice du système éducatif* (pp. 113-138). Bruxelles : De Boeck.

Grisay, A. (2006). Que savons-nous de l'« effet établissement » ? In D. Meuret & G. Chapelle (Ed.), *Améliorer l'école* (pp. 215-230). Paris : PUF.

Grusec, J. E (1999). Le rôle des explications causales dans l'internalisation des valeurs. In W. Doise, N. Dubois & J.-L. Beauvois (Ed.), *La construction sociale de la personne* (pp. 279-290). Grenoble : Presses Universitaires de Grenoble.

Guba, E. & Lincoln, Y. (1989). *Fourth generation evaluation*. Newbury Park : Sage.

Guilford, J. P. (1954). *Psychometrics Methods* (2^d ed.). New York : Mc Graw.

Guskey, T. R. (1987). The essential elements of mastery learning. *Journal of Classroom Interaction, 22* (2), 19-22.

Hadji, C. (1989). *L'évaluation, règles du jeu : des intentions aux outils*. Paris : ESF.

Hadji, C. (1994). *A avaliação, regras do jogo. Das intenções aos instrumentos*. Porto : Porto Editora.

Hadji, C. (1997). *L'évaluation démystifiée*. Paris : ESF.

Hambleton, R. K., Swaminathan, H. & Rogers, H. J. (1991). *Fundamentals of item response theory*. Newbury Park, CA : Sage.

Haney, W. M., Madaus, G. F. & Lyons, R. (1993). *The fractured marketplace for standardized testing*. Boston, MA : Kluwer Academic Publishers.

Helmke, A. & Hosenfeld, I. (2004). Vergleichsarbeiten - Standards - Kompetenzstufen : Begriffliche Klärung und Perspektiven. In M. Wosnitza, A. Frey & R. S. Jäger (Hrsg.), *Lernprozess, Lernumgebung und Lerndiagnostik : Wissenschaftliche Beiträge zum Lernen im 21 Jahrhundert* (pp. 56-75). Landau : Empirische Pädagogik.

House, E. (1980). *Evaluating with validity*. Beverly Hills : Sage.

Houssemand, C. (2001). *Adaptabilité stratégitaire dans la résolution des Cubes de Kohs*. Lille : Septentrion.

Huber, C., Spähni, M., Schmellentin, C. & Criblez, L. (2006). *Bildungsstandards in Deutschland, Österreich, England, Australien, Neuseeland und Südostasien*. Consulté en mai 2006 : http://www.cdep.ch/PDF_Downloads/Harmos/Literaturanalyse_1.pdf.

Hunter, J. S. (1980). The national system of scientific measurement. *Science, 210*, 869-874.

Joint Committee on Standards for Educational Evaluation (1994). *The program evaluation standards (2^d ed.). How to assess evaluations of educational programs*. Thousand Oaks : Sage.
Jorro, A. (1996). Pour une culture plurielle de l'évaluation : entre usages et archétypes. *Mesure et évaluation en éducation, 19* (2), 5-21.
Jorro, A. (1997). L'élève et l'apostrophe évaluative. *Revue éducations, 12*, 22-25.
Jorro, A. (1998). La complexité de l'encadrement : entre consultance et expertise. In Ministère de l'Education nationale, de la Recherche et de la technologie (Ed.), *Piloter des systèmes éducatifs en évolution* (pp. 320-325). Poitou-Charentes : CRDP.
Jorro, A. (2000). *L'enseignant et l'évaluation*. Paris : De Boeck.
Jorro, A. (2002). *Professionnaliser le métier d'enseignant*. Paris : ESF.
Jorro, A. (2003). L'évaluateur est un autre ! In J.-P. Astolfi (Ed.), *Education, formation : nouvelles identités professionnelles* (pp. 223-236). Paris : ESF.
Jorro, A. (2006). Devenir ami critique. Avec quelles compétences et quels gestes professionnels ? *Mesure et évaluation en éducation, 29* (1), 5-21.
Klieme, E. et al. (2004). *Le développement de standards nationaux de formation : une expertise*. Bonn : Ministère fédéral de l'éducation et de la recherche (BMBF).
Laîné, A. (2000). L'histoire de vie, un processus de métaformation. *Education Permanente, 142*, 24-44.
Lam, T. C. (2004). Issues and strategies in standards-based school reform : the canadian experience. In T. Fitzner (Hrsg.), *Bildungsstandards, Internationale Erfahrungen - Schulentwicklung - Bildungsreform* (pp. 103-149). Bad Boll : Evangelische Akademie.
Laveault, D. & Grégoire, J. (2002). *Introduction aux tests*. Bruxelles : De Boeck.
Lave, J. (1988). *Cognition in practice : Mind, mathematics and culture in everyday life*. Cambridge, MA : Cambridge University Press.
Lave, J. & Wenger, E. (1991). *Situated learning : Legitimate peripheral participation*. Cambridge : Cambridge University Press.
Leclercq, D. (1986). *La conception des QCM*. Bruxelles : Labor.
Leclercq, D. (1993). Validity, reliability and acuity of self-assessment in educational testing. In D. Leclercq & J. Bruno (Ed.), *Item banking, interactive testing and self assessment* (pp. 114-131). Heidelberg : Springer Verlag.
Leclercq, D. (Ed.). (2003). *Diagnostic cognitif et métacognitif au seuil de l'université. Le projet MOHICAN mené par les 9 universités de la Communauté française Wallonie Bruxelles*. Liège : Editions de l'Université de Liège.

Leclercq, D. (2005). *Edumétrie et docimologie pour praticiens chercheurs*. Liège : Editions de l'université de Liège.

Leclercq, D. & Gilles, J. L. (1993). Hypermedia : Teaching Through Assessment. In D. Leclercq & J. Bruno (Ed.), *Item Banking, Interactive Testing and Self Assessment* (pp. 31-48). Heidelberg : Springer Verlag.

Lecomte, R. & Rutman, L. (Ed.). (1982). *Introduction aux méthodes de recherche évaluative*. Ottawa : Les Presses de l'Université Laval.

Legendre, R. (1993). *Dictionnaire actuel de l'éducation* (2e éd.). Montréal : Guérin.

Lemaine, G. & Matalon, B. (1985). *Hommes supérieurs, hommes inférieurs ? La controverse sur l'hérédité de l'intelligence*. Paris : Armand Colin.

Lessard, C. & Meirieu, P. (Ed.). (2005). *L'obligation de résultats en éducation. Evolutions, perspectives et enjeux internationaux*. Bruxelles : De Boeck.

Luce, R. D. & Tukey, J. W. (1964). Simultaneous conjoint measurement : A new type of fundamental measurement. *Journal of Mathematical Psychology, 1*, 1-27.

Luecht, R. M. (1996). Multidimensional computerized adaptive testing in a certification or licensure context. *Applied Psychological Measurement, 20* (4), 389-404.

Luh, C. W. (1922). The conditions of retention. *Psychogical Monograph, 31*, 401-410.

Luyten, H. (1994). Stability of school effects in Dutch secondary education : The impact of variance across subjects and years. *International Journal of Educational Research, 21* (2), 197-216.

Luyten, H. (2003). The size of school effects compared to teacher effects : An overview of the research literature. *School Effectiveness and School Improvement, 14* (1), 31-51.

MacDonald, B. (1983). La evaluación y el control de la educación. In J. Gimeno & A. Pérez (Ed.), *La enseñanza : su teoría y su práctica* (pp. 467-478). Madrid : Akal Editor.

MacDonald, B. & Norris, N. (1981). Twin political horizons in evaluation fieldwork. In T. Popkewitz & B. Tabachnick (Ed.), *The study of schooling. Field based methodologies in educational research and evaluation* (pp. 276-290). New York : Praeger.

Madaus, G. F. (1993). A national testing system : Manna from above? An historical / technological perspective. *Educational Assessment, 1* (1), 9-26.

Mager, R. (1971). *Comment définir des objectifs pédagogiques*. Paris : Dunod.

Magy, J. (1998). *Oser la qualité dans l'enseignement en Communauté française de Belgique*. Namur : Editions Erasme.

Maroy, C. (2004). Régulation et évaluation des résultats des systèmes d'enseignement. *Politiques d'éducation et de formation, 11*, 21-36.

Martin, R. (1999). *Encodage spatial et intelligence*. Lille : Septentrion.
Martin, R. (2003). Le testing adaptatif par ordinateur dans la mesure en éducation : potentialités et limites. *Psychologie et psychométrie*, 24 (2-3), 89-116.
Martin, R., Latour, T., Burton, R., Busana, G. & Vandenabeele, L. (2005). Une plateforme collaborative et ouverte de testing assisté par ordinateur permettant l'élaboration et la passation d'instruments d'évaluation par voie d'Internet. *Actes du 18ème colloque de l'ADMEE-Europe*, Reims, France.
Mayen, P. (2005). Dix savoirs sur l'expérience acquis à travers l'expérience de la validation des acquis de l'expérience. *Cahiers du travail social*, *123*, 8-19.
Mayeux, C., Mayen, P. & Savoyant, A. (2006). Construire la référence, une activité permanente des jurys de VAE. In G. Figari, P. Rodrigues, M. P. Alves & P. Valois (Ed.), *Evaluation des compétences et apprentissages expérientiels* (pp. 23-47). Lisboa : Educa-Formaçao.
Mc Call, W. A. (1920). A new kind of school examination. *Journal of Educational Research*, *1*, 33-46.
Merle, P. (1998). *Sociologie de l'évaluation scolaire*. Paris : PUF.
Merle, P. (2005). *L'élève humilié. L'école, un espace de non - droit* ? Paris : PUF.
Michell, J. & Ernst, C. (1996). The axioms of quantity and the theory of measurement I. *Journal of Mathematical Psychology*, *40*, 235-252.
Mid-continent Research for Education and Learning (McREL). (2000). *Noteworthy Perspectives on Implementing Standards-based Education*. Consulté en mai 2006 : http://www.mcrel.org/PDF/Noteworthy/5993IR_NW_ImplementingStandards.pdf.
Mingat, A. (1987). Sur la dynamique des acquisitions à l'école élémentaire. *Revue française de pédagogie*, *79*, 5-14.
Monnier, E. (1992). *Evaluations de l'action des pouvoirs publics*. Paris : CPE Economica.
Monteil, J.-M. (1989). *Eduquer et former*. Grenoble : Presses Universitaires de Grenoble.
Mottier Lopez, L. (2003). Evaluation formative et régulations situées dans la dynamique d'une microculture de classe. *Actes du 16ème colloque international de l'ADMEE-Europe*, Liège, Belgique.
Mottier Lopez, L. (2005a). *Co-constitution de la microculture de classe dans une perspective située : étude d'activités de résolution de problèmes mathématiques en troisième année primaire*. Thèse de doctorat en Sciences de l'éducation, Université de Genève.
Mottier Lopez, L. (2005b). *Entretiens de coévaluation instrumentés par un portfolio : quelle zone de médiation entre les contextes de la formation*

théorique et pratique ? Texte présenté au symposium REF « Evaluation et développement professionnel » coordonné par A. Jorro, Montpellier.

Mottier Lopez, L. & Allal, L. (à paraître). Sociomathematical norms and the regulation of problem solving in the classroom. *International Journal of Educational Research* (thematic issue "Analyzing mathematics classroom cultures and practices", coordinated by E. de Corte & L. Verschaffel).

Müller, K. & Silver, R. (2006). Standards in Education - Review of US Literature. In M. Behrens (Ed.), *Analyse de la littérature critique sur le développement, l'usage et l'implémentation de standards dans un système éducatif* (pp. 9-68). Neuchâtel : IRDP.

Nicaise, J., Straeten, M. H., Baye, A. & Demeuse, M. (2005). Comment développer un système d'indicateurs d'équité au niveau européen ? In M. Demeuse, A. Baye, M. H. Straeten, J. Nicaise & A. Matoul, *Vers une école juste et efficace. 26 contributions sur les systèmes d'enseignement et de formation.* Bruxelles : De Boeck.

Noël, B. (1991/1997). *La métacognition.* Bruxelles : De Boeck.

Noël, B. (2001). L'autoévaluation comme composante de la métacognition : essai d'opérationnalisation. In G. Figari & M. Achouche, *L'activité évaluative réinterrogée. Regards scolaires et socioprofessionnels* (pp. 109-118). Bruxelles : De Boeck.

Noël, B. (2005). *Le portfolio comme dossier d'apprentissage dans la formation des enseignants du secondaire.* Communication au 18ème colloque international de l'ADMEE-Europe, Reims, France.

Noël, B., Romainville, M. & Wolfs, J.-L. (1995). La métacognition : facettes et pertinence du concept en éducation. *Revue française de pédagogie, 112*, 47-56.

Noizet, G. & Caverni, J. P. (1978). *Psychologie de l'évaluation scolaire.* Paris : PUF.

Normand, R. (2005). La mesure de l'école : politique des standards et management par la qualité. *Cahier de la recherche sur l'éducation et les savoirs : revue internationale des sciences sociales, hors série 1*, 67-82.

Orey, M. A. & Nelson, W. A. (1994). Development principles for intelligent tutoring systems : Integrating cognitive theory into the development of computer-based instruction. *ETR&D - Educational Technology Research & Development, 41*, 59-72.

Organisation de coopération et de développement économiques (OCDE). (2003). *Connaissances et compétences : des atouts pour la vie. Premiers résultats de PISA 2000.* Paris : Editions OCDE.

Organisation de coopération et de développement économiques (OCDE). (2005). *Apprendre aujourd'hui, réussir demain : premiers résultats de PISA 2003.* Paris : Editions OCDE.

Oser, F. K. & Baeriswyl, F. J. (2002). Choreographies of teaching : Bridging instruction to learning. In V. Richardson (Ed.), *Handbook of research on teaching, Fourth edition* (pp. 1031-1065). Washington DC : American Association of Research on Education.

Owen, R. J. A. (1975). A bayesian sequential procedure for quantal response in the context of adaptive mental testing. *Journal of the American Statistical Association, 70*, 351-356.

Paquay, L. (Ed.). (1999). Evaluation et formation des enseignants. *Pédagogies, 12*. (Actes du 9e colloque de l'ADMEE-Europe à Louvain-la-Neuve).

Paquay, L. (Ed.). (2004). *L'évaluation des enseignants. Tensions et enjeux.* Paris : L'Harmattan.

Paquay, L. (2005a). Devenir des enseignants et formateurs professionnels dans une « organisation apprenante »? De l'utopie à la réalité ! *European Journal of Teacher Education, 28* (2), 111-128.

Paquay, L. (2005b). Vers quelles évaluations du personnel enseignant pour dynamiser leur développement professionnel et leur implication vers des résultats ? *Recherche et formation, 50*, 55-74.

Paquay, L. (Ed.). (2006). Pratiques d'évaluation liées aux stages de terrain. *Mesure et évaluation en éducation* (sous presse).

Paquay, L., Darras, E. & Saussez, F. (2001). Les représentations de l'autoévaluation. In G. Figari & M. Achouche, *L'activité évaluative réinterrogée. Regards scolaires et socioprofessionnels* (pp. 119-133). Bruxelles : De Boeck.

Parisot, J. C. (1987). Le paradigme docimologique, un frein aux recherches sur l'évaluation pédagogique. In C. Delorme (Ed.), *L'évaluation en questions* (pp. 37-56). Paris : ESF.

Passeron, J. C. (1991). *Le raisonnement sociologique.* Paris : Nathan.

Pastré, P. (1999). Travail et compétences : un point de vue de didacticien. *Formation emploi, 67*, 109-126.

Pawson, R. & Tilley, N. (1997). *Realistic evaluation.* London : Sage.

Pedersen, E., Faucher, T. A. & Eaton, W. W. (1978). A new perspective on the effects of first-grade teachers on children's subsequent adult status. *Harvard Educational Review, 48* (1), 1-31.

Perrenoud, P. (1991). Pour une approche pragmatique de l'évaluation formative. *Mesure et évaluation en éducation, 13* (4), 49-81.

Perrenoud, P. (1993a). Touche pas à mon évaluation! Une approche systémique du changement. *Mesure et évaluation en éducation, 16* (1-2), 107-132.

Perrenoud, P. (1993b) Vers des démarches didactiques favorisant une régulation individualisée des apprentissages. In L. Allal, D. Bain & P. Perrenoud (Ed.),

Evaluation formative et didactique du français (pp. 31-50). Neuchâtel : Delachaux et Niestlé.
Perrenoud, P. (1996). Evaluer les réformes scolaires, est-ce bien raisonnable ? *Mesure et évaluation en éducation, 19* (2), 53-97.
Perrenoud, P. (1997). *Construire des compétences dès l'école*. Paris : ESF.
Perrenoud, P. (1998). *L'évaluation des élèves. De la fabrication de l'excellence scolaire à la régulation des apprentissages. Entre deux logiques*. Bruxelles : De Boeck.
Perret, J.-F. & Wirthner, M. (1991). Pourquoi l'élève se douterait-il qu'une question peut en cacher une autre? In J. Weiss (Ed.), *L'évaluation : problème de communication* (pp. 137-167). Cousset : DelVal.
Petiteville, F. (1998). Les figures mythiques de l'Etat dans l'économie en développement. *Problèmes économiques, 2.587*, 14-20.
Piéron, H. (1963). *Examens et docimologie*. Paris : PUF.
Popkewitz, T. (1981). The study of schooling : Paradigms and field based methodologies in educational research and evaluation. In T. Popkewitz & B. Tabachnick (Ed.), *The study of schooling. Field based methodologies in educational research and evaluation* (pp. 1-26). New York : Praeger.
Programme des nations unies pour le développement (PNUD). (2004). *Rapport mondial sur le développement humain 2004. La liberté culturelle dans un monde diversifié*. Paris : Economica.
Prot, B. (2003). Analyse du travail des Jurys en validation des acquis : l'usage du référentiel. *L'orientation scolaire et professionnelle, 32*, 219-243.
Provus, M. (1971). *Discrepancy evalation*. Berkely, CA : McCutchan.
Purkey, S. C. & Smith, M. S. (1983). Effective schools : A review. *Elementary School Journal, 83* (4), 427-452.
Py, B. & Grossen, M. (1997). Interactions, médiations et pratiques sociales. In M. Grossen & B. Py (Ed.), *Pratiques sociales et médiations symboliques* (pp. 1-21). Bern : Peter Lang.
Quin, T. J. (1994). *Metrology, its role in today's world*. Sèvres : Bureau International des Poids et Mesures.
Rasch, G. (1980). *Probabilistic models for some intelligence and attainement tests*. Chicago : Mesa Press.
Raynal, F. & Rieunier, A. (1997). *Pédagogie : dictionnaire des concepts clés. Apprentissage, formation, psychologie cognitive*. Paris : ESF éditeur.
Rey, B., Carette, V., Defrance, A. & Kahn, S. (2003). *Les compétences à l'école. Apprentissage et évaluation*. Bruxelles : De Boeck.
Ricoeur, P. (1991). *Soi-même comme un autre*. Paris : Seuil.

Riley, K. & Nuttall, D. L. (1994). Measuring performance - National contexts and local realities. In K. A. Riley & D. L. Nuttall (Ed.), *Measuring quality : Education indicators* (pp. 122-131). Londres : Falmer Press.

Roegiers, X. (1997). *Analyser une action d'éducation ou de formation.* Bruxelles : De Boeck.

Roegiers, X. (2000). *Une pédagogie de l'intégration.* Bruxelles : De Boeck.

Ross, L., Amabile, T. M. & Steinmetz, J. L. (1977). Social roles, social control, and biases in social-perception processes. *Journal of Personality and Social Psychology, 35,* 485-494.

Rossi, P. H. & Freeman, H. E. (1985). *Evaluation : A systematic approach.* Beverly Hills, CA : Sage.

Rouiller, J. & Pillonel, M. (2004). Conceptions des pratiques auto-évaluatives développées par les formateurs en soins infirmiers et en enseignement primaire dans le suivi des stages professionnels. *Mesure et évaluation en éducation, 27* (2), 49-68.

Rowan, B. & Denk, C. E. (1982). *Modeling the academic performance of schools using longitudinal data : An analysis of school effectiveness measures and school and principal effects on school-level achievement.* San Francisco : Far West Laboratory.

Ruiz, J. (2000). *Teoría del currículum : diseño, desarrollo e innovación curricular* (2ª ed.). Madrid : Editorial Universitas.

Rutter, M., Maughan, B., Mortimore, P., Ouston, J. & Smith, A. (1979). *Fifteen Thousand Hours : Secondary schools and their effects on children.* Cambridge, MA : Harvard University Press.

Sall, H. N. & De Ketele, J.-M. (1997). Evaluation du rendement des systèmes éducatifs : apports des concepts d'efficacité, d'efficience et d'équité. *Mesure et évaluation en éducation,* 19 (3), 119-142.

Salomon, G. (Ed.). (1993). *Distributed cognitions : Psychological and educational considerations.* Cambridge : Cambridge University Press.

Schadron, G. (1997). La conscience des processus cognitifs dans le jugement social. In J.-P. Leyens & J.-L. Beauvois (Ed.), *L'ère de la cognition* (pp. 159-172). Grenoble : Presses Universitaires de Grenoble.

Scheerens, J. & Bosker, R. (1997). *The foundations of educational effectiveness.* Oxford : Pergamon.

Schneuwly, B. (2005). Gedanken zu Ausgangspunkten, Widersprüchen und Perspektiven von Fachdidaktiken heute. *Revue suisse des sciences de l'éducation, 27* (3), 453-466.

Schneuwly, B. & Bain, D. (1993). Mécanismes de régulation des activités textuelles : stratégies d'intervention dans les séquences didactiques. In L. Allal, D. Bain & P. Perrenoud (Ed.), *Evaluation formative et didactique du français* (pp. 219-238). Neuchâtel : Delachaux et Niestlé.

Schön, D. A. (1994). *Le praticien réflexif. A la recherche du savoir caché dans l'agir professionnel*. Montréal : Les Editions Logiques.
Schubauer-Leoni, M.-L. (1991). L'évaluation didactique : une affaire contractuelle. In J. Weiss (Ed.), *L'évaluation : problème de communication* (pp. 79-95). Cousset : DelVal.
Shadish, W. R., Cook, T. D. & Leviton, L. C. (1991). *Foundations of Program Evaluation*. Newbury Park, CA : Sage.
Shepard, L. (2000). The role of assessment in a learning culture. *Educational Researcher, 29* (7), 4-14.
Simon, M. & Forgette-Giroux, R. (1994). Vers une utilisation rationnelle du dossier d'apprentissage. *Mesure et évaluation en éducation, 16* (3-4), 27-40.
Slater, R. O. & Teddlie, C. (1992). Towards a theory of school effectiveness and leadership. *School Effectiveness and School Improvement, 3*, 242-257.
Smith, A. E., Jussim, L. & Eccles, J. (1999). Do self-fulfilling prophecies accumulate, dissipate, or remain stable aver time? *Journal of Personality and Social Psychology, 77* (3), 548-565.
Solaux, G. (1997). *Les politiques de gestion des personnels enseignants en Afrique subsaharienne francophone*. Dijon : Cahier de l'IREDU.
Solaux, G. (2000). *L'évaluation des politiques d'éducation*. Bourgogne : Centre régional de documentation pédagogique (Documents, actes et rapports pour l'éducation).
Solaux, G., Dogoh-Bibi, P., Condé, A. & Zebango, M. (2001). *Pour une expertise en management des personnels enseignants*. Bourgogne : Centre régional de documentation pédagogique (Documents, actes et rapports pour l'éducation).
Stake, R. (1980). Program evaluation, particularly responsive evaluation. In W. Dockrell & D. Hamilton (Ed.), *Rethinking educational research* (pp. 72-87). Londres : Hodder and Stoughton.
Stufflebeam, D. L., Foley, W. J., Gephart, W. J., Guba, E. G., Hammond, R. L., Merriman, H. O. & Provus, M. M. (1980). *L'évaluation en éducation et la prise de décision*. Victoriaville : Editions NHP.
Suchaut, B. (1996). La gestion du temps à l'école maternelle et primaire. In *L'année de la recherche en sciences de l'éducation* (pp. 123-153). Paris : PUF.
Tatsuoka, K. K. & Tatsuoka, M. M. (1997). Computerized cognitive diagnostic adaptive testing : Effect on remedial instruction as empirical validation. *Journal of Educational Measurement, 34* (1), 3-20.
Thorndike, E. L. (1920). A constant error in psychological rating. *Journal of Applied Psychology, 4*, 25-29.
Tourneur, Y. & Bouillon, D. (1977). *Typologie des questions en mathématique, une étude critique*. Communication devant la commission internationale pour

l'étude et l'amélioration de l'enseignement de la mathématique, Lausanne, Suisse.

Tversky, A. (1964). On the optimal number of alternatives at a choice point. *Journal of Mathematical Psychology, 1* (2), 386-391.

Tyler, R. (1949). *Basic principles of curriculum and instruction.* Chicaco : University of Chicago Press.

Tymms, P., Merrell, C. & Henderson, B. (2000). Baseline assessment and progress during the first three years at school. *Educational Research and Evaluation, 6* (2), 105-129.

Van der Linden, W. J. & Hambleton, R. K. (1997). *Handbook of Modern Item Response Theory.* New-York : Springer-Verlag.

Van Naerssen, R. F. (1962). A scale for the measurement of subjective probability. *Acta Psychologica, 20* (2), 159-166.

Vanhulle, S. (2005). L'écriture réflexive, une inlassable transformation sociale de soi. *Repères, revue de didactique du français, 30,* 13-31.

Vergnaud, G. (1981). *L'enfant, la mathématique et la réalité.* Berne : Peter Lang.

Vergnaud, G. (Ed.). (1994). *Apprentissages et didactiques ; où en est-on ?* Paris : Hachette.

Vergnaud, G. (Ed.). (1997). *Le moniteur de mathématique.* Paris : Nathan.

Vermunt, J. D. & Verloop, N. (1999). Congruence and friction between learning and teaching. *Learning and Instruction, 9,* 257-280.

Veslin, O. & Veslin, J. (2001). Evaluation formatrice et critères de réalisation. In G. Figari & M. Achouche (Ed.), *L'activité évaluative réinterrogée, regards scolaires et socioprofessionnels* (pp. 89-101). Bruxelles : De Boeck.

Vial, M. (2000). *Organiser la formation : le pari de l'auto-évaluation.* Paris : L'Harmattan.

Vial, M. (2001). Evaluation et régulation. In G. Figari & M. Achouche (Ed.), *L'activité évaluative réinterrogée, regards scolaires et socioprofessionnels* (pp. 68-78). Bruxelles : De Boeck.

Vinokur, A. (2005). Pouvoirs et mesure en éducation : avant-propos. *Cahiers de la recherche sur l'éducation et les savoirs, Hors série 1,* 5-14.

Vygotski, L. S. (1984). *Pensée et langage.* Paris : Editions Sociales.

Wainer, H. (2000). Cats : Whither and whence. *Psicologica, 21* (1-2), 121-133.

Wainer, H., Dorans, N. J., Flaugher, R., Green, B. F., Mislevy, R. J., Steinberg, L. et al. (Ed.). (2000). *Computerized adaptive testing : A primer (2^d ed.).* Mahwah, NJ : Lawrence Erlbaum.

Wegmuller, E. (à paraître). Le guide de production comme outil de régulation. In L. Allal & L. Mottier Lopez (Ed.), *Régulation des apprentissages en situation scolaire et en formation.* Bruxelles : De Boeck.

Weick, K. (1976). Educational organizations as loosely coupled systems. *Administrative Science Quarterly, 21*, 1-19.

Weigand, G. (1989). L'analyse institutionnelle, une forme de recherche-action éducative ? Enquête sur le paradigme. *Pratiques de formation (Analyses), 18* (2), 45-61.

Weiss, J. (1979). L'évaluation formative dans un enseignement différencié du français : une conception de la formation à dépasser. In L. Allal, J. Cardinet & P. Perrenoud (Ed.), *L'évaluation formative dans un enseignement différencié* (pp. 194-202). Berne : Peter Lang.

Weiss, J. (1986). La subjectivité blanchie ? In J.-M. De Ketele (Ed.), *L'évaluation : approche descriptive ou prescriptive ?* (pp. 91-105). Bruxelles : De Boeck.

Weiss, J. (Ed.). (1991). *Evaluation : problème de communication.* Cousset : DelVal.

Weiss, J. (1992). L'enseignant au « cœur froid » ou l'objectivité en évaluation. *Mesure et évaluation en éducation, 14* (4), 19-31.

Weiss, D. J. & Kingsbury, G. G. (1984). Application of computerized adaptive testing to educational problems. *Journal of Educational Measurement, 21* (4), 361-375.

West, P. V. (1923). A critical study of the right minus wrong method. *Journal of Educational Research, 8*, 1-9.

Witziers, B. & Bosker, R. (1997). *A meta-analysis on the effects of presumed school effectiveness enhancing factors*. Communication présentée au symposium ISCEI, Memphis, Etats-Unis.

Wolf, A. (2000). A comparative perspective on educational standards. In H. Goldstein & A. Heath (Ed.), *Educational Standards* (pp. 9-37). Oxford : Oxford University Press.

Wolfs, J.-L. (1991). *Analyse de l'anticipation de questions comme indicateur métacognitif.* Thèse de doctorat en Sciences pédagogiques, Université Libre de Bruxelles.

Younès, N. (2006). *L'effet évaluation de l'enseignement supérieur par les étudiants.* Thèse de doctorat en Sciences de l'éducation, Université P. Mendès France, Grenoble.

Yzerbyt, V. & Schadron, G. (1996). *Connaître et juger autrui.* Grenoble : Presses Universitaires de Grenoble.

Zara, A. R. (1999). Using computerized adaptive testing to evaluate nurse competence for licensure : Some history and forward look. *Advances in Health Sciences Education, 4* (1), 39-48.

LISTE DES AUTEURS

Linda Allal, Université de Genève
Linda.Allal@pse.unige.ch

Matthis Behrens, Institut de recherche et de documentation pédagogique, Neuchâtel
Matthis.Behrens@ne.ch

Jean-Guy Blais, Université de Montréal
jean-guy.blais@umontreal.ca

Pascal Bressoux, Université Pierre Mendès France, Grenoble
Pascal.Bressoux@upmf-grenoble.fr

Réginald Burton, Université du Luxembourg
reginald.burton@univ.lu

Marcel Crahay, Université de Genève
Marcel.Crahay@pse.unige.ch

Marie-Claire Dauvisis, Ecole nationale de formation agronomique, Toulouse
marie-claire.dauvisis@educagri.fr

Jean-Marie De Ketele, Université catholique de Louvain
jean-marie.deketele@psp.ucl.ac.be

Lise Demailly, Université des sciences et techniques de Lille
demailly@ifresi.univ-lille1.fr

Marc Demeuse, Université de Mons-Hainaut
marc.demeuse@umh.ac.be

Nicole Dubois, Université Nancy 2
Nicole.Dubois@univ-nancy2.fr

Marie Duru-Bellat, Université de Bourgogne
Marie.duru-bellat@wanadoo.fr

Gérard Figari, Université Pierre Mendès France, Grenoble
gerard.figari@wanadoo.fr

François-Marie Gerard, Bureau d'ingéniérie en éducation et en formation
fmg@bief.be

Aletta Grisay, Université de Liège
agrisay@attglobal.net

Anne Jorro, Université de Toulouse 2
anne.jorro@club-internet.fr

Dany Laveault, Université d'Ottawa
dlaveaul@uottawa.ca

Dieudonné Leclercq, Université de Liège
d.leclercq@ulg.ac.be

Patrick Mayen, ENESA Dijon
patrick.mayen@educagri.fr

Romain Martin, Université du Luxembourg
romain.martin@univ.lu

Lucie Mottier Lopez, Université de Genève
Lucie.Mottier@pse.unige.ch

Bernadette Noël, Facultés universitaires catholiques de Mons
bernadette.noel@fucam.ac.be

Léopold Paquay, Université catholique de Louvain
leopold.paquay@psp.ucl.ac.be

Pedro Rodrigues, Université de Lisbonne
pedro.rodrigues@fpce.ul.pt

Georges Solaux, Université de Bourgogne
Georges.Solaux@u-bourgogne.fr

Gérard Vergnaud, CNRS Paris
vergnaud@univ-paris8.fr

TABLE DES MATIERES

AVANT-PROPOS	5
ADMEE-EUROPE	7
INTRODUCTION	9

Une revue de question de la recherche :
des outils pour réfléchir sur les pratiques d'évaluation en éducation
Gérard Figari et Lucie Mottier Lopez

PARTIE I DIVERSIFICATION DES PROBLEMATIQUES DE L'EVALUATION — 15

1. INTERROGER LES « OBJETS » — 17

1.1 La compétence — *17*
La notion émergente de compétence dans la construction des apprentissages
Jean-Marie De Ketele

1.2 Les acquis de l'expérience — *25*
Evaluer avec l'expérience
Patrick Mayen

1.3 Les établissements — *34*
Réflexions sur l'« effet-école »
Aletta Grisay

1.4 Les politiques éducatives — *44*
Compétences de l'expert qui évalue l'éducation
Georges Solaux

2. EVALUER L'ACTIVITE ENSEIGNANTE — 51

2.1 Les pratiques — *51*
L'évaluation des enseignants, en tensions et en perspectives
Léopold Paquay

2.2 L'effet-maître — *59*
Histoire et perspectives des recherches sur l'effet-maître
Pascal Bressoux

3. EXPLIQUER LES PHENOMENES ET PROCESSUS DE L'EVALUATION — 67

3.1 Les postures et l'imaginaire quotidien — *67*
L'ethos de l'évaluateur : entre imaginaires et postures
Anne Jorro

3.2 L'autoévaluation et la métacognition — *76*
La métacognition comme référence de l'autoévaluation
Bernadette Noël

3.3 La médiation sociale   *82*
      **Evaluation « située » des apprentissages :
le rôle fondamental de la médiation sociale**
      Lucie Mottier Lopez

PARTIE II APPROFONDISSEMENT DES METHODOLOGIES DE L'EVALUATION   **91**

1. ROLE ACCRU DES STANDARDS ET DES REFERENTIELS   **93**

   1.1 Les standards   *93*
      Standards : quand le politique s'empare de l'évaluation
      Matthis Behrens

   1.2 Les référentiels   *101*
      Les référentiels entre théorie et méthodologie
      Gérard Figari

2. CENTRATION SUR LES INDICATEURS   **109**
      Qu'indiquent les indicateurs en matière d'éducation ?
      Marc Demeuse

3. DOCIMOLOGIE ET TECHNIQUES DE MESURE   **117**

   3.1 La docimologie et la réflexion sur les nombres   *117*
      Genèse d'une science éphémère
      Marie-Claire Dauvisis

   3.2 Les techniques de la mesure   *124*
      La mesure pour la recherche et/ou le contrôle en éducation
      Jean-Guy Blais

   3.3 Le dépassement de la mesure   *132*
      L'évaluation des élèves : entre mesure et jugement
      Marcel Crahay

4. DEVELOPPEMENT DE LA REFLEXION SUR LES OUTILS   **139**

   4.1 Les outils de sélection   *139*
      L'évolution des QCM
      Dieudonné Leclercq

   4.2 Les outils de production   *147*
      Les outils ouverts d'évaluation ou la nécessité de clés de fermeture
      François-Marie Gerard

   4.3 Les outils technologiques   *155*
      L'évaluation assistée par ordinateur
      Réginald Burton et Romain Martin

PARTIE III EVOLUTION DU STATUT EPISTEMOLOGIQUE DE L'EVALUATION	165
1. LE ROLE DES DISCIPLINES DE REFERENCE DANS LA CONCEPTION DE L'EVALUATION	167

1.1 La psychologie cognitive — *167*
Développement cognitif et évaluation des compétences
Gérard Vergnaud

1.2 La psychologie sociale — *176*
Le concept de « valeur sociale »
Nicole Dubois

1.3 La sociologie — *183*
La sociologie, une approche évaluative, ou l'évaluation, une approche sociologique ?
Marie Duru-Bellat

2. LE RECOURS A DES « PARADIGMES » DE L'EVALUATION	193

Logiques d'évaluation en relation avec des conceptions élargies du monde et de la connaissance
Pedro Rodrigues

3. LA NECESSAIRE META-EVALUATION	203

Evaluer les évaluations
Lise Demailly

EN CONCLUSION : LA RECHERCHE SUR L'EVALUATION EN EDUCATION AU CONFLUENT DE DEUX CULTURES	211
1. LES ECHANGES SCIENTIFIQUES DE PART ET D'AUTRE DE L'ATLANTIQUE	213

Une étude des articles parus dans « Mesure et évaluation en éducation », la revue de l'ADMEE
Dany Laveault

2. UNE CONCEPTUALISATION DE L'EVALUATION DANS LA RECHERCHE FRANCOPHONE EN EUROPE	223

La fonction de régulation de l'évaluation : constructions théoriques et limites empiriques
Linda Allal

BIBLIOGRAPHIE GENERALE	231
LISTE DES AUTEURS	253

613312 - Juillet 2015
Achevé d'imprimer par